W9-BSU-998

Lecturas periodísticas

FIFTH EDITION

MILTON M. AZEVEDO
University of California, Berkeley

D. C. HEATH AND COMPANY
Lexington, Massachusetts   Toronto

Address editorial correspondence to:

D. C. Heath and Company
125 Spring Street
Lexington, MA 02173

Acquisitions Editor: Denise St. Jean
Developmental Editor: Judy Keith
Production Editor: Renée M. Mary
Designer: Margaret Ong Tsao
Photo Researcher: Billie Porter / Kathleen J. Carcia
Production Coordinator: Richard Tonachel
Permissions Editor: Margaret Roll

A mi madre, Beatriz, con cariño

Preface

Lecturas periodísticas, now in its fifth edition, is an anthology of newspaper and magazine articles designed to introduce intermediate to advanced learners of Spanish to contemporary Hispanic journalistic writing on a wide array of topics. Adopted by universities, two- and four-year colleges, and high schools throughout the United States and in Canada, this text has proven to be an effective tool for teaching both language and culture, whether used alone or in conjunction with a grammar text. The articles contained in this reader were selected from over thirty major Spanish, Latin American, and U.S. dailies and news magazines, and focus on high-interest topics such as technology, the environment, social issues, bilingualism, women's issues, sports, entertainment, and the arts. Adaptation of these authentic materials has been limited to shortening of lengthy articles and correction of obvious typographic, spelling, and syntax errors. A carefully structured sequence of activities for each selection and unit promotes comprehension, supports language learning, and personalizes the reading experience, as it guides students in applying their reading skills to authentic texts in Spanish.

NEW TO THE FIFTH EDITION

The main goal of this revision of **Lecturas periodísticas** was to update the cultural materials so that they would adequately reflect a wide range of current topics of high interest to today's students. To accomplish this goal, the following changes appear in the Fifth Edition:

■ Approximately sixty percent of the articles are new to this edition.

■ Some unit themes have been revised, and new themes have been introduced.

■ The text has been reorganized to accommodate the new unit topics.

ORGANIZATION OF THE TEXT

The text is divided into fourteen thematic units, each containing four to five articles, many of them new to this edition, and within each unit shorter, more accessible selections precede lengthier ones. In addition, each unit is self-contained; that is, no knowledge of language that appears in earlier units is presupposed in the units that follow. This organization allows instructors the flexibility to assign articles based both on the interests and on the levels of linguistic sophistication of their students, and makes **Lecturas periodísticas** ideally suited to classes populated by students from widely different language learning backgrounds.

Each article featured in **Lecturas periodísticas** was selected for its intrinsic interest, its linguistic value, and its cultural relevance to today's students. Because journalistic writing is more colloquial in nature and adheres to more flexible standards of vocabulary and syntax than literary prose, marginal glosses in English accompany each selection to ensure its accessibility. Additional support is afforded by brief cultural notes, which provide students with the information that the writers of the various articles assume to be common knowledge among the native-speaker readers who comprise their intended audience. As a prereading tool, each article opens with a statement or question that focuses students' attention on the key issue or underlying message presented in the article.

The postreading activities have been carefully sequenced to lead students step by step from comprehension of the article's content, to vocabulary building, and finally to personalization of the reading experience. They include the following sections:

- *Comprensión*: Content questions and true-false statements focus students' attention on the main ideas and key supporting details of each article.

- *Práctica*: A variety of exercises such as matching synonyms, writing definitions, and filling in missing words in context, along with guided and open-ended writing activities, develop students' active vocabulary base and writing skills.

- *Ampliación*: A series of probing questions invite students to go beyond each article's content, delve more deeply into its underlying ideas, and express their own opinions and experiences.

At the conclusion of each unit, three additional sections synthesize the content, language, key ideas, and viewpoints encountered in the unit's readings.

- *Teatro de bolsillo*: In these lively role-plays and debates, students dramatize a situation or engage in discussions embodying a number of the contexts, issues, and ideas presented in the various articles that comprise the unit. A favorite feature of previous editions, this section provides directed guidance and vocabulary support to enable students to realize the full range and potential of the activity.

- *Temas para comentario oral o escrito*: Useful both for group discussion and for individual writing assignments, this section encourages students to confront and explore the ideas and opinions voiced by the authors of each unit's articles as well as their own.

- *Proyectos*: In this culminating end-of-unit activity, students are asked to select a topic of interest to them, to consult additional sources of information on the topic chosen, to synthesize this information, and to present it in class. These activities lend themselves to both group and individual work.

Naturally, instuctors are not expected to cover all of the articles and activities over the duration of a course. Instead, **Lecturas periodísticas** presents a broad range of articles and activities to enable instructors to select those most suited to the overall level of proficiency and interests of their students. Motivating students to utilize their reading skills to comprehend authentic texts requires striking a difficult balance: on the one hand, the texts must appear unintimidating; on the other hand, students must be challenged in some way if they are to remain interested in the reading process. The major goal of this revision of **Lecturas periodísticas** has been to provide instuctors with materials that may be tailored in a variety of ways to enable them to meet this objective.

ACKNOWLEDGMENTS

It is a pleasure to thank the editors, publishers, authors, and artists who have kindly agreed to the inclusion of their articles and illustrations, as well as several instructors at the University of California, Berkeley, who have contributed valuable comments and suggestions for improvement, particularly Jorge Jiménez Aguirre and Miguel López González, who provided important information on Mexican press materials. A special word of thanks goes to the editorial staff at D. C. Heath and Company for their assistance and encouragement.

For their guidance and helpful suggestions during the planning of this revision, I would like to express my gratitude to the following colleagues:

Fernando Barroso, James Madison University

Irene Corso, Stanford University

Barbara Firoozye, Western Oregon State College

Juan Hernández, California State University–Long Beach

Augustus C. Puleo, Columbia University

Terry Seymour, Yale University

The fact that **Lecturas periodísticas** is now in its fifth edition is probably a measure of its usefulness to those who have judged it a valuable instructional tool. I wish to thank those fellow teachers, whose continuing trust, support, and encouragement, expressed in their choice of **Lecturas periodísticas**, constitutes my highest reward.

Milton M. Azevedo

To the Student

As you read a newspaper or magazine article in your native language, you adopt a range of different reading styles and strategies, depending on your objectives as a reader and your familiarity with the subject of the article. You may skim the article briefly to get a general idea of its content, or read more slowly with an eye for relevant detail. On occasion, you may go through an article word by word, searching for minutiae or for hidden nuances and meanings between the lines. When the article deals with an unfamiliar topic, you may rely on the information supplied by photographs, illustrations, or graphs to confirm or negate your interpretation of the printed word. Seldom will you resort to looking up words in a dictionary. Instead, you will more likely rely on your ability to deduce the meaning of unknown terms from the context of the words around them or from the other clues the article supplies. Finally, you will digest the content of the article as a whole, applying to it your own subjective experience and gleaning from it whatever information or ideas seem relevant to you as an individual. It is this final interactive stage, during which you accept, reject, and rethink portions of the content of the article, that is the most important and that gives meaning to each reading experience.

Reading effectively in a foreign language involves utilizing all of these native-language approaches and strategies and having the confidence to look beyond the individual words in order to grasp the meaning of whole sentences and paragraphs. **Lecturas periodísticas**, Fifth Edition, presents a wide array of newspaper and magazine articles from throughout the Spanish-speaking world on a variety of contemporary issues, combined with a series of proven activities designed to enable you to apply your English-language reading skills to texts in Spanish. To attain this goal, you need only be willing to ignore the urge to translate word by word, and instead follow the simple steps outlined here as you read each article.

First, read the entire article once to acquire a general understanding of the topic and to determine the main ideas. At this point, particularly at the beginning of the course, you may wish to turn to the *Comprensión* section following the article and see how many of the comprehension questions you can answer. Those questions that remain can provide you with important clues regarding other key information contained in the article.

Next, read the article a second time and try to guess the meaning of unfamiliar words and expressions from the context. Avoid translation, as it is the least effective way to acquire, improve, or maintain foreign language skills. Even if you have difficulty understanding, continue reading; often a reference in a subsequent sentence helps clarify the meaning of an entire passage. By the end of this second reading, you may still have missed some details, but you will have a much clearer idea of what the text is about and should be able to answer most of the comprehension questions.

Finally, read the text one last time, referring to the glosses as needed and listing any words and expressions that still remain unclear. Only at this point should you look them up in the *Vocabulario* reference section at the end of the text and reexamine the passage that caused you difficulty. Retain the list of new words and expressions for your reference as you work with the activities following the reading. You should now be able to answer all of the comprehension questions in the *Comprensión* section and be familiar enough with the key high-frequency vocabulary in the *Práctica* section to begin work on these activities. Completing the *Práctica* section, which focuses on practical vocabulary contained in the reading, will help you to retain new words and expressions for future use.

In the *Ampliación* section at the end of each reading and in the activities at the end of each unit, you will be asked to consider the main ideas of the articles and to discuss your reactions to them. During this phase you will draw upon your knowledge of Spanish and your own personal experiences, as well as the information obtained from the readings. These activities will help you to retain new words and expressions, develop your ability to articulate your point of view in Spanish with increasing ease, and underscore the communicative value of the reading experience.

Following this approach will ultimately reduce the amount of time you will need to spend looking up new words and increase your ability to make educated guesses as to their meaning based on context. This is an essential skill to acquire in preparation for more advanced levels of language study, since reading for information on a wide range of subjects is a powerful tool for acquiring new vocabulary and increasing your understanding of the use of more complex levels of language for communication. Above all, however, **Lecturas periodísticas**, Fifth Edition, is meant to be an enjoyable and informative reading experience; to present Hispanic perspectives on a number of interesting, contemporary issues; and to encourage you to examine and share your views and experiences in Spanish in a meaningful way.

Contents

Hispanidad USA

1

¿Sabía Ud. que los españoles llegaron al continente americano mucho antes que los del Mayflower?

España en Norteamérica

La conquista y colonización de buena parte de lo que es hoy el suroeste de los Estados Unidos se debe, en gran parte, a los esfuerzos de los españoles. El impacto de la actuación española en el continente la atestiguan° hoy día un sinnúmero de   bear witness to
5   ciudades de nombres españoles (Monterey, San Francisco, Los Angeles, Albuquerque, Santa Fe, San Antonio, etc.), la arquitectura típica del suroeste y, claro está, la presencia del elemento humano hispánico, cuya lengua y costumbres son parte integrante de la civilización estadounidense.
10   El sistema colonial español en el Nuevo Mundo comprendía grandes divisiones administrativas, llamadas capitanías generales y virreinatos.° Uno de estos últimos, el Virreinato de Nueva España,   viceroyalties
comprendía, además de México, los actuales estados de California, Nevada, Arizona, Utah, Nuevo México, Texas y partes de Colorado
15   y Kansas. La colonización de ese enorme territorio empezó temprano, a principio del siglo dieciséis, o sea, más de cien años antes de que el *Mayflower* aportara en° Plymouth (1620). Ese territorio   **aportara...** would put in at
estuvo oficialmente bajo el dominio español hasta 1822 (fecha de la independencia mexicana) y bajo el dominio mexicano hasta
20   1848 (fecha del Tratado de Guadalupe Hidalgo). He aquí° algunas   **He...** Here are
de las principales fechas de ese período:

1513   Vasco Núñez de Balboa descubre el «Mar del Sur», luego llamado Océano Pacífico.

1519   Alonso de Piñeda explora el sur de Texas.

25   1520   Francisco Garay alcanza el río Grande.

1528   Una expedición española comandada por Pánfilo de Narváez desembarca en la región de Tampa, en la Florida.

La herencia española: Castillo de San Marcos, del siglo XVII, St. Augustine, Flórida.

Atacados por los indios y por enfermedades, los trescientos hombres del grupo mueren uno a uno; en abril de 1536, los cuatro únicos sobrevivientes alcanzan Nueva España. El líder del pequeño grupo, Alvar Núñez Cabeza de Vaca, narró las peripecias de la travesía del suroeste en *Naufragios y comentarios.*

1539   Fray Marcos de Niza explora Nuevo México y Arizona.

1541   García López de Cárdenas, lugarteniente de Francisco de Coronado, descubre el Gran Cañón del Colorado. En el mismo año, Hernando de Soto descubre el río Misisipí.

1542   João Rodrigues Cabrilho, navegante portugués al servicio del gobierno español, explora la costa de la Alta California, desde la Bahía de San Diego hasta la Bahía de los Pinos (hoy Bahía de Monterey).

1582   Antonio de Espejo explora Nevada, Arizona y Nuevo México.

1598   Juan de Oñate alcanza el río Colorado y empieza la colonización del Reinado de Nuevo México, que comprende una gran parte de los actuales territorios de Arizona, Colorado y Nuevo México.

1602   Sebastián Vizcaíno explora la costa de la Alta California.

1691   El Padre Eusebio Francisco Kino funda la Misión de San Javier (Arizona).

1706	Francisco Cuervo y Valdez funda Albuquerque (Nuevo México).
1716	Se fundan seis misiones españolas en el este de Texas.
1769	El Capitán Gaspar de Portolá y Fray Junípero Serra empiezan la colonización de la Alta California.
1770	Fray Junípero Serra funda San Diego de Alcalá, la primera de las misiones de la Alta California.
1776	Juan Bautista de Anza empieza la colonización de Monterey y funda el presidio y la misión de San Francisco de Asís.
1803	Los Estados Unidos adquieren a Francia una vasta extensión de territorio que va desde el río San Lorenzo, al norte, hasta el Golfo de México, al sur. Esta adquisición, llamada *Louisiana Purchase*, permite a los norteamericanos empezar la colonización del oeste.
1819	Por el Tratado Transcontinental España cede la Florida a los Estados Unidos.
1822	México se independiza de España.
1835	Los habitantes de Texas se rebelan contra México.
1836	Creación de la República de Texas. El presidente de México, General Antonio López de Santa Anna, toma el Fuerte Alamo y luego es derrotado y capturado por los tejanos en la batalla de San Jacinto.
1845	Texas se incorpora a los Estados Unidos.
1846	Empieza la guerra mexicanoamericana. Las fuerzas estadounidenses toman Santa Fe, Monterey y San Diego. El Comodoro Sloat toma posesión de California en nombre del gobierno norteamericano.
1847	El General Winfield Scott toma Veracruz y la ciudad de México.
1848	Los Estados Unidos y México firman el Tratado de Guadalupe Hidalgo,[1] por el que este país cede a aquél el territorio que va desde Nuevo México hasta California (unas 530 mil millas cuadradas) por 15 millones de dólares.

---

[1] **Guadalupe Hidalgo** Ciudad del Distrito Federal de México, hoy llamada Gustavo A. Madero, en la cual se firmó el tratado que lleva su antiguo nombre.

1853   Los Estados Unidos compran a México una estrecha faja
        (de unas 29.640 millas cuadradas) del territorio al sur de
        Arizona y Nuevo México, por diez millones de dólares.
        Esta operación se conoce como *Gadsden Purchase*.

AUGUSTINE APODACA DE GARCÍA
Gráfica (Los Ángeles)
Adaptación

Comprensión

Conteste brevemente, según la lectura:

1. ¿Qué papel tuvieron los españoles en la exploración del territorio estadounidense?
2. ¿Cuándo empezó la colonización española de aquel territorio?
3. ¿Quién fue Alvar Núñez Cabeza de Vaca?
4. ¿Qué consecuencias tuvo la compra de la Louisiana?
5. ¿Cuándo tuvo lugar la guerra mexicano-americana?
6. ¿Qué consecuencias tuvo el tratado de Guadalupe Hidalgo?
7. ¿Qué fue la *Gadsden Purchase*?

Práctica

Verifique sus conocimientos históricos, emparejando los elementos correspondientes:

____ 1. Fray Junípero Serra
____ 2. Antonio López de Santa Anna
____ 3. Año 1528
____ 4. João Rodrigues Cabrilho
____ 5. *Gadsden Purchase*
____ 6. Año 1836
____ 7. Tratado de Guadalupe Hidalgo
____ 8. Año 1803
____ 9. Incorporación de Texas a los EE.UU.
____ 10. Independencia de México
____ 11. Fundación de San Diego

a. Compra de la Louisiana
b. Explorador de la costa de la Alta California
c. Año 1848
d. Creación de la República de Texas
e. Año 1822
f. Conquistador del Fuerte Alamo
g. Primera expedición española a la Florida
h. Año 1853
i. Año 1770
j. Fundador de misiones en la Alta California
k. Año 1845

Ampliación

1. ¿Qué diferencia hay entre el territorio adquirido mediante la *Louisiana Purchase* y el actual estado de la Louisiana?
2. ¿Cómo cree usted que serían hoy los EE.UU. si no se hubiera comprado el Territorio de la Louisiana? ¿Y si no se hubiese firmado el Tratado de Guadalupe Hidalgo?
3. ¿Cómo reaccionaría usted si otra nación quisiera comprar parte del territorio de su país?
4. ¿Existe una presencia hispánica en la región en donde usted vive? ¿Qué sabe usted acerca de ese tema?

2

Una tradición catalana se vuelve en un éxito californiano

De España a California

Una vista del Marimar Torres Estate en Sonoma, California.

L a bodega° Marimar Torres Estate, construida al estilo de una
masía° catalana, está situada en lo alto de una colina° rode-
ada de la viña.° La nave° de producción, con una capacidad
de 15.000 cajas, está dotada° del mejor equipo y de tres bodegas de
5 barricas° provistas° de control de temperatura y humedad, lo que
le permite una gran flexibilidad para experimentar con diversas
técnicas de prensado,° fermentación y crianza.°
    La directora, Marimar Torres, ha estado vinculada° al mundo
del vino toda la vida. Nacida en Barcelona, habla seis idiomas y es
10 licenciada° en Altos Estudios Mercantiles° por la Universidad de
Barcelona, además de haber estudiado Márketing y Dirección de
Empresas en la Stanford Business School, sin contar su especialización en enología° y viticultura° en la Universidad de California.

wine cellar
country estate / hill
vineyard / vault
equipped
barrels / provided
pressing / wine formation
connected
(**ver** *Notas culturales*) / (**Altos...** Business Administration
enology (*wine science*) / grape growing

Doña Margarita, con su hija Marimar y sus hijos Miguel y Juan María.

   Dirige la prestigiosa bodega de familia en Sonoma County, California, viaja por todo Norteamérica promocionando° sus vinos y se ha convertido° en la representante más conocida del vino español en Estados Unidos. Sin embargo,° no siempre fue así:
5 cuando empezó a trabajar en España como directora de exportación de la empresa, se enfrentó° a la idea generalizada de que «el negocio del vino» no era un sitio para la mujer. Con el tiempo, su tenacidad° y habilidad para los negocios la ayudaron a superar esta adversidad y ha conseguido° que Torres sea el mayor exportador
10 español de vinos al nuevo continente.

   «Yo sigo el consejo° que me dio mi padre para triunfar° en los negocios: calidad, perseverancia y entusiasmo», dice.

   Su difunto° padre, Miguel Torres Carbó, introdujo sus vinos en América mediante° la fórmula mágica de «la maletita°»: al final de
15 la comida° en los distintos° restaurantes que elegía «para abrir mercado», preguntaba por el dueño° y le hacía probar° sus propios vinos, que sacaba de una maletita que llevaba. El márketing no podía ser más directo y eficaz:° el pedido° y la inclusión en la carta° de vinos era inmediato. Marimar Torres ha encontrado otra
20 variante de «la maletita» para vender sus propios vinos y los de la familia: ha escrito dos libros de cocina con gran éxito de ventas —*The Spanish Table: The Cuisines and Wines of Spain* y *The Catalan Country Kitchen: Food and Wine from the Pyrenees to the Mediterranean Seacoast of Barcelona*—sobre la alimentación española en general y la

promoting
se... she has become
Sin... Nevertheless
se... faced
perseverance
ha... has achieved
advice / succeed
late
by means of / briefcase
meal / different
owner / **le...** made him taste
effective / order / list

catalana en particular, y en cuyas° recetas° exige el componente   whose / recipes
mágico de los vinos familiares y el suyo propio.

La propiedad Marimar Torres Estate fue concebida como una
verdadera bodega de «pago°», un concepto mediante el cual sólo   de... self-supporting
5 con viñedos° propios es posible el riguroso control de calidad que   vineyards
asegura° una fruta excelente. «Nuestra viña es única en Estados   ensures
Unidos», dice. «Su elevada° densidad de plantación fue diseñada   high
por mi hermano Miguel, después de que sus experimentos en
España demostraran que ese sistema producía uvas de calidad
10 superior».

La viña «Don Miguel» tiene una densidad de plantación de
5.000 cepas° por hectárea,° más de cuatro veces el marco° de plan-   vines / about 2.5 acres / stan-
tación tradicional en California. Estas técnicas de viticultura, com-   dard
binadas con el prolongado período vegetativo del Green Valley, en
15 donde se encuentra la propiedad, producen uvas con intensos aro-
mas que reflejan el carácter del viñedo. «Es el nicho ideal
—termina— para poseer una viña propia con poca cantidad y
mucha calidad». El resultado no hay más que verlo... y beberlo.

LUIS SÁNCHEZ BARDÓN
Dinero (Madrid)
Adaptación

Comprensión

Conteste brevemente, según la lectura:

1. ¿Dónde se encuentra el viñedo «Don Miguel»?
2. ¿Qué características tiene el viñedo «Don Miguel»?
3. ¿Quién lo dirige?
4. ¿Cuál es la capacidad de la nave de producción de la bodega Marimar Torres Estate?
5. ¿Qué clase de estudios ha realizado su directora?
6. ¿Cómo introdujo don Miguel Torres sus vinos en los Estados Unidos?
7. ¿Qué consejo le dio don Miguel a su hija?
8. ¿Qué dificultades encontró ella en su actuación profesional?
9. ¿Sobre qué temas ha escrito?
10. ¿Cuál es el «componente mágico» de sus recetas?

Práctica

Usando las palabras y expresiones siguientes, escriba un párrafo sobre la promoción de algún producto comercial que le guste:

en lo alto de
estar vinculado a
enfrentarse a
abrir mercado
promocionar (un producto)
superar (una dificultad)
mediante
triunfar (en una actividad)

Ampliación

1. ¿Qué dificultades cree usted que encontraría cualquier persona en el principio de su actividad comercial en este país?
2. ¿Cree usted que encontraría semejantes dificultades hoy día una mujer que se dedicara al negocio de los vinos? Explique su respuesta.
3. ¿Qué piensa usted del consejo que le dio don Miguel a su hija?
4. Hay un viejo refrán catalán que dice que «buen pan y buen vino acortan el camino». ¿Cómo lo interpretaría usted?
5. Explique la expresión *control de calidad*. ¿A qué clase de actividades se aplica?
6. ¿En qué regiones de este país se produce vino?
7. ¿Y en qué regiones se producen otras bebidas alcohólicas?
8. Según ciertas personas, las bebidas alcohólicas deberían ser prohibidas. Según otras, uno debería aprender a beber con moderación desde joven. ¿Qué piensa usted de esos puntos de vista?

3

¿En qué consiste la identidad puertorriqueña?

Puerto Rico: Cuestión de identidad

L a cuestión de la identidad es tan escurridiza° como la cola de
una lagartija,° cuando pensamos que la hemos atrapado, se
nos escapa nuevamente de las manos. Desde hace más de 50
años los intelectuales puertorriqueños parecen atravesar por una
5 aguda crisis de identidad. Hoy se siguen planteando con igual
urgencia las tres famosas preguntas de Antonio Pedreira: ¿Quiénes
somos? ¿De dónde venimos? ¿Adónde vamos?

Pero, ¿qué es la identidad nacional? ¿Qué es, exactamente, la
cultura puertorriqueña? ¿Qué valores y costumbres ligan a los dis-
10 tintos sectores de nuestra población? ¿Existe una sola visión del
mundo que abarque° por igual a prósperos empresarios, humildes
oficinistas del gobierno, vendedores ambulantes, jíbaros,° abogados
encorbatados° y chóferes de camiones? ¿Existe una sola cultura
puertorriqueña que agrupe al descendiente de esclavos africanos, al
15 nieto de comerciantes catalanes y mallorquines,° al mulato criollo°
cuyo árbol genealógico se pierde en el bosque del olvido? ¿Qué
significa, a fin de cuentas, *ser puertorriqueño?*

Los estudios más prometedores parten del reconocimiento de
que ninguna sociedad es totalmente homogénea. Es decir, que en
20 Puerto Rico existen importantes diferencias económicas, étnicas,
raciales, regionales y hasta sexuales. Los grandes hacendados° desarrollaron una subcultura fundamentalmente hispánica y señorial°
a lo largo del siglo XIX, relativamente poco penetrada por las costumbres y creencias afroantillanas° de las clases jornaleras.°

25 En rigor,° la respuesta a la pregunta de quiénes somos tiene
que partir de la de dónde venimos: y venimos indiscutiblemente de
la más larga historia colonial de toda América. La cultura y la identidad puertorriqueñas han estado ligadas desde su nacimiento a
una metrópoli que, como los dioses del Olimpo griego,° conduce
30 los destinos de la Isla.

	slippery
	small lizard
	encompass
	peasants *(P. R.)*
	wearing a tie
	Mallorcan / (*ver Notas culturales*)
	landowners
	seignorial
	Afro–Antillean / day laborers
	En... As a matter of fact
	(ver *Notas culturales*)

Edificio de la Universidad de Puerto Rico en San Juan, P. R.

La psicología puertorriqueña es, para empezar, una psicología de la mentalidad colonizada. Es también la psicología de una sociedad dividida en clases, racialmente mixta. Son importantes el prejuicio racial y las distinciones de estatus social para entender los
5 problemas especiales de los trabajadores pobres. Se han comenzado a descubrir los efectos corrosivos del desempleo sobre la imagen propia del puertorriqueño, las fuentes de estrés° en la mujer trabajadora y el impacto de la ocupación y los ingresos sobre el estilo de vida. Se empiezan a documentar las diferencias psicológicas que
10 separan los miembros de diversas clases sociales en Puerto Rico. Para cada sector socioeconómico, hay una manera de asomarse° al mundo. Hace falta adelantar esta línea de percepción para incluir la percepción de las diferencias físicas dentro de nuestra compleja jerarquía criolla del color: ¿Qué significa —en términos psicológi-
15 cos— el ser un grifo,° un trigueño,° un prieto° o un blanquito° en Puerto Rico hoy en día?

stress

approach *(fig.)*

grifo… blanquito *(ver **Notas culturales**)*

Aceptando estas diferencias internas, ¿podemos todavía sostener que existe una identidad nacional? A mí me parece que sí podemos afirmar que, a pesar de tantos siglos de sometimiento° político, a pesar del desgarramiento° interior en clases y razas
5 opuestas, a pesar de la separación entre la montaña y la costa, el campo y la ciudad, los puertorriqueños comparten un conjunto de valores culturales bien definidos. Puerto Rico tiene una personalidad colectiva distinta de las demás. Entre esos valores se destaca un intenso apego° emocional hacia este pedazo de tierra enclavado en
10 el Mar Caribe, pero sobre todo la defensa tenaz de la lengua materna.

    Más allá de la identidad lingüística y geográfica, están las normas sociales que hacen posible una vida de pueblo. Esos entendimientos convencionales que hacen responder «puertorriqueño»
15 a la pregunta del aduanero,° aunque se sea ciudadano norteamericano. Hay estudios que demuestran que la mayoría de los puertorriqueños sigue una etiqueta formal que permite la comunicación entre los distintos sectores de la sociedad. El respeto, por ejemplo, es un ritual de la deferencia que se manifiesta en el uso
20 del *usted,* en el tratamiento de *don,*° en el comportamiento no verbal. Esta ideología condiciona nuestros encuentros interpersonales en la vida diaria, desde el contacto más casual con un extraño hasta las formas más íntimas de amistad y amor. Hay una forma típicamente puertorriqueña de hacer amigos, como hay un estilo
25 de amar característico del hombre y la mujer de esta tierra. Estas normas de las relaciones interpersonales están vivamente dramatizadas en el gesto tragicómico de un ex–alcalde de la isla, quien recientemente retó° al gobernador a un duelo a muerte (con padrinos° y todo) porque le habían faltado «al honor°» de su persona.
30   Cuando hablamos de identidad nacional, no implicamos que todos los puertorriqueños tengan la misma personalidad, los mismos valores o el mismo modo de vida. Sencillamente estamos caracterizando una serie de problemas emocionales comunes a la mayoría de los miembros de esta sociedad (como la pobreza, la
35 dependencia o la migración). Y decimos que la cultura puertorriqueña prescribe ciertos patrones° de conducta, ciertas estrategias para mantener la salud mental, que son la base de la identidad. Son esos patrones y esas estrategias los que deben servir como punto de partida para la psicología puertorriqueña, una psicología
40 que se enfrente con la idiosincrasia de los hombres y las mujeres a los que nos ha tocado° vivir sobre este suelo. La obsesiva pregunta de ¿adónde vamos? no se puede responder de otra forma.

submission
tearing apart

attachment

customs officer

(*ver **Notas culturales***)

challenged
seconds / **faltado...** insulted the honor

patterns

nos... has befallen us

JORGE DUANY
El Nuevo Día (San Juan, Puerto Rico)
Adaptación

Notas culturales

Criollo término que designaba, durante el periodo colonial, a los hijos de españoles nacidos en Hispanoamérica. Hoy día designa a lo autóctono, o sea, a todo lo que es originario de la región, para distinguirlo de lo extranjero: costumbres criollas, cocina criolla, etc.

Olimpo monte de la Grecia antigua, que se creía ser la residencia de los dioses. Figuradamente, se refiere a una posición o actitud altanera y soberbia.

Grifo, etc. La mezcla racial típica de los países hispanoamericanos da origen a muchos términos que designan distintos matices del color de la piel. Se refiere específicamente al individuo de pelo encrespado; **trigueño** y **prieto** indican la piel negra; **blanquito** designa, además de la piel blanca, un estatus social más bien elevado.

Don, doña términos de respeto usado con el nombre de pila: Don Mariano, Doña Francisca.

Comprensión

Clasifique cada frase como *verdadera* o *falsa* según la lectura y corrija las afirmaciones falsas:

1. El planteamiento de la identidad nacional puertorriqueña es una preocupación más bien reciente.
2. Los campesinos puertorriqueños atraviesan una crisis de identidad.
3. Hay muchas diferencias raciales y relativamente pocas diferencias sociales en Puerto Rico.
4. Los científicos reconocen que la sociedad no es homogénea.
5. La cultura desarrollada por las clases altas en el pasado era esencialmente de carácter español.
6. Existen por lo menos dos psicologías distintas en la sociedad puertorriqueña.

Practica

A. Empareje los sinónimos:

___ 1. escurridizo   a. comprender
___ 2. asomarse   b. normas
___ 3. patrones   c. corresponder
___ 4. tocar   d. cariño
___ 5. apego   e. enfrentarse
___ 6. abarcar   f. resbaladizo

B. Usando las palabras y expresiones de la columna izquierda del ejercicio A, escriba un párrafo sobre algún aspecto de la lectura que más le haya llamado la atención.

Ampliación

1. ¿Qué sistema político hay en Puerto Rico?
2. ¿Qué pasaporte llevan los puertorriqueños? ¿Por qué?
3. Explique la referencia a «la pregunta del aduanero».
4. ¿Cómo caracterizaría usted la psicología de una mentalidad colonizada? ¿Y la de una mentalidad colonialista?
5. ¿Hay una personalidad colectiva característica de este país? ¿O hay más bien varias? Explique su respuesta.
6. ¿Qué quiere decir «faltarle al honor» a alguien?

4

¿Será el «inglés... y algo más» una solución para el multilingüismo?

Inglés...
y algo más

Una reciente conversación con amigos canalizó° mis pensamientos hacia la polémica de quienes pretenden, en nuestra peculiar geografía sudfloridana,° los unos imponer° el idioma inglés como lengua «oficial» y única, y los otros preservar
5 tozudamente° el español y hacerlo valer como una alternativa igualmente forzada sobre el medio anglosajón en que vivimos.

Los primeros son los propugnadores del movimiento *U. S. English,* agudamente° apodado° *English Only*—«inglés, y nada más». A mi modo de ver, están equivocados.° No es posible sofocar
10 el idioma ancestral de un millón de inmigrantes hispanoamericanos regañando° a los que hablan español entre sí sólo por comunicarse en su lengua natal.°

Los segundos, en mi opinión, están igualmente equivocados. Son los que quieren negar la historia y las mil formas de expresión
15 de una cultura, que en el caso de Estados Unidos, están originadas, expresadas y conservadas en la igualmente rica lengua inglesa. Son los que, ante el desconcierto° del norteamericano que no les entiende su lengua nativa se atreven a menospreciarlo° e increparle:° «Que aprenda° español... » Existen, porque yo los he oído,
20 y a lo mejor° usted también, querido lector.

Estas personas pretenden ignorar la realidad de que este país fue fundado por los colonos del Mayflower, que traían bajo el brazo la Biblia en la edición inglesa del rey Jaime. Quieren ignorar que Thomas Jefferson escribió la Declaración de Independencia en
25 inglés, y que en inglés están escritas la Constitución, las Enmiendas Fundamentales, y todas las leyes federales, estatales, condales y municipales de esta nación. Quieren ignorar que el Presidente y todos los funcionarios actúan en inglés, y que todos los jueces fallan° en inglés.

channelled

(*ver **Notas culturales***) / impose

stubbornly

wittily / nicknamed
mistaken

scolding
native

bafflement
scorn
chide / **Que...**Let him learn
a... perhaps

judge

Dos lenguas, la misma prohibición.

¿Cómo conciliar esas dos realidades? El único enfoque° acer- approach
tado,° propugnado° por educadores, es el concepto de *English Plus* right / defended
—«inglés... y algo más». Ese «más» es nuestro español en el sur de
la Florida y en California, el *yiddish* de mis antepasados en Nueva
5 York, el italiano de Brooklyn y Nueva Jersey, el alemán de los
Amish en Pennsylvania, quizás el vietnamés o el laosiano de los
nuevos camaroneros° de la cuenca° del Golfo de México. Es el shrimp fishermen / basin
ingrediente de la diversidad cultural e idiomática que enriquece,
pero que no entraba,° las instituciones y el funcionamiento de este hinders
10 gran país.

Pero hay quienes leen este sabio lema° al revés:° «Algo más... motto / **al...** backwards
y el inglés». Hacerlo así es un error. Si como hispanos, asiáticos,
africanos o europeos de cuna° lingüística distinta, queremos ser o cradle
llegar a ser miembros auténticos de esta gran sociedad, debemos
15 aprender y anteponer el inglés a nuestras lenguas ancestrales. Sólo
entonces tendremos también el derecho pleno de solazarnos° de enjoy ourselves

vez en cuando° en una rica tertulia° de hispanidad, y hablar en español de lo divino y de lo humano, y discutir a Borges,° y admirar a Vargas Llosa,° y contemplar la leyenda macondiana° en la prosa inigualable de Gabriel García Márquez...

de... every now and then / conversation
(*ver Notas culturales*)
(*ver Notas culturales*)

MANFRED ROSENOW
El Nuevo Herald (Miami)
Adaptación

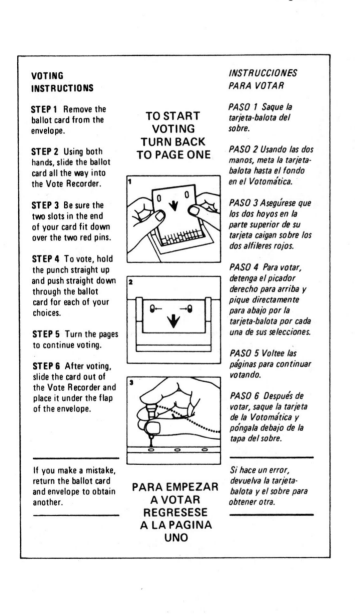

VOTING INSTRUCTIONS

STEP 1 Remove the ballot card from the envelope.

STEP 2 Using both hands, slide the ballot card all the way into the Vote Recorder.

STEP 3 Be sure the two slots in the end of your card fit down over the two red pins.

STEP 4 To vote, hold the punch straight up and push straight down through the ballot card for each of your choices.

STEP 5 Turn the pages to continue voting.

STEP 6 After voting, slide the card out of the Vote Recorder and place it under the flap of the envelope.

If you make a mistake, return the ballot card and envelope to obtain another.

TO START VOTING TURN BACK TO PAGE ONE

PARA EMPEZAR A VOTAR REGRESESE A LA PAGINA UNO

INSTRUCCIONES PARA VOTAR

PASO 1 Saque la tarjeta-balota del sobre.

PASO 2 Usando las dos manos, meta la tarjeta-balota hasta el fondo en el Votomática.

PASO 3 Asegúrese que los dos hoyos en la parte superior de su tarjeta caigan sobre los dos alfileres rojos.

PASO 4 Para votar, detenga el picador derecho para arriba y pique directamente para abajo por la tarjeta-balota por cada una de sus selecciones.

PASO 5 Voltee las páginas para continuar votando.

PASO 6 Después de votar, saque la tarjeta de la Votomática y póngala debajo de la tapa del sobre.

Si hace un error, devuelva la tarjeta-balota y el sobre para obtener otra.

Comprensión

Conteste brevemente, según la lectura:

1. ¿De qué tema actual trata el autor?
2. ¿A qué región específica se refiere?
3. ¿Qué puntos de vista se reflejan en la polémica mencionada en el artículo?
4. ¿Qué es el concepto del «inglés y algo más»?
5. Explique la diferencia entre «inglés y algo más» y «algo más y el inglés».
6. Al modo de ver del autor, ¿por qué se equivocan los que defienden el concepto del «inglés, y nada más»?
7. ¿Por qué critica a los que propugnan el uso exclusivo del español?
8. Según el parecer del autor, ¿qué hay que hacer para participar de veras en la sociedad norteamericana?

Práctica

A. Empareje los sinónimos:

___ 1. apodar	a. tal vez
___ 2. regañar	b. dificultar
___ 3. equivocarse	c. llamar
___ 4. propugnar	d. osar
___ 5. entrabar	e. defender
___ 6. a lo mejor	f. harmonizar
___ 7. atreverse	g. criticar
___ 8. conciliar	h. cometer un error

B. Complete el texto siguiente con las palabras y expresiones de la columna izquierda del ejercicio A:

_____ las personas que creen que es imposible _____ los puntos de vista de dos o más grupos políticos. En vez de _____ a los que _____ a discordar de nosotros, _____ los de «tontos», «tozudos», o algo peor, _____ lograríamos mejores resultados si, en vez de _____ los debates con insultos, _____ por soluciones capaces de contentar a todos, o por lo menos a la mayoría de las personas involucradas en el problema.

Ampliación

1. A su parecer, ¿constituye un «problema» la coexistencia de dos o más idiomas en una sociedad? ¿O es más bien una situación natural?
2. ¿En qué regiones de este país hay comunidades que hablan otros idiomas además del inglés?
3. ¿Le parece bien o mal que la gente pueda votar por hacer oficial solamente uno de los idiomas hablados en su estado o provincia?
4. ¿Cuáles serán los motivos de los que votan a favor de un solo idioma oficial?
5. A su modo de ver, ¿qué ventajas o desventajas conlleva el que un país tenga un solo idioma oficial?
6. ¿Qué ventajas o desventajas conlleva la existencia de dos o más idiomas (oficiales o no) en la misma sociedad?
7. ¿Qué piensa usted de la idea de que en este país sólo se debería usar el inglés?
8. ¿Cree usted que sea posible conservar una cultura y su idioma sólo con «solazarse de vez en cuando en una rica tertulia» en aquel idioma?
9. ¿Cuál es su idioma materno? ¿Dónde lo aprendió? ¿En qué circunstancias lo usa?
10. Además del inglés, ¿qué idioma(s) habla usted? ¿Cuándo tiene ocasión de usarlo(s)?

5

Un inmigrante realiza su sueño

Desde niño quiso ser policía

Ruidosas calles, enormes edificios que fácilmente confunden a un niño...

A raíz de° un extravío° que sufrió en el centro de Los Ángeles cuando estaba recién llegado° con su familia desde su natal° Michoacán,° Rigoberto Romero supo con certeza° lo que le gustaría de ser de grande:° un policía.

5 «Es un oficio° muy interesante, no lo cambiaría por otro», comentó el agente° Romero, del Departamento de Policía de Los Ángeles (LAPD) desde 1989 y actual° portavoz° de esa corporación

A... On account of / getting lost
recién... just arrived / native (*ver Nota cultural*) / **con...** for certain
de... as an adult
job
police officer
current / spokesperson

en la oficina de Relaciones de Prensa, que con frecuencia coordina las entrevistas e indagaciones° que hacen los periodistas sobre la seguridad pública.

Recuerda que de niño, en el primer día de clase, tan pronto° la
5 profesora de la primaria° avisó que era la hora de la comida, él salió corriendo del salón,° abrió el portón de la escuela y corrió hacia su casa en el vecindario° de Pico-Unión.

«Yo creí que era igual que en mi país, donde los alumnos van a comer a su casa y luego regresan° a clases», dijo al recordar que
10 hacía apenas tres días que acababa de llegar de Michoacán, junto con° sus padres y sus hermanos.

Una vez fuera de la escuela, el pequeño Romero recorrió° por largas horas docenas de cuadras,° caminando entre ruidosas° calles y enormes edificios, antes de darse por vencido° y ponerse a llorar
15 a grito abierto° en una esquina.

«Entonces sentí que alguien me tocó el hombro suavemente, volteé° y me di cuenta° de que era una viejecita», apunta° Romero al recordar que él no hablaba nada de inglés, pero que no obstante° la mujer finalmente lo convenció que la acompañara a su casa,
20 donde le dio de comer galletas° con leche.

Se encontraba° comiendo precisamente cuando de repente se aparecieron° en la puerta del domicilio° dos policías, quienes inútilmente le pidieron que los acompañara.

«Pensaba que me iban a llevar a la cárcel°», anota sonriendo el
25 oficial Romero. Y señala que los patrulleros° salieron de la casa unos minutos para luego regresar con una barra de chocolate, que, asegura Romero, fue lo único° que pudo persuadirlo de la conveniencia de acompañarlos.

Luego de pasearlo en el autopatrulla° y llevarlo a la coman-
30 dancia,° lo entregaron a sus preocupados° padres, quienes como era de esperarse le dieron una tremenda regañada.°

«Fue en ese momento cuando decidí que de grande sería policía», afirmó Romero, durante la breve plática° que sostuvo con *La Opinión* hace unos días. Y cuenta que de seguido° pasa por el tra-
35 yecto que siguió de pequeño cuando se perdió en las calles de Los Ángeles, pero aclara° que ahora lo hace «en uniforme azul marino y a bordo de una patrulla° de la policía».

FRANCISCO ROBLES
La Opinión (Los Ángeles)
Adaptación

inquiries	

tan... as soon as
primary school
classroom
neighborhood

return

junto... together with
walked
blocks (*Sp. Am.*) / noisy
darse... give up
a... out loud

I turned / **me...** realized / points out
no... nevertheless

crackers
Se... He was
se... showed up / residence

jail
patrol officers

lo... the only thing

squad car
police precinct / worried
scolding

chat
de... often

clarifies
squad car

Comprensión

Conteste brevemente, según la lectura:

1. ¿De dónde es el agente Romero?
2. ¿A dónde fue en su primer día de primaria?
3. ¿Qué le pasó en la calle?
4. ¿Qué hizo por él cierta señora?
5. ¿Quiénes se aparecieron luego y qué hicieron?
6. ¿Cómo reaccionó el niño Romero?
7. ¿A dónde lo llevaron?
8. ¿Qué decidió él entonces?
9. ¿Qué funciones ejerce él hoy día?
10. ¿Qué piensa él de su trabajo?

Práctica

A. Empareje los sinónimos:

__ 1. perderse   a. ir con
__ 2. recorrer   b. por causa de
__ 3. acompañar   c. extraviarse
__ 4. persuadir   d. caminar
__ 5. encontrarse   e. desistir
__ 6. a raíz de   f. volver
__ 7. darse por vencido   g. estar
     h. convencer
__ 8. regresar

B. Usando las palabras y expresiones de la columna izquierda del ejercicio A, escriba un párrafo que narre la historia de un niño perdido en las calles de una gran ciudad.

Ampliación

1. Póngase en la situación del niño Romero. ¿Cómo describiría usted su aventura?
2. ¿Cómo cree que se sintió el niño Romero al ver a los policías?

3. ¿Qué piensa usted de la actitud de la vieja señora?
4. ¿Qué haría usted si encontrara en la calle a un niño perdido y llorando?
5. ¿Y si se tratara de un adulto?
6. ¿Qué haría usted si se encontrara perdido en una ciudad desconocida, sin saber hablar el idioma del país?
7. ¿Cómo cree que se siente un inmigrante al llegar a un país cuya lengua y costumbres desconoce? ¿Por qué cree usted que se siente así?
8. ¿Cómo caracteriza usted la actitud de los dos patrulleros?
9. ¿Qué cuestiones de relaciones humanas plantea la lectura?
10. En esta sociedad, ¿acostumbra la gente a ayudar a los desconocidos? Explique su respuesta.

Teatro de bolsillo

Entrevista de radio: ¿De dónde vino tu familia?

PERSONAJES

Entrevistador(a)
Una o más personas de origen inmigrante

El / La entrevistador(a) hace diversas preguntas sobre el origen de la persona entrevistada. Al cabo de unos minutos, invita a los radiooyentes a llamar por teléfono para hacer sus preguntas.

EXPRESIONES UTILES

¿De dónde vinieron tus antepasados?
¿Cuándo llegaron a este país?
¿Qué hacían en su país?
¿A qué actividades se dedicaron aquí?
¿En dónde se establecieron?
¿Qué lengua se hablaba en tu casa?
¿De qué manera... ?
¿Qué documentación... ?
¿Qué dificultades... ?
naturalizarse = hacerse ciudadano
obtener la visa de inmigrante / el permiso de residencia

Temas para comentario oral o escrito

1. Todos los que viven en este país, extranjeros o no, deben (no deben) gozar de los mismos derechos ante la ley.
2. La diversidad cultural de una ciudad es (no es) una ventaja para las personas que viven allí.
3. La relación especial que tiene Puerto Rico con los Estados Unidos es (no es) benéfica a los puertorriqueños.

4. Las causas de la tensión entre los descendientes de los colonizados y los de los colonizadores en este país.
5. El llamado «imperialismo yanqui»: ¿realidad o fantasía?

Proyectos

1. Si hay programas de radio o televisión en español en donde vive usted, escuche o vea algunos y prepare una charla sobre ellos.
2. Si hay hispanos en su universidad o comunidad, entreviste a algunos de ellos y prepare un informe acerca de sus intereses académicos, proyectos profesionales, los problemas que encuentran en la vida diaria, etc.
3. Obtenga la información necesaria y prepare una charla sobre algún aspecto de la presencia hispánica en este país.

UNIDAD 2

Relaciones humanas

¿Vale la pena dejar la escuela? Un joven escritor afirma que no.

El desertor pródigo vuelve a la escuela

A nadie le gustan los desertores escolares.° Los desertores hacen lo que quieren. Los desertores no tienen obligaciones ni responsabilidades. Por eso los demás se vuelven locos de celos.°

5 Pero antes de lanzar al aire los libros escolares y partir en dos tu lápiz, escucha atentamente: Claro que es divertido —pero te deja sin preparación alguna para enfrentarte° con el futuro. Basta con un poco de visión. Además, tarde o temprano se paga.° Nuestra sociedad puede ser despiadada,° sin misericordia a los que no

10 tienen diploma.

En mi calidad de desertor escolar, a veces pienso que es mi deber defender a los demás desertores escolares. La prensa nos retrata como «chicos malos», futuros criminales y gente de la peor calaña.° Muchos de nosotros somos inteligentes. No todos los

15 desertores escolares tienden a vender drogas, jugar al billar o robar en las tiendas.

Yo era un desertor muy leído.° Mi lugar preferido cuando faltaba a la escuela era siempre la biblioteca pública. Pero para ser sincero, mi vida de desertor escolar consistía mayormente° en una

20 larga serie de baños calientes, siestas y comida descongelada° en el microondas. Pero lo mejor de todo era el tiempo libre que tenía. Podríamos llamarlo un retiro° prematuro, pero por fin podía leer todo lo que se me ocurría° (*Gravity's Rainbow* era mucho más interesante y educacional que la clase de gimnasia). Me sentía

25 liberado. Había estado en la escuela casi toda mi vida. Quería encontrarme a mí mismo —y hasta que pude hacerlo, todo lo demás parecía una pérdida de tiempo.

Después de casi tres años de tanta decadencia egocéntrica, empezaron a hacerse sentir una serie de extrañas sensaciones

desertores... dropouts	
jealousy	
para... for you to face **se...** you pay for it merciless	
la... worst character	
muy... well-read	
mostly thawed out	
retirement **todo...** whatever I felt like	

Universitas Studii Salmantini: *Escena de la Universidad de Salamanca, España, fundada por el rey Alfonso IX en 1220.*

molestas° e insistentes. Me perseguían en sueños imágenes de mí mismo a los 35 años, juntando bolitas de polvo sobre el sofá, leyendo y releyendo el mismo libro. Y a veces oía una vocecita insistente que me preguntaba: «¿Quién paga la cuenta del agua
5 caliente? ¿Quién compra la pizza para el microondas?»

Mis pobres padres. Claro, yo me divertía no haciendo nada, descubriéndome a mí mismo° y todo eso. Pero mientras tanto mis padres sufrían. ¿Qué padres desean ver a su hijo siendo desertor escolar, sin planes para el futuro? ¿Era justo esperar que me man-
10 tuvieran indefinidamente? Por supuesto que no.

Había recibido la visión de Nuestra Señora de la Responsabilidad Perpetua, y no había forma de retraerme.° Decidí irme de casa y de mi ciudad, en busca de un futuro.

Aquí, en mi nueva casa en San Francisco, es donde pienso ir
15 al colegio de la ciudad.° Debo admitir que es un proyecto casi impensable —regresar a los pupitres, la tiza y los relojes que te controlan cuando empiezas y cuando terminas. Regreso a todas las cosas que había abandonado por aburrimiento y frustración. Pero

uncomfortable

descubriéndome... discovering myself

withdraw

community college (*ver Notas culturales*)

si el catálogo de los cursos es una indicación de lo que vendrá, debería estar entusiasmado, porque aprenderé por fin a superar el artificio de la escuela. Mi tiempo estará dedicado a la producción de cine, semiótica y sociología, en vez de las groseras pinceladas° académicas de historia y gramática típicas de la escuela secundaria. Sin embargo, no estoy del todo° libre. Tendré que sufrir el pequeño castigo y la penitencia de asistir a clases de matemática e inglés, porque son requisitos. Supongo que es justo, de modo que no me quejo.° Pero la próxima vez que veas a un desertor escolar, un anti-estudiante incorregible, trata de ser comprensivo.° Y no trates de empujarlo° a que haga algo que no quiere hacer. Eso nunca da buenos resultados. Los chicos se van a dar cuenta° de la realidad cuando estén listos. Es lo que me pasó a mí.

brushstrokes

del... completely

no... I don't complain
understanding
push him
se... will realize

PATRICK MACÍAS[1]
Nuestra Gente (San Francisco, EE.UU.)
Adaptación

Nota cultural

Colegio   Referencia al San Francisco City College, que es un *community college*, sin equivalente exacto en los países hispánicos, en donde *colegio* designa una institución comparable al *high school*.

Comprensión

Conteste brevemente, según la lectura:

1. ¿Qué es un desertor escolar?
2. ¿Qué piensan los demás estudiantes del desertor escolar?
3. Según el autor, ¿cómo trata la sociedad a los desertores escolares?
4. ¿Cómo los representa la prensa?
5. ¿A dónde iba el autor cuando faltaba a la escuela?
6. ¿Qué era lo que más le gustaba?
7. ¿Qué empezó a sentir después de cierto tiempo?
8. ¿A qué conclusión llegó?
9. ¿Dónde pensaba estudiar cuando escribió este artículo?
10. ¿Qué actitud sugiere respecto a los desertores escolares?

Práctica

Complete el texto siguiente con la forma apropiada de las palabras y expresiones dadas a continuación:

encontrarse   tarde o temprano
faltar a   leer
volverse celoso   jugar
ocurrir

Cuando empezó a _____ la escuela, sabía muy bien que _____ los demás _____ de su libertad. Salía de casa temprano e _____ al billar o pasaba casi todo el día en el jardín, _____ todos los libros y revistas que se le _____ pero que no _____ en la biblioteca de la escuela.

---

[1] Patrick Macías escribe para ¡*YO!*, un periódico por y para adolescentes de San Francisco.

Ampliación

1. Comente por lo menos tres razones por las que los chicos y las chicas se vuelven desertores escolares.
2. ¿Es esencial la escuela como preparación para el futuro? Justifique su respuesta.
3. A su parecer, ¿cómo se puede evitar la deserción escolar?
4. ¿Cómo interpreta usted la referencia a «Nuestra Señora de la Responsabilidad Perpetua»?
5. Comente tres cosas que más le gustaban en la escuela secundaria.
6. Comente ahora tres cosas que no le gustaban para nada en la escuela secundaria.
7. ¿Hay circunstancias que justifican la deserción escolar? Explique su punto de vista.
8. ¿Cómo se ve usted dentro de quince años? ¿Qué relación hay entre lo que hace actualmente y esa visión?

2

¿Con cuál de estas maestras le gustaría
estudiar?

Dos maestras[1]

Uno educa a los hijos lo mejor que puede. Pero claro, durante los seis años de la primaria,° los deposita en el colegio.° Y allí, la suerte° de los pequeños dependerá de la maestra que les toque. Esta es la historia de dos maestras: la Srta. Albana Bruera
5 Llerena Licciarda y la Srta. Libertad Justa Speranza.

**la primaria = la escuela
primaria** / private school
fate

1

Palomitas Doves • **imperar** to reign • **fila**
line • **cruzado de brazos** with arms folded

2

el montón heap, pile • **compartir** to share

3

forrar to cover • **el papel araña** paper for
covering books and notebooks • **la etiqueta**
label • **el renglón** line • **el doblez** crease
• **el manchón** spot • **el borrón** ink blot

4

la carátula title page

---

[1] «Dos Maestras», por Meiji-Tabaré, publicado en *Hum®, Humor Registrado* (Buenos Aires), octubre, 1983.

5

6

7

8

9

la dirección   the principal's (el director) office

10

contás = cuentas   (ver *Notas culturales*)

11

el **abanderado** flag-bearer • **el promedio** average • **el escolta** escort

12

rotar take turns

13

docente relative to teaching

14

sembrar to sow • **el alumnado = los alumnos** • **prescindir (de)** to do without • **la renuncia** resignation • **la gentileza** courtesy • **la foja de servicios** dossier

---

Nota cultural

Contas En Argentina, Uruguay y otros países hispanoamericanos en el lenguaje familiar se usa el pronombre **vos** en lugar de **tú**. Ese uso lingüístico se llama **voseo**. Las formas verbales del presente de indicativo correspondientes al pronombre **vos** son:

Vos		=	tú	
	hablás			hablas
	contás			cuentas
	comés			comes
	podés			puedes
	salís			sales

Comprensión

Conteste brevemente, según la lectura:

1. ¿Qué quiere la Srta. Albana de sus alumnos? ¿Y la Srta. Libertad?
2. ¿Qué parecen representar los cuadernos para la Srta. Albana? ¿Y para la Srta. Libertad?
3. ¿Cómo enseña historia la Srta. Libertad? ¿Y la Srta. Albana?
4. ¿Qué solución les da la Srta. Albana a los problemas de disciplina? ¿Y la Srta. Libertad?
5. ¿Qué papel juegan las calificaciones en cada una de esas clases?
6. ¿Qué piensa el director de la escuela del trabajo de cada una de las maestras?
7. ¿Cuál es el mensaje de la tira cómica?

Práctica

Haga una oración con cada una de las expresiones siguientes:

1. cruzado/a(s) de brazos
2. un montón de
3. forma de comunicación
4. rotar
5. hacerle una gentileza a alguien
6. sembrar la anarquía
7. prescindir de

Ampliación

1. Explique la actitud de la maestra en el recuadro 10.
2. ¿Qué piensa usted de la actitud de cada maestra en los recuadros 11 y 12?
3. Explique el contraste que hay entre los recuadros 7 y 8.
4. A su parecer, ¿cuál de las dos maestras obtiene mejores resultados pedagógicos? ¿Por qué?
5. ¿Cómo se explica la actitud del director hacia cada una de las dos maestras?
6. Si usted tuviera hijos, ¿a cuál de las maestras preferiría confiar su educación? ¿Por qué?
7. A su parecer, ¿qué papel debe jugar la disciplina en la educación?
8. ¿Qué recursos emplea cada maestra para motivar a sus alumnos?
9. ¿Qué actitud cree usted que tiene cada una hacia sus alumnos?
10. En su opinión, ¿deben los objetivos de la educación variar de acuerdo con la capacidad de cada alumno?

3

¡En mi barrio, no!

Vecinos se oponen a un centro para presos enfermos

El capellán° Jaime Garralda, director de la asociación benefi-
ciente° Horizontes Abiertos, esperaba abrir esta semana un
hogar para reclusos° con enfermedades terminales como el
sida.° Pero los vecinos de la calle donde está el colegio que el
5 Ayuntamiento° de Madrid destinó al proyecto se han opuesto, y
por ello los presos tendrán que buscar otro barrio que no les
rechace.°

    Este colegio llevaba tres años cerrado. En septiembre el Ayun-
tamiento lo cedió a Horizontes Abiertos para poner en marcha el
10 proyecto de Garralda, destinado a cuarenta reclusos y ex reclusos,
la mayoría con enfermedades terminales como el sida y el cáncer, y
otro pequeño grupo de presidiarios que estudian.

    Esta asociación, que lleva veinte años trabajando con convic-
tos, cuenta con subvenciones del Ministerio de Asuntos Sociales.
15 Su programa es profesional, con personal sanitario, psicólogos y
monitores, además de un centenar de voluntarios. Pero, según un
portavoz del Ayuntamiento, «desde hacía una semana han arre-
ciado° las llamadas de protesta de los vecinos. Se quejan de que se
va a llenar la zona de indeseables y de que bajará el precio de sus
20 pisos», asegura. «Hablamos con la asociación y decidimos que con
ese ambiente hostil no se podía llevar a cabo un proyecto que per-
sigue° la integración», concluye.

    Jaime Garralda, vinculado° a la cárcel y a los barrios empobre-
cidos° de la ciudad, se pregunta cuáles son esos graves riesgos de
25 los que hablan algunos vecinos de esta zona apacible° y residencial.
«La mayor parte de las personas que iban a venir aquí son enfermos destrozados° que se pasan el día en la cama; otros, menos graves, vivirían tutelados° por nosotros», explica.

priest
charitable
convicts
AIDS
City Hall

reject

increased

aims at
connected with
impoverished
pleasant

broken
guarded

«No deben permanecer en la cárcel porque están muy enfermos, carecen de° casa y de los hospitales les echan, ¿a dónde deben ir, a la calle, para morirse dentro de un coche?», se pregunta este sacerdote° de 71 años.

carecen... lack

priest

5 Las quejas empezaron la semana pasada, después de un mes de obras en el colegio. Los vecinos aseguran que varios jóvenes con aspecto desaliñado° recorrieron los pisos pidiendo dinero y comida y explicando el proyecto. El vecindario no tenía ninguna información y comenzaron las llamadas al Ayuntamiento.

unkempt

10 Garralda desmiente° rotundamente° que las personas que recorrieron las viviendas pertenezcan a la Fundación. «Nuestro estilo no es mendigar° por las casas, alguien les envió para crear alarma y para que los vecinos firmen en contra de algo que no conocen», concluye. Tiene sus sospechas puestas en una inmobi-
15 liaria° con intereses en la zona.

denies / flatly

to beg

real estate agency

Por otra parte, numerosos residentes se quejan de que en el Ayuntamiento no se les haya hablado claro. Uno de ellos es José Luis, que ayer llevó unas cuatrocientas firmas en contra del centro a la Casa de la Villa.

20 «Quizá nos hemos precipitado,° yo he firmado en contra de que traigan aquí a dormir a decenas de presidiarios sin orden ni concierto,° pero no tengo nada que oponer si existe detrás un proyecto serio que tenga controlada la situación», asegura.

Quizá... Maybe we have been too hasty

sin... haphazardly

Otros son expeditivos.° «Si están enfermos, ¿por qué no se los
25 llevan a la sierra o junto a la casa del alcalde?°»

son... mince no words
mayor

BEGONA AGUIRRE
El País (Madrid)
Adaptación

Comprensión

Conteste brevemente, según la lectura:

1. ¿A qué se dedica la asociación Horizontes Abiertos?
2. ¿Qué profesionales participan en esa asociación?
3. ¿Qué clase de institución quería abrir el capellán Garralda?
4. ¿Quiénes iban a vivir allí? ¿De qué enfermedades sufren?
5. ¿En qué lugar iba a estar esa institución?
6. ¿Qué hicieron los vecinos de la calle? ¿Cómo lo hicieron?
7. ¿Qué despertó las sospechas de los vecinos?
8. ¿Cuál fue la reacción del Ayuntamiento?
9. ¿De quién se sospecha que pueda haber influido en los vecinos?

Práctica

A. Empareje los sinónimos:

__ 1. oponerse a   a. caoticamente
__ 2. rechazar   b. preso
__ 3. recluso   c. ejecutar
__ 4. ceder   d. no aceptar
__ 5. sin orden ni   e. dar
     concierto   f. ser contra
__ 6. llevar a cabo   g. vigilar
__ 7. apacible   h. agradable
__ 8. tutelar

B. Usando las palabras y expresiones de la columna izquierda del ejercicio A, escriba un párrafo sobre algún problema social actual.

Ampliación

1. ¿Quiénes mantienen, en este país, las instituciones como el hogar que quería abrir el capellán Garralba?
2. ¿Son necesarias tales instituciones? ¿Por qué sí o por qué no?
3. ¿Presentan riesgos al vecindario esas instituciones? Explique su parecer.
4. ¿Cómo se interpreta la actitud de los vecinos?
5. ¿Dónde se han manifestado actitudes semejantes en este país?
6. ¿Cómo explicaría usted esas actitudes?
7. ¿Le parece razonable pensar que la presencia de un hogar para enfermos terminales afecta el valor de los inmuebles? Explique su punto de vista.
8. ¿Cómo interpreta usted la actuación de los «jóvenes con aspecto desaliñado» que menciona el texto?
9. ¿Cómo interpreta usted lo que insinuaban los vecinos citados en el último párrafo?
10. A su parecer, ¿de quién es el problema de los enfermos terminales?

4

Una psicóloga argentina comenta algunos aspectos de las relaciones entre hombre y mujer.

Las relaciones y sus conflictos

P or la consulta° de Alicia Cantor pasan parejas casadas, solteras, padres con hijos, individuos con conflictos que les agobian.° Sus clientes son de procedencia° diversa —anglosajones, hispanos de distintos países— porque los problemas no
5 son exclusivos de ningún grupo étnico. Lo que sí es exclusiva es la conducta de los individuos y su respuesta ante la crisis.

Cantor, una graduada en sicología de Argentina que se diplomó en los Estados Unidos en asesoramiento° familiar y matrimonial, ha observado, sin embargo, que los problemas de los hispa-
10 nos y de sus familias han de ser tratados° teniendo en cuenta° su cultura e idiosincrasia particular. Para muchos inmigrantes, las tensiones se recrudecen° al encontrarse en un ambiente que no es el suyo. Las personas pierden los sistemas de apoyo° naturales con que contaban en sus lugares de origen. Aquí se enfrentan a condi-
15 ciones adversas que las aislan,° un idioma y una cultura distintos, otras costumbres y la dureza° de abrirse camino.° Estos factores influyen en la familia, opina Cantor. La pareja hispana se enfrenta a una situación difícil y las relaciones entre ellos sufren.

«En muchos matrimonios el problema mayor que se presenta
20 es el aislamiento de la mujer —hablamos de la primera generación de residentes en este país— cuando el hombre sale a trabajar y ella se queda en casa, sin parientes ni amigos y se encuentra muy aislada y empieza a requerir° más de su esposo, que llega a casa cansado del esfuerzo que tiene que desarrollar° fuera.

25 Con frecuencia, ninguno de los dos puede dar al otro lo que necesita, y poco a poco va produciéndose un distanciamiento. Por otra parte,° en casos en que la mujer sale a trabajar fuera de casa, cuando regresa y tiene todas las otras obligaciones en el hogar, le queda muy poco tiempo para sí misma y para compartir° con el
30 marido. Una de las consecuencias es la falta de comunicación que

	consulting office
	overburden / origin
	counseling
	han... must be treated / **teniendo...** bearing in mind
	se... flare up, get worse support
	isolate
	difficulty / **abrirse...** get ahead
	demand
	carry on
	Por... On the other hand
	to share

se produce.» Sin embargo, Cantor no se inclina por° ninguna fór-   **no...** does not favor
mula. «Cada matrimonio es un mundo y no se puede decir qué es
lo que funcionará° mejor para una pareja determinada. Habrá   will work
mujer que se alegrará de que el marido no la deje ir a trabajar, por-
5   que así se sentirá protegida, al no tener° que enfrentarse con el   **al...** for not having endowed
mundo exterior. Para otra mujer, sin embargo, mejor dotada° para
probarse a sí misma° y crecer, el que° un marido no le facilite su   **probarse...** test herself / **el...** the fact that
expansión en el exterior, puede representar un grave conflicto»,
agrega la experta.
10   A su modo de ver, algunos rasgos° de la cultura hispana, la   features
supuesta dominación masculina y la sumisión femenina no dejan
de° ser una fuente de problemas, especialmente cuando la pareja   **no...** do not fail to
está expuesta a un estilo de vida tan distinto como es el de los Esta-
dos Unidos, donde la relación hombre y mujer es por lo general
15   más igualitaria.
Para Cantor, «en el matrimonio hay varias cosas fundamenta-
les. Lo primero es que haya respeto mutuo. El poder entender° que   **El...** Being able to understand
el otro es un individuo separado y con necesidades diferentes y que
deben respetarse. Cada persona tiene que crecer por sí misma, sin
20   ser la mitad de nadie.»
Añade que el amor sí existe, «pero a veces no dura° porque se   **no...** it doesn't last
tienen expectativas irreales acerca de la otra persona. El problema
es que cuando se tratan más íntimamente llega la desilusión si no
se acepta al individuo como es con sus defectos y virtudes. Muchas
25   veces se ama a una imagen ideal más que a la persona real. A veces
se piensa que el amor de por sí° va a cimentar° una relación sea   **de...** in and of itself / seal
como fuera.° Yo pienso que el amor es el atractivo inicial, pero des-   **sea...** no matter how lasting
pués tiene que haber más cosas para que sea duradero.°»

JOSEFINA VIDAL
La Opinión (Los Ángeles)
Adatación

Comprensión

Conteste brevemente, según la lectura:

1. ¿Quiénes buscan los consejos de la psicóloga?
2. ¿Son sus problemas más típicos de ciertos grupos étnicos que de otros?
3. ¿Por qué se agravan los problemas emocionales de los inmigrantes?
4. ¿Qué factores contribuyen a su aislamiento?
5. ¿Qué causa el distanciamiento de la pareja?
6. ¿Qué puede pasar cuando la mujer se queda en casa?
7. ¿Y qué puede pasar cuando ambos trabajan fuera de la casa?
8. ¿Qué diferencia hay entre la relación hombre y mujer en la cultura hispana y en la de este país?
9. Según la psicóloga, ¿qué tiene que haber para que un matrimonio tenga éxito?

Práctica

A. Empareje los sinónimos:

___ 1. agobiar   a. dificultad
___ 2. sea como fuere   b. agravarse
___ 3. idiosincrasia   c. preferir
___ 4. recrudecer   d. de cualquier manera
___ 5. inclinarse por
___ 6. dureza   e. atormentar
     f. manera individual de ser

B. Describa su opinión sobre lo esencial de la relación entre el hombre y la mujer, en un párrafo en el que emplee las palabras y expresiones de la columna izquierda del ejercicio A.

Ampliación

1. ¿Cómo es la relación entre hombres y mujeres en esta sociedad? ¿Igual o desigual?
2. A su modo de ver, ¿cómo debería ser?
3. ¿Qué significa el que cada uno debe crecer sin ser la mitad de nadie?
4. ¿En qué consiste un sistema de apoyo (psicológico, social, económico)?
5. ¿Ha estado usted alguna vez en una situación en que no tuviera sus sistemas habituales de apoyo? Explique esa experiencia.
6. A su modo de ver, ¿qué es mejor para la familia: que un esposo se quede en casa mientras el otro trabaja fuera, que trabajen ambos fuera o que se queden ambos en casa? ¿Por qué?
7. ¿Cómo explica usted que las personas se junten por amor y, al cabo de cierto tiempo, se estén pegando golpes?
8. ¿Cree usted que el matrimonio sea esencial?
9. A su parecer, ¿qué factores contribuyen al éxito o al fracaso de un matrimonio?
10. ¿Comparte su familia la misma opinión? Hable al respecto.

5

Llegó de Estados Unidos. Se llama el avión y es furor en Buenos Aires. ¿Cómo se juega? ¿Quiénes ganan? ¿Quiénes pierden? ¿Es una estafa?°

ripoff

¿Estás volando?

Vale tanto asociarlo con los años de crisis económica cuanto° con la desenfrenada° adoración del becerro de oro.° Y ha venido a integrarse a una panoplia heterogénea: concursos° por tevé y prensa gráfica, loterías y combinaciones para apostar en
5 el hipódromo.° Se llama *el avión* y es un juego para ganar dinero. Consiste, básicamente, en esto: hay un avión de mentirita° con un piloto, dos copilotos, cuatro tripulantes° y ocho pasajeros. Los pasajeros tienen que pagar boletos, y el dinero recaudado° se le entrega° al piloto, quien, una vez que lo tiene, se retira del
10 esquema. Es entonces que el avión se desdobla:° cada copiloto pasa a ser comandante, los tripulantes pasan a ser copilotos de cada uno de los nuevos aviones. Ocho nuevos pasajeros reclutados deben pagar a sus respectivos pilotos. Detalle: además de pagar su boleto, los pasajeros deben conseguir otros pasajeros para que se cubran la
15 totalidad de las plazas.

 ¿Cuánto tiempo pasa desde que un pasajero llega a piloto? Con suerte y viento a favor (depende de la rapidez con que se llenen las plazas del pasaje) dos días a dos semanas. Nuestro reportero encontró a una productora de modas° que en cuatro días
20 cobró el dinero como piloto; también encontró a un hombre que lleva veinte días como pasajero raso,° sin miras de° subir de categoría.

 El *avión* tiene además su lado social: el buen piloto cita a sus seguidores en las llamadas *reuniones de vuelo,* que sirven para man-
25 tenerse en contacto, conocer a los nuevos pasajeros, para saber cómo sigue el viaje. Tiene, también, su lado igualitario: hay *aviones* para adultos y para chicos, y el precio de los boletos varían: los hay de 2.000 (*avión* de banquero), de 600 (en jerga,° *Fokker,* para profesionales jóvenes o empleados calificados), y de 100 (aviones *Piper,*
30 para pasajeros pobres pero emprendedores°).

tanto... cuanto as much . . . as
unbridled / **becerro...** golden calf
contests
race track
de... make-believe
crew members
collected
se... is turned over
divides

productora... fashion designer
plain / **sin...** without hope of

slang

enterprising

Y hay declaraciones, algunas a favor, otras en contra: «El primer pasaje lo compramos a medias° con una amiga y ganamos. Volví a entrar, sola, y volví a ganar», dice Carolina, 25. Pero Pablo, 21, estudiante, demuestra menos entusiasmo: «Cuando pensaba
5 que mi avión despegaba, se escaparon tres pasajeros ya comprometidos. Si no cobro,° me vuelvo loco.»

Protagonistas, en fin, de una moda que vino de los Estados Unidos, donde se la conoce como *la pirámide del dinero.* Moda que muchos califican de inmoralidad: «Sólo ganan los que entran pri-
10 mero; más de un desprevenido° entra y nunca recupera el dinero que pone». Moda que podría estar entrando en un peligroso período final: ¿hasta cuándo° se conseguirán personas que quieran incorporarse° como pasajeros? Antecedente para tener en cuenta: la *cadena del dólar,* en boga en 1959, que se sabía, por cálculos, que
15 iba a beneficiar a 8.189 personas. Y a perjudicar° a 8.380.416. Así terminó la cadena, y al *avión* le caben las generales° de esa ley. Según un vocero° del fiscal° del Estado de Nueva York, «para que todos los inversores ganen, la cantidad de gente se tiene que duplicar constantemente. Los que promueven el juego, en general,
20 ganan grandes sumas de dinero, pero la gente que se engancha° más tarde, pierde todo.» Y ya hubo en Manhattan varios promotores arrestados que deberán pagar 500 dólares de multa y pueden llegar a pasar un año en prisión.

¿Juego lícito? ¿Estafa más o menos encubierta? ¿O la consa-
25 gración del popular y conformista adagio, «el último, cola de perro°»?

half-and-half

collect

un... person caught off guard
hasta... until when
join

harm
general lines
spokesperson / attorney general

gets hooked

el... last come, last served

VILMA COLINA
Informes: Oda Marty y Adriana Siero
Somos (Buenos Aires)
30 Adaptación

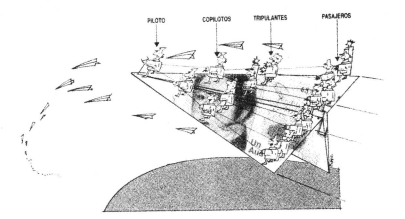

Comprensión

Conteste brevemente, según la lectura:

1. ¿Cuántas personas participan en *el avión?*
2. ¿En qué consiste ese juego?
3. ¿Qué hace el piloto?
4. ¿Cómo puede un pasajero llegar a piloto?
5. ¿Cuál es el lado social del *avión?*
6. ¿Y su lado igualitario?
7. ¿Se gana siempre?
8. ¿Qué dice el vocero del fiscal del Estado de Nueva York?

Práctica

Reproduzca el texto siguiente, reemplazando las expresiones en cursiva con las palabras que se dan a continuación y haciendo los cambios necesarios.

un desprevenido	protagonistas
volverse rico	llevar
enganchar	retirarse
a medias	incorporarse
cobrar	

Cuando la invitaron, le dijeron que *recibiría el dinero* en dos semanas. Si bien fuese una promotora de ventas, Pilar no pensó que sólo *una persona sin cuidado* aceptaría *entrar* a un esquema en donde, según se decía, todos, sin excepción, *ganarían mucho dinero* sin hacer ningún esfuerzo además de *reclutar* a otros *participantes.* Compró el boleto *en sociedad* con un amigo, *pasó* cinco semanas esperando los resultados, y cuando se decidió a llamar a los que hacían el juego, supo que *habían salido* del país.

Ampliación

1. ¿Qué diferencia hay entre un juego y una estafa?
2. ¿Conoce usted algún juego como el de que habla la lectura? Descríbalo para los demás.
3. ¿Conoce usted a alguien que haya participado en un juego así? Hable de esa persona.
4. ¿A qué se refiere la expresión «becerro de oro»?
5. ¿Por qué no todos pueden ganar en juegos así?
6. Si no todos pueden ganar, ¿por qué la gente se engancha en esos juegos?
7. A su parecer, ¿se debe prohibir que la gente participe voluntariamente en juegos como ése?
8. ¿Qué piensa usted de los que promueven esa clase de juegos?
9. ¿Tiene el juego mucha importancia en este país? ¿Qué piensa usted de ello?
10. ¿Qué diferencias ve usted entre el juego del avión y los juegos lícitos, tales como las carreras de caballos, las loterías estatales, etc.?

Teatro de bolsillo

¿Casarse o solamente vivir juntos?

Tres o cuatro amigos(as) charlan sobre el tema de las relaciones entre parejas y defienden distintos puntos de vista, como por ejemplo:

el casamiento romántico, solamente por
    amor, para alcanzar la felicidad emocional
el casamiento por interés, para obtener
    seguridad económica, o status social
la cohabitación sin más formalidades legales
la cohabitación preliminar, para que la pareja
    llegue a conocerse bien, seguida del matri-
    monio luego de cierto tiempo

Por lo menos uno de los participantes debe defender la idea de que lo mejor es no casarse. Entre las razones posibles se pueden encontrar:

razones económicas
el deseo de mantener la paz de espíritu
más independencia personal
ausencia de responsabilidades familiares

EXPRESIONES UTILES

el matrimonio religioso / civil
la separación matrimonial
hasta que la muerte los / nos separe
la boda
el sacerdote / el juez / el ministro / el rabino
el padrino / la madrina
el novio / la novia
los novios / los esposos / la pareja
el soltero / el solterón / la solterona
el viudo / la viuda
la separación / el divorcio
la pensión de alimentos
la necesidad / la falta de compromiso hacia
    alguien
comprometerse

Temas para comentario oral o escrito

1. En lo que respecta al relacionamiento entre las parejas, las diferencias cultu- rales, étnicas o sociales son (no son) importantes.
2. ¿Debe la escuela concentrarse en la for- mación social y cívica de los alumnos o en su preparación académica?
3. ¿Debe la escuela funcionar como ele- mento igualador de la sociedad?
4. La asistencia a la escuela debe ser obliga- toria / optativa.
5. Los miembros de una comunidad (un barrio, una calle, etc.) deben / no deben participar en la decisión de establecer allí una institución potencialmente conflic- tiva, como un hospital para enfermos del sida, un centro para los que no tienen en donde morar, una prisión, una central nuclear, etc.
6. Busque en los periódicos, noticias sobre estafas contra personas o instituciones y prepare una charla sobre el tema.

Proyectos

1. Obtenga la información necesaria y pre- pare una charla para explicar lo que se hace en su comunidad, universidad o estado, para ayudar a los desempleados y los desalojados.
2. Prepare una charla para explicar a un grupo de visitantes extranjeros cómo es la instrucción (pública y privada) de este país.

Ellas

1

¿Está pasado de moda el feminismo?

El sexo fuerte

La incorporación de la mujer a tareas tradicionalmente masculinas está repleta° de anécdotas significativas.° Eulalia P.,
una empresaria° barcelonesa de 30 años, cuenta su experiencia cuando trató de ingresar° en la Escuela Profesional° de los
5 salesianos.°

«De entrada,° el conserje° me mandó a las salesianas, pero allí
no había formación profesional. Al fin fui aceptada y era la única
chica entre 1500 estudiantes varones.°» Cada vez que tenía que
utilizar el servicio° de mujeres debía pedir la llave al conserje.

10 Eulalia dirige actualmente el taller° familiar que fabrica diversos productos para el hogar, se considera feminista y cree que aún
queda° mucho camino por recorrer° hasta que se produzca una
verdadera igualdad entre mujeres y hombres.

Probablemente tiene razón. El reconocimiento institucional de
15 los derechos de la mujer ha sido muy rápido. En la Constitución
española no hay distinción de sexos en los terrenos político o laboral. Poco a poco, las leyes van concediendo igualdad en terrenos
como la vida conyugal,° la separación de la pareja,° aunque aún
permanece el espinoso° asunto del aborto, que sigue siendo un
20 poco piedra de toque° en la autodeterminación de la mujer.

No obstante,° la cruda° realidad es que, según datos del Instituto de la Mujer, a principios de la década los salarios de las empleadas eran entre un 30 por ciento y un 40 por ciento inferior a los
de los hombres y la proporción del paro° (24 por ciento de mujeres
25 y 12 por ciento para los hombres) demuestra las prioridades de los
empresarios° a la hora de contratar a nuevos trabajadores.

No es, pues, ya un problema estrictamente político ni económico, sino sociológico. El cambio de mentalidad llega muy lentamente y a mucha gente le es difícil° imaginar que una mujer
30 puede hacer determinados trabajos. Dos estudiantes de Medicina,

full / meaningful
businesswoman
enroll / **Escuela...** Trade
school / (*ver* **Notas**
culturales)
De... For openers / custodian

male
washroom
workshop

remains / **mucho...** a long
way to go

marital / couple
thorny
piedra... touchstone
No... Nevertheless / harsh

unemployment

businessmen

le... find it difficult

Mujeres policías en Lima, Perú.

Arancha B. y Rosana B., comentan casos oídos a° compañeras que ya ejercen:° «Hay gente que no quiere que le atienda una mujer médico. Suelen° ser personas mayores y afortunadamente cada vez son menos. Pero aún es un caso frecuente.»

5 María Jesús R., de 29 años, una de las tres mujeres bomberas° que ejercen en la Comunidad de Madrid,° dice que su aparición° en esta profesión de hombres también fue recibida con total asombro.° Ella lo consiguió gracias a su excepcional forma física, pero son pocas las mujeres que practican deporte hasta ese nivel. «Es-
10 pero que pronto entren más mujeres. Las cosas están cambiando y cada vez hay más supermujeres conscientes de su fuerza. Ya no es tan raro ver a una mujer haciendo pesas°», concluye.

En el periodismo, las condiciones son muy distintas, pero las conclusiones no están tan alejadas. Opina° una periodista y presen-
15 tadora de televisión que «falta por conseguir° que muchas mujeres consigan un puesto de responsabilidad en medios.° Nos dicen que no hay mujeres en esos cargos° porque no ha habido tiempo de que se formen° profesionalmente, pero creo que ya las hay», dice.

Desde hace unos años, las mujeres han ocupado un lugar, de
20 momento° testimonial° pero cada vez con más posibilidades, en las Fuerzas Armadas y en los cuerpos de seguridad.° Rosa María G. es policía municipal en Madrid, tiene 29 años y lleva diez dedicada a ser policía. Tiene muy claro° que la lucha de los movimientos feministas de los años 60 «ha servido para modificar el contexto

oídos... heard from	
practice (*a profession*)	
they are usually	
firefighters	
(*ver **Notas culturales***) / arrival	
astonishment	
haciendo... lifting weights	
States	
falta... it remains to be	
achieved / media /	
positions	
se... be trained	
de... for the time being /	
symbolic	
cuerpos... security forces	
Tiene... (She) Sees clearly	

sociolaboral y para lograr° la incorporación de la mujer a puestos tradicionalmente reservados para el hombre. El hecho de que las mujeres formen parte del Cuerpo de Policía Local es suficientemente significativo.»

5   La gran novedad del nuevo feminismo es su estrategia, que ha sabido apoyarse° en la situación real: tres ministerios en la última legislatura y unas 35 direcciones generales° cubiertos por mujeres, en la actualidad, son el respaldo° político y económico de un movimiento que está calando° en la mentalidad del país y en la de las
10 mujeres de todas las edades. Según la responsable de la Coordinadora de Organizaciones Feministas de Madrid, «Nuestra batalla está planteada° para que las mujeres puedan ser cada vez más libres y autónomas. Estamos en contra de cualquier relación de sumisión o dependencia.»

15 Nuevos principios éticos y democráticos para el colectivo más numeroso del país: el de las mujeres. El feminismo de hoy puede ser menos escandaloso° pero de lo que, de una u otra forma, todas las mujeres están seguras es de que sigue vivo. Más vivo que nunca.

20

> RAMIRO CRISTÓBAL[1]
> *Cambio 16* (Madrid)
> Adaptación

secure

support itself
(*ver* **Notas culturales**)
support
penetrating

defined

turbulent

Notas culturales

Salesianos Orden religiosa que tiene por patrono a San Francisco de Sales, fundada en 1859 por San Juan Bosco. Los monjes salesianos y las monjas salesianas han actuado mucho en el terreno educativo.

Comunidad de Madrid Una de las Comunidades Autónomas que componen la actual organización administrativa de España. Incluye la ciudad de Madrid y la región a su alrededor.

Direcciones generales Organos de la Administración española, de rango inmediatamente inferior a los ministerios.

---

[1] Con información de Cristina Santorio, Fátima Uríbarri y Juan Gómez.

Comprensión

Conteste brevemente, según la lectura:

1. ¿Qué le pasó a la joven que quería cursar Formación Profesional?
2. ¿A qué se dedica ella actualmente?
3. ¿Cuál es la situación de los derechos de la mujer a nivel institucional?
4. Y en otros terrenos, ¿cómo la vida conyugal?
5. Respecto al paro, ¿cómo se compara la situación de los hombres con la de las mujeres?
6. ¿De qué se quejan las estudiantes de medicina?
7. ¿Cómo reaccionaron a su presencia los compañeros de trabajo de la bombera María Jesús?
8. ¿Qué factores la ayudaron a lograr éxito en su profesión?
9. ¿Cuál es la opinión de la periodista?
10. ¿Cuál es la situación de la mujer en las Fuerzas Armadas y en la policía?

3. ¿Y en qué área se hallan menos desarrollados aquellos derechos?
4. A su parecer, ¿será posible lograr una verdadera igualdad profesional entre los hombres y las mujeres? Explique su parecer.
5. ¿Y una igualdad en el terreno de las relaciones personales?
6. ¿Qué tiene que ver la cuestión del aborto con la autodeterminación de la mujer?
7. ¿Qué papel cree usted que les corresponda a las mujeres en las fuerzas armadas de este país?
8. Cuando usted va al hospital, ¿prefiere que le atienda una persona del mismo sexo que usted? Justifique su respuesta.
9. Si hubiese un incendio en su casa, ¿preferiría que lo apagaran personas del mismo sexo que usted? Explique su preferencia.
10. En la profesión a la que piensa dedicarse, ¿cuál es la proporción de hombres y mujeres? ¿A qué se debe esa situación?

Práctica

A.   Empareje los sinónimos:

___ 1. echar de menos   a. apoyo
___ 2. lograr   b. dependencia
___ 3. tener claro   c. sentir la falta de
___ 4. respaldo   d. obsoleto
___ 5. sumisión   e. conseguir
___ 6. pasado de moda   f. comprender
___ 7. ingresar   g. entrar

B. Usando las palabras y expresiones de la columna izquierda del ejercicio A, escriba un párrafo sobre la situación laboral de la mujer.

Ampliación

1. ¿Cree usted que los medios de comunicación proyecten una imagen sexista de la mujer? Justifique su respuesta.
2. A su parecer, ¿en qué terrenos se halla más avanzada la situación de los derechos de la mujer?

2

Una fotógrafa brasileña documenta la dura vida de las mujeres de su estado natal.

Heroínas invisibles del Brasil

A lo largo y ancho° de América Latina la mujer desempeña° un sinnúmero de° tareas remuneradas —la mayor parte de ellas fuera de la economía estructurada— para contribuir a la supervivencia de sus familias. Algunas son maestras; otras traba-
5 jan en fábricas° u oficinas. Sin embargo, la mayoría son artesanas, cocineras, empleadas domésticas,° modistas, vendedoras, lavande-ras.° Por lo general carecen de° seguridad en el trabajo, reciben sueldos° inferiores al mínimo, no pagan impuestos,° no contribu-yen al seguro social ni reciben beneficios. Las mujeres tema de este
10 artículo provienen de mi estado de Minas Gerais, Brasil,° que en los últimos veinticinco años ha experimentado vastos cambios sociales y económicos. La rápida expansión industrial ha conver-tido la región alrededor de Belo Horizonte, la capital del estado, en el tercer centro manufacturero en importancia de Brasil.
15   Sin embargo, para las mujeres la modernización ha sido un arma de doble filo.° Por un lado, algunas pudieron entrar a carreras nuevas, limitadas generalmente a la industria química y a opera-ciones livianas de ensamblaje.° Por otro, perdieron trabajos de otro tipo, especialmente en la industria textil. Fue en medio de este
20 cambio —que una mujer describió como «la desintegración del mundo»— que yo me propuse documentar la manera en que las mujeres lidiaban° con las exigencias° de la vida cotidiana. Si bien a menudo° las mujeres de los sectores marginales de la sociedad parecen invisibles, su silencio no debe confundirse con falta de
25 capacidad para observar su vida objetivamente. Como lo demues-tran los siguientes pasajes, estas personas tienen plena conciencia de su situación. Para mí, son las heroínas invisibles del Brasil.

A... All over / performs
un... a countless number

factories
empleadas... maids
laundresses / **carecen...** lack
wages / taxes

(*ver* **Nota cultural**)

edge

assembly

struggled / demands
a... often

Trabajadoras rurales del estado de Minas Gerais, Brasil.

Jorgina

Me levanto antes de que salga el sol y ya uno de mis niños está
llorando. Hay que hacer el desayuno, poner a cocer° los frijoles,
barrer° la casa, acarrear° el agua para la huerta.° Siento que siempre llevo un bebé atado a la espalda. En cuanto° uno crece un
5 poquito, ya llega otro. (Aunque, por supuesto, el número de hijos
depende de la voluntad de Dios.) Brega que brega,° luego preparo
el almuerzo. A veces no hay tiempo de sentarse, y hay que comer
de pie. Después de eso hay que lavar la ropa y tal vez alcance° a
tomarme una siestita. Siempre hay algo que hacer en el campo.
10 Realmente, el único tiempo libre que se tiene en el campo es el que
se pasa durmiendo. A veces los domingos vamos a visitar a algunos
amigos, pero hay trabajo que hacer antes de salir y luego al volver;
la única diferencia es que hay menos tiempo para hacerlo.

cook

sweep / carry / vegetable garden

En... As soon as

Brega... One hard task after
another

manage

¹⁵ María José

Yo creo que uno se acostumbra al cansancio.° Aunque la cabeza le
dé vueltas° y los niños griten, uno hace las cosas. Mientras los
niños están despiertos, limpio la cocina, lavo la ropa, ordeno la
20 casa. Cuando tengo las cosas organizadas, trato de distraer° a los
niños, de ponerlos a jugar. Luego trato de preparar las clases.

tiredness

Aunque... Although one's
head spins

entertain

Pese a las precarias condiciones, una maestra trata de mantener el interés de sus alumnos en esta escuela rural brasileña.

Generalmente tengo interrupciones: tomo la pluma y empieza una pelea, o alguno necesita algo. Si me canso de tener que empezar de nuevo cada vez, espero hasta meterlos a la cama, cuando hay un poco de tranquilidad.

5   Así es. La mujer tiene que ganar dinero y seguir siendo ama de casa, mientras que el hombre sólo tiene que preocuparse por su trabajo. Nadie ve esta cara de la mujer, la tarea doméstica no tiene valor. Hay tanto que hacer y no hay manera de escapar. A veces uno tiene ganas de salir y descansar un poco. El hombre puede irse

10 al bar, tomarse una cerveza. Cuando llega a casa, está tranquilo, ha podido distraerse, sólo tiene el cuerpo cansado. Las mujeres, no. Nosotras tenemos nuestras obligaciones, que en teoría deben encantarnos,° aun cuando tengamos la mente y el cuerpo agotados.°   delight us / exhausted

MARÍA LUIZA MELO CARVALHO[1]
Desarrollo de Base (EE.UU.)
Adaptación

---

[1]María Luiza de Melo Carvalho es fotógrafa de películas documentales. Este artículo es parte de su proyecto *La vida cotidiana de las mujeres de Minas Gerais: Reseña forográfica e historias orales.* Cuando se publicó este artículo, trabajaba con mujeres inmigrantes en Londres.

Comprensión

Conteste brevemente, según la lectura:

1. ¿Qué caracteriza las condiciones de trabajo de las mujeres en Latinoamérica?
2. ¿A qué tareas suelen dedicarse?
3. ¿Qué es Minas Gerais y dónde está? ¿Por qué clase de cambios ha pasado últimamente?
4. ¿Qué nuevas tareas les ha proporcionado la modernización a las mujeres?
5. ¿Qué otras concecuencias ha tenido para ellas?
6. ¿Qué piensa Jorgina sobre el número de hijos?
7. ¿Cuándo tiene tiempo libre?
8. ¿Qué profesión tiene María José?
9. Según María José, ¿trabajan más los hombres o las mujeres?
10. ¿Cuál es el tono general del artículo?

Práctica

A. Empareje los sinónimos:

___ 1. bregar   a. causar placer
___ 2. sinnúmero   b. entretener
___ 3. a menudo   c. realizar
___ 4. distraer   d. frecuentemente
___ 5. desempeñar   e. muchos(-as)
___ 6. encantar   f. pelear

B. Usando las palabras y expresiones de la columna izquierda del ejercicio A, escriba un párrafo en el que describa las tareas que tiene que hacer en su casa.

Ampliación

1. ¿Qué entiende usted por «economía estructurada»? ¿Qué otra clase de economía hay?
2. ¿Qué son los «sectores marginales» de la economía?
3. ¿Qué grupos de personas se hallan en esta categoría en este país?
4. ¿Por qué son los ingresos y las condiciones de trabajo inferiores en los sectores marginales?
5. La situación de las mujeres del artículo son típicas de lo que se convenciona llamar «el Tercer Mundo». ¿Se dan situaciones semejantes en este país? Hable de ello.
6. ¿A qué se deben condiciones de trabajo como las descritas en el artículo?
7. ¿Cree usted que es posible cambiar esa situación? Explique su respuesta.
8. ¿Cómo compara usted el papel del hombre, descrito en el artículo, con lo que acostumbra darse en este país?
9. ¿Cómo explica usted la frase de Jorgina, «por supuesto, el número de hijos depende de la voluntad de Dios»?
10. ¿Está usted de acuerdo? Justifique su punto de vista.

Ayer y hoy: ¿Vive todavía la utopía?

Querido Diario:

A los veinticinco años de la matanza° de Tlatelolco,° en 1968, se ha comentado que es sorprendente° que tantos chavos° marcharan por las calles, unidos, cuando la mayoría no tenía una gran conciencia política.

5   Tal vez eso no era lo más importante. Lo más importante es que estaban hartos° «ante las meriendas° con las tías que era México, los churros° con chocolate a las siete para dormirse a las nueve». Y cita las palabras del propio presidente, en septiembre de 68: «Habíamos estado provincialmente orgullosos° y satisfechos de

10 que, en un mundo de disturbios juveniles, México fuera un islote° intocado.°»

    Yo y muchísima gente como yo, no éramos militantes en el 68, ni entendíamos bien a bien° qué estaba pasando, aunque estuviéramos de parte del movimiento,° por principio,° y en contra del

15 presidente y de la represión. Me daban miedo° los gritos en las asambleas,° me daba miedo ese aire como de° guerra que se respiraba. Fui sólo a una marcha,° pero sabía que más allá estaban agazapados° los tanques y estaba aterrorizada.° Además, mis papás no me dejaban casi salir de casa.

20   Pero aunque no entendiéramos mucho de política, nuestro espíritu se sumó° alegremente a algo que presentíamos° liberador. Y en efecto, algo sucedió. Cambiamos de ropa, de música, de actitud. Se rompió° nuestra vida provinciana, dolorosamente, y nos abrimos° y crecimos.

25   Apunto° algunas cosas sobre cómo vivíamos antes del 1968.
    En la preparatoria,° las mujeres no podíamos fumar. Los muchachos, sí. Lo hacíamos a escondidas, en los baños.° Todavía no se hablaba del cáncer ni de la contaminación.

    Cuando íbamos de vacaciones, a casa de mis tíos, sólo nos

30 podíamos poner pantalones si íbamos al rancho, pero en la ciudad, en la calle, jamás. Ahí tampoco —¡horror!— podíamos fumar, ni en las cafeterías, ni en la calle.

Glosario (margen):

massacre / (*ver **Notas culturales***)
surprising / young people (*coll.*)

fed up / luncheons
fritters

proud
small island
untouched

bien... too well
(*ver **Notas culturales***) / **por...** as a matter of principle
daban... frightened
political meetings / **como...** as if of
demonstration
hidden / terrified

se... joined / suspected

Se... Broke
nos... we opened up
I jot down
high school
washrooms

México, 1968: Vehículos acorazados contra los manifestantes en el Zócalo, la plaza principal de la capital.

En los tiempos de la preparatoria yo tuve dos novios.° Nunca pude salir con ellos más que con° mis hermanitos de chaperones. Claro que con el segundo alguna vez nos vimos a escondidas,° solos. Mis papás nunca lo supieron. Y sin embargo, ya en 1972, me
5 dejaron irme sola, con dos amigas, a Europa. Cuando regresé querían otra vez tenerme cortita,° pero ya no pudieron.

     Hasta 1968 nadie de las mujeres de mi familia manejaba° un coche. Sólo mi tía Peque, pero porque vivía en un pueblo, y tenía, por supuesto,° fama de manejar muy mal. La imagen típica era:
10 «¡Cuidado! ¡Una mujer al volante!»

     Tampoco nadie de las mujeres de mi familia había estudiado más allá de sexto de primaria, y cuando mucho,° uno o dos años en alguna academia comercial.° Todas mis tías habían trabajado, de secretarias o de empleadas.° Pero ninguna hizo secundaria. Tuve
15 dos o tres tías que nunca se casaron. Y se les decía «solteronas°». Y ser solterona era un estigma: se les pobreteaba.°

     Como a muchas chavas° de mi generación, me tocó° inaugurar usos y costumbres que antes no existían. En mi familia, fui la primera mujer que pudo asistir a la universidad. La primera que
20 siguió trabajando después de casada. La primera cuyo° marido «le ayudaba» en el quehacer doméstico.° La primera que se negaba a ir al salón° a que la peinaran. La primera que leía el periódico, y no sólo la sección de sociales. La primera que decía tantas groserías.° La primera feminista declarada.

	boyfriends
	más... except with
	a... in hiding
	under control
	drove
	por... of course
	cuando... at most
	academia... secretary school
	store clerks
	spinsters
	se... one pitied them
	girls / **me...** it befell me
	whose
	quehacer... household chore
	beauty parlor
	coarse expressions

Hoy, veo a mis hijos, peludos,° guapísimos, a mi hija de dieciocho años, con su camisa de colores de manta guatemalteca, y sus collares° de cuentas° y sus pelos despeinados° que le llegan hasta los hombros, y me encanta.

5 Me platican° de sus miedos, de sus sueños, de sus deseos. No saben si quieren ser científicos o artistas, pero no quieren ser administradores. Dicen groserías. Ninguno fuma, porque son mucho más conscientes de su salud y son ecológicos. Tienen en sus recámaras° *posters* de lucha contra el sida.° Tienen peceras,° guita
10 rras eléctricas y teclados.° Tienen ganas de° vivir y de mejorar el mundo en el que viven. Tal vez la utopía no está muerta del todo. Yo, como hace veinticinco años, aún canto «gracias a la vida, que me ha dado tanto°», aunque también, a veces, sigo gritando «¡Este puño si se ve!°... »

hairy

necklaces / beads / uncombed

they talk

bedrooms (*Mex.*) / AIDS / fishbowls
keyboards / **Tienen...** They feel like

(*ver Notas culturales*)
(*Ver Notas culturales*)

MARCELA GUIJOSA
Fem. (México)
Adaptación

Notas culturales

Tlatelolco   Plaza de México, D.F., en donde, en 1968, varias personas murieron y muchas más quedaron heridas como resultado de disparos hechos por las fuerzas de seguridad contra los estudiantes que protestaban en contra de la represión política y las actitudes conservadoras del gobierno.

El movimiento   Referencia al movimiento estudiantil mexicano de protesta contra el régimen conservador que gobernaba el país.

«Gracias a la vida, que me ha dado tanto»   Verso de una canción («Gracias a la Vida») de Violeta Parra, conocida cantante y poeta popular chilena.

«¡Este puño si se ve!»   Eslogan político de la época, referente al puño cerrado, símbolo de la protesta contra los regímenes derechistas.

Mafalda   **por Quino**

Comprensión

Conteste brevemente, según la lectura:

1. ¿A qué sucesos se refiere el primer párrafo?
2. ¿Cómo era la vida de los jóvenes antes de 1968?
3. ¿Qué empezaron a hacer los jóvenes en 1968?
4. ¿Qué cosas no debían hacer las mujeres?
5. ¿Qué consecuencias tuvo esa actuación?
6. ¿Cómo reaccionaba la gente respecto a las que no se casaban?
7. ¿Qué le tocó hacer a la autora?
8. ¿Qué le pasó en 1972?
9. ¿Cómo fue su vida después?
10. ¿Qué cosas no tenían que hacer los hombres en sus casas?
11. Según la autora, ¿cómo son sus hijos?
12. ¿Cómo es su relación con ellos?

Práctica

A. Empareje los sinónimos:

__ 1. matanza   a. muy bien
__ 2. bien a bien   b. escondido
__ 3. dar miedo   c. masacre
__ 4. negarse a   d. desear
__ 5. agazapado   e. aterrorizar
__ 6. tener ganas de   f. contento
__ 7. pasar (algo a   g. no querer
      alguien)   h. acontecer
__ 8. satisfecho

B. Complete el texto siguiente con la forma apropiada de las palabras y expresiones de la columna izquierda del ejercicio A.

Después de la terrible _____ llevada a cabo por la policía, estaban todos los estudiantes _____ detrás de unos árboles. A todos les _____ que pudiera sucederles algo malo. La gente _____ a creer que el gobierno estuviera _____ con lo que había _____, pero nadie sabía _____ qué había que hacer, aunque todos _____ de hacer algo.

Ampliación

1. ¿Qué diferencias encuentra usted entre el ambiente anterior a 1968 descrito en la lectura y el en que vive usted?
2. ¿Ha habido marchas o protestas en su campus últimamente? ¿Cómo explica usted esa situación?
3. ¿Ha participado usted en alguna marcha o protesta? ¿Por qué sí o por qué no?
4. ¿Qué piensa usted acerca de las normas del fumar descritas en la lectura?
5. ¿Qué representa para su familia el que usted asista a la universidad?
6. ¿Qué pasó en las universidades de este país durante los años sesenta y setenta?
7. ¿Qué prohibiciones hay en su vida? ¿Cómo reacciona usted ante ellas?
8. ¿Cómo se compara lo que dice la lectura acerca del casamiento con la situación de las parejas casadas que usted conoce?
9. ¿Qué cree usted que pueda hacer por mejorar el mundo en el que vive?
10. ¿Qué aspectos de su vida de estudiante le gustan más? ¿Cuáles le gustan menos? ¿Por qué?

4

Oprimidas o no, las mujeres de la Raza trabajan —y mucho.

La mujer latina en la economía norteamericana

as mujeres de la Raza° constituyen uno de los grupos más en
desventaja y oprimidos de la sociedad. Por ejemplo, el 25,7
por ciento de todas las familias chicano–latinas viven bajo el
nivel oficial de pobreza. De acuerdo al censo del 1980, en los
5   EE.UU. la entrada° promedio para las familias de la Raza fue de
$16.081, y para la mujer jefe de hogar° fue solamente de $8.774.
Esta cifra decae° considerablemente en el caso de la mujer jefe de
hogar con niños menores de seis años. Como término medio, la
mujer de la Raza gana solamente el 30 por ciento de lo que gana el
10 hombre blanco. Los ingresos° bajos reflejan la práctica del mercado
laboral de segmentar a ciertos grupos étnico-raciales y a la mujer,
que constituyen los sectores menos adiestrados,° más pobres y más
vulnerables de la economía. En consecuencia, el 90 por ciento de
las mujeres de la Raza está concentrado en los siguientes trabajos:
15 26 por ciento en oficinas; 29 por ciento en fábricas e industrias
manuales; 20 por ciento en empleos de servicios; 6 por ciento solamente en trabajos profesionales y 4,8 por ciento en administración
y dirección de empresas.° Además, las mujeres de la Raza están
concentradas en sectores de la economía menos indicados para sin-
20 dicalizarse,° o sea, dejando a una gran mayoría de mujeres trabajadoras chicano-latinas sin tener la más mínima protección de los
sindicatos.
    Cuando se habla de la opresión de la mujer, no podemos pasar
por alto° el status desigual de ella en la familia. Es importante dejar
25 de° romantizar a la familia latina. Hay que mirarla de un modo crí-
tico y considerar la opresión femenina también dentro del hogar.

la Raza = Hispanics in general	
income	
jefe... head of household	
falls	
income	
trained	
companies	
unionize	
pasar... overlook	
dejar... to stop	

También en la construcción la hispana participa activamente.

     La mayoría de los hombres han aceptado el hecho de que para poder sobrevivir económicamente el salario de la mujer es esencial. Hay también una amplia aceptación de que las mujeres no tienen que vivir confinadas a la casa. Casi la mitad de las mujeres de la
5 Raza son trabajadoras, lo que quiere decir que continúan siendo primordial° o exclusivamente las únicas responsables por todo el trabajo de mantener la casa y del cuidado y desarrollo de los niños. Las consecuencias de esta doble labor son obvias: exceso de trabajo y una escasísima° remuneración. El problema es complicado y no hay
10 soluciones sencillas. Este problema de la «doble jornada de trabajo°» para la mujer no es fenómeno particular de las mujeres de la Raza.

     Los estudios realizados por la Universidad de Stanford en el 1980 sobre las chicanas averiguaron° que las responsabilidades familiares impiden que muchas mujeres de la Raza completen sus
15 estudios. Las mujeres, especialmente las casadas, divorciadas o separadas, dicen que el mayor número de horas de responsabili-

mainly

very small
jornada... workday

ascertained

dad doméstica afecta más a las mujeres que a los hombres en la misma situación.

El asunto de la incorporación° del hombre a las tareas del hogar y al desarrollo de los niños es un problema importante que 5 necesita ser dirigido a nuestra comunidad. ¿Cómo pueden las mujeres de la Raza luchar por la igualdad en educación y en empleos cuando las responsabilidades de la familia le impiden su avance? Además, ¿cómo podemos luchar como pueblo por la igualdad si ésta no existe dentro de la misma familia?

°participation

10 Esa opresión no es un «problema femenino», sino un problema social y político que concierne a toda nuestra comunidad. ¿Cómo podemos hablar de liberación de nuestro pueblo, cuando la mitad de nuestra gente está oprimida y no nos dirigimos° a ella ni tampoco vemos la responsabilidad de los hombres en esta opre- 15 sión? Los hombres de la Raza se benefician con la opresión de las mujeres porque no son responsables por el trabajo de mantener el hogar. Sí, por supuesto, ellos ayudan a veces, pero la mayor parte de las necesidades diarias, la rutina básica de mantener la casa, eso es la rutina de la mujer, y la deja sin energía y sin tiempo.

°address

20 A causa de los beneficios que recibe el hombre por este trabajo, la desigualdad de la mujer en el hogar no debe verse como un asunto personal entre el hombre y la mujer dentro de la familia. Sí, es una lucha personal, pero una que se debe incorporar a nuestra lucha política colectiva.

BEATRIZ PESQUERA
Tecolote (San Francisco, CA)
Adaptación

Comprensión

Conteste brevemente, según la lectura:

1. ¿Cómo se sitúan las familias chicano-latinas respecto al nivel oficial de pobreza?
2. ¿Cómo se compara la situación de la mujer latina jefe de hogar con la situación del hombre?
3. ¿A qué ocupaciones se dedican las mujeres de la Raza?
4. ¿Por qué dice la autora que la mujer de la Raza es oprimida dentro del hogar?
5. ¿Qué es lo que acepta la mayoría de los hombres?
6. Además del trabajo fuera del hogar, ¿qué responsabilidades tiene la mujer?
7. Según el artículo, ¿cómo se comportan los hombres respecto al trabajo del hogar?
8. Según la lectura, ¿de qué clase de lucha se trata?

Práctica

A. Empareje los sinónimos:

___ 1. pasar por alto   a. por
___ 2. averiguar   b. aprovecharse de
___ 3. a causa de   c. cesar
___ 4. beneficiarse con   d. ignorar
___ 5. como un todo   e. verificar
___ 6. dejar de   f. prestar atención
___ 7. la mayor parte de   g. enteramente
___ 8. dirigirse a   h. casi todos

B. Usando las palabras y expresiones de la columna izquierda del ejercicio A, escriba un párrafo sobre la situación actual de la mujer.

Ampliación

1. ¿Está usted de acuerdo con que ciertos grupos étnicos se hallan más en desventaja que otros?
2. Si hay esas desventajas, ¿a qué se deben?
3. A su parecer, ¿deben los hombres ayudar en el trabajo del hogar? Justifique su respuesta.
4. ¿Está bien que las mujeres trabajen fuera del hogar? ¿En qué circunstancias?
5. ¿Por qué sería la liberación de la mujer latina una lucha política?
6. ¿Y la liberación de las demás mujeres de este país? A su parecer, ¿debe conseguírsela mediante la lucha política y colectiva, o al nivel personal?

5

Hace cincuenta años, se consideraba inmoral...

Una mujer al volante

Tantas mujeres manejan° vehículos ahora en esta ciudad de Guadalajara,° que nadie imagina los obstáculos de orden «moral» que tuve que salvar° para obtener un permiso° para conducir° mi propio coche durante dos semanas.

5   En los últimos años del decenio° de los 30, mi esposo adquirió un carro Ford. Desde luego° yo manifesté mis deseos de aprender a manejarlo. Después de mi preparación teórica —motor, mecanismos de la palanca de velocidades,° carburador, batería—, principió la enseñanza práctica. La prueba final consistió en conducir el

10 coche desde la casa hasta un pueblecito lejano, llevando como pasajeros a mi papá, mis dos hijitas y, a mi lado derecho, a mi esposo que vigilaba° mis movimientos y hacía continuas indicaciones.°

    Nos detuvimos° a comer junto a un arroyo.° Unas piedras

15 grandes nos sirvieron de mesas. Un enorme árbol nos ofreció su follaje° para darnos sombra y sus fuertes ramas para sostener un columpio.° Al meterse el sol° nos preparamos para regresar a Guadalajara. Al tratar de levantar la hielera,° mi esposo se dislocó° el brazo derecho. Imposible que él manejara. Yo tuve que conducir el

20 coche hasta el Hospital Civil, donde fue atendido.°

    Apenas me había instalado frente al volante° para regresar a casa, cuando se me acercó° un agente de tránsito. Por lo visto,° yo había cometido un grave delito° al conducir el coche con mi esposo imposibilitado. Según el agente, su deber era llevarme detenida° a

25 la Delegación,° pero, considerando la situación, solamente me infraccionó° y me entregó un citatorio.°

    Al día siguiente acudí° puntual a la Delegación. Expliqué al funcionario que me atendió el por qué me había visto precisada° a manejar nuestro carro, y pedí que se me concediera un permiso de

30 conductora.°

drive
(*ver* **Notas culturales**)
overcome / license
drive
decade
Desde... Of course

palanca... gear shift

watched
suggestions
Nos... We stopped / creek

leaves
swing / **Al...** At sundown
cooler / **se...** sprained

taken care of
steering wheel
se... approached me / **Por...** Obviously
offense
under arrest
police station
fined / citation
reported
me... I had needed

driver

Mujer policía en patrulla, en el Parque Chapultepec, México.

—No es posible. Es contra la moral que una mujer maneje.

Mis súplicas° y ruegos surtieron efecto.° El entró a una oficina y a los pocos minutos salió con un papel en la mano.

—Por medio de este oficio° se le otorga° permiso para conducir su automóvil durante las dos semanas siguientes, sólo mientras su esposo se recupera.

Me indicó también que colocara «a la vista°» ese permiso. A pesar de eso, casi en cada esquina era yo detenida por agentes de tránsito que, incrédulos, examinaban detenidamente fecha, firmas y sellos, para terminar con una expresión de desagrado:°

—¡Hasta dónde hemos llegado! ¡Una mujer manejando un coche!

Al principio les daba yo explicaciones a los agentes. Después, decidida a guardar silencio, cada vez que divisaba° un uniformado,° yo sola me detenía.

Al mirar la gran cantidad de mujeres que conducen todo tipo de vehículos, vino a mi memoria aquella época de luchas y afanes° que las mujeres de la tercera juventud° hubimos de vivir. Epoca que tuvo gran relevancia en mi vida y que me impulsa° a valorar con gran beneplácito° el papel protagónico° que en todas las áreas de la actividad humana desempeñamos ahora las mujeres.

MARÍA LUISA SÁNCHEZ VACA[1]
Fem. (México)
Adaptación

supplications / **surtieron...** had an effect

official letter / **se...** you are granted

a... in sight

displeasure

spotted
uniformed policeman

anxieties
(*ver* **Notas culturales**)
impels
approval / leading

---

[1] Profesora jaliscience con 58 años de servicios ininterrumpidos.

Comprensión

Conteste brevemente, según la lectura:

1. ¿Dónde y cuándo se pasó el suceso del que habla la lectura?
2. ¿Qué le pasó al marido de la autora?
3. ¿Qué hizo el primer agente de tránsito que la vio manejando?
4. ¿Por qué pidió ella un permiso de manejar?
5. ¿Qué argumento se usó para decirle que no podían dárselo?
6. ¿Qué solución se encontró para su problema?
7. ¿Cómo reaccionaban los agentes de tránsito al verla manejando?
8. ¿Qué hacía ella al ver un agente de tránsito?
9. ¿Cómo reflexiona la autora sobre aquel incidente?

Práctica

Usando las palabras y expresiones siguientes, escriba un párrafo sobre un accidente de tránsito.

salvar un obstáculo
infraccionar
detener
acudir
verse precisado (a hacer algo)
atender (a alguien)

Ampliación

1. Además de los coches, ¿qué otros vehículos manejan las mujeres hoy día?
2. ¿Qué razón podría haber para prohibir que las mujeres manejaran determinados vehículos o máquinas?
3. Y si esa prohibición afectara a los hombres, ¿cómo se justificaría?
4. ¿Cómo sería la vida en este país si a las mujeres les estuviera prohibido manejar carros y otros vehículos?
5. Cuando usted viaja en autobús, ¿prefiere que lo conduzca un varón o una mujer? Explique su respuesta.
6. ¿Qué obstáculos tiene que superar una mujer para ejercer profesiones consideradas «típicamente masculinas»?
7. ¿Hay algún país en donde las mujeres no estén autorizadas a manejar?
8. En una sociedad en donde hubiera esa prohibición, ¿qué otras prohibiciones esperaría usted encontrar? Explique su respuesta.
9. A su parecer, ¿a quién le toca decidir quiénes pueden o no manejar determinados vehículos? Justifique su punto de vista.

Teatro de bolsillo

Mesa redonda sobre la igualdad de derechos

PERSONAJES

Diversos estudiantes (uno/a hace el papel de moderador/a), representando distintos puntos de vista, debatirán la cuestión de la igualdad de derechos y responsabilidades de los hombres y mujeres en la sociedad de hoy día, como por ejemplo:

el servicio militar
las profesiones
¿sueldo igual por el mismo trabajo?
el derecho a pensión en caso de separación o divorcio

EXPRESIONES ÚTILES

acción afirmativa
discriminación
favoritismo
guardería
vuelta al trabajo

Temas para comentario oral o escrito

1. ¿Es el matrimonio una institución del interés exclusivo de los cónyuges, o de la sociedad en general?
2. ¿En qué medida debe la sociedad, representada por sus gobernantes, tener el derecho de prohibir que algunos de sus miembros ejerzan determinadas actividades?
3. ¿Deben las leyes reglamentar la fidelidad conyugal, o debe esta cuestión quedar a criterio de cada pareja?

4. ¿Qué argumentos pueden presentarse sobre si el uso de la figura de la mujer en la publicidad constituye una forma de valoración positiva o negativa de lo femenino?
5. ¿Una mujer casada debe trabajar fuera del hogar sólo si no tiene hijos que la necesitan, o debe hacerlo incluso si los tiene, porque necesita realizarse profesionalmente?

Proyectos

1. Analice algunos anuncios de reclutamiento (Fuerzas Armadas, Guardia Nacional, Guardia Costera, R.O.T.C.) y prepare una charla sobre la imagen femenina que proyectan.
2. Prepare una charla sobre la situación de las mujeres en este país.
3. Entreviste a algunas personas y prepare una charla sobre lo que piensan acerca de la situación de la mujer en su universidad.
4. Analice la imagen femenina en algunos anuncios de periódicos, revistas o televisión.
5. Prepare una charla sobre las opiniones de algunos amigos sobre temas como los siguientes:
   a. Los aspectos de la situación de las mujeres y la de los hombres que han mejorado o empeorado en los últimos años.
   b. Casos de discriminación inversa.
   c. Estereotipos profesionales basados en el sexo u otra característica personal.

Comportamiento

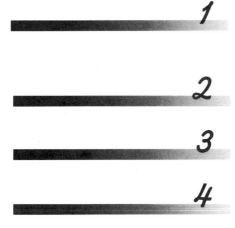

Un nuevo juego que es como un guru personal.

Sincronización, *un nuevo juego de adivinanzas°*

juego… guessing game

Diez años tardó° Armando Pérez Morales en diseñar *Sincroni-zación,* un juego de adivinanzas universal cuyo° objetivo es controlar los estados de conciencia del ser humano.°

5   Pérez Morales, psicólogo mexicano especializado en antropolo-gía, inició su búsqueda° analizando el Patoli, un juego derivado de la Piedra del Sol o calendario azteca.° «Llevamos cien años de investigación porque el choque° con el conquistador español fue tremendo… todo quedó enterrado,° perseguido,° satanizado y
10 oculto°», explica Pérez Morales, de 48 años de edad.

    En su largo y arduo camino para descifrar los símbolos conte-nidos en la piedra, el científico tomó contacto con otros juegos de tres antiguas civilizaciones: China, India y Persia.

    «Todas estas revelaciones fueron sucediéndose° de forma
15 casual, mediante amigos y colegas», afirmó Pérez Morales, que reside en Puerto Vallarta,° donde mantiene abierto un museo en el que muestra obras de arte recogidas° de una de las zonas arque-ológicas más importantes de México, el gran cementerio de Aztlán.°

20   El psicólogo, que fue ayudado por su mujer, Lara, señala que descubrió infinidad de similitudes° entre los juegos oraculares° chino (*I Ching*), brahmánico° (*Leela*) y persa (*Asha*), este último precursor° del ajedrez° moderno. «Todos los juegos se basan° en los mismos arquetipos religiosos, tienen la misma estructura
25 numérica (64 posiciones) y utilizan el sistema binario», especifica Pérez Morales. «He incorporado los cuatro juegos y la traducción del lenguaje mitológico al de la psicología moderna», puntualiza.°

Diez… It took (him) ten years
whose
ser… human being
search
(*ver Notas culturales*)
clash
buried / persecuted
hidden
following one another
(*ver Notas culturales*)
collected
(*ver Notas culturales*)
similarities / divining
Brahman
forerunner / chess / **se…** are based
he specifies

El calendario azteca.

«La meta es llegar a ser° un buen jugador de sus propios estados mentales», añade.

    El juego, denominado° *Sincronización,* consiste en analizar los diferentes paradigmas psicológicos humanos a través de adivinanzas realizadas al azar° con un dado,° en la versión manual, o con el ratón,° si se juega en una computadora.

5   «Alguien ha definido este juego como un gurú personal. Se trata de un psicólogo que te va mostrando lo masculino y lo femenino, lo heroico y lo adverso, y los demás° arquetipos que se manifiestan a través de uno mismo°», declaró.

    «En mi opinión, el juego es una prueba de que existe sincroni-
10 zación entre las civilizaciones del mundo, y que, aunque no queramos reconocerlo, todos explicamos la realidad exactamente igual, todas las religiones se basan en lo mismo: la búsqueda de Dios en nosotros mismos», concluye.

llegar... succeed in becoming

named

al... by chance / die
mouse

los... the other
uno... oneself

Sincronización, que ha sido presentado a sociólogos, psicólogos, médicos y esotéricos de México y California, podría irrumpir° en el mercado a finales de año,° indicó Pérez Morales.

burst (in), invade
a... by year's end

    El juego, en el que pueden participar desde un individuo hasta 5 seis personas, dura un promedio de veinte minutos y representa, según su creador, un camino hacia la paz espiritual utilizando la ciencia y el conocimiento.

PABLO COMESAÑA AMADO
La Opinión (Los Ángeles)

Notas culturales

El calendario azteca Monolito de basalto, profusamente labrado, de 3 metros y 58 centímetros de diámetro y 24 toneladas de peso, también conocido como **Piedra del Sol.** Fue desenterrado en la Plaza Mayor de México en 1978.

Puerto Vallarta Ciudad mexicana de la costa del Pacífico, importante centro turístico muy visitado por viajeros norteamericanos.

Aztlán Nombre de la región que, según cierta tradición, hubiera sido el lugar de origen de los aztecas y que se encontraría ubicada en el norte de México o en California.

Escalinata de la pirámide de Tenayuca, posiblemente habitada por los chichimecas, al norte de la Ciudad de México.

Comprensión

Conteste brevemente, según la lectura:

1. Describa al inventor del que habla el artículo.
2. ¿En qué consiste su invento?
3. ¿Cómo se justifica el nombre *Sincronización*?
4. ¿Cuántas personas pueden participar en ese juego?
5. ¿Cuál es el objetivo final de ese juego?
6. ¿Quién le ayudó en su investigación?
7. ¿Qué clase de institución mantiene él en Puerto Vallarta?
8. Según él, ¿en qué se basan las religiones?
9. ¿Qué elementos culturales utilizó para diseñar su juego?
10. Según él, ¿qué características básicas comparten todos los juegos?

Práctica

Empareje los sinónimos:

___ 1. sucederse
___ 2. basarse en
___ 3. llegar a
___ 4. manifestarse
___ 5. al azar
___ 6. tardar

a. por casualidad
b. lograr, tener éxito (en)
c. aparecer
d. acontecer uno tras otro
e. llevar tiempo
f. fundamentarse en

B. Complete el texto siguiente con la forma apropiada de las palabras y expresiones de la columna izquierda del ejercicio A.

Los hechos que narró el psicólogo _____ rápidamente. No seguían un orden predeterminado, sino que tenían lugar _____. Nosotros _____ varios minutos en notar que los hechos _____ como si _____ en algún principio misterioso. Finalmente, con algún esfuerzo, _____ entender que se trataba de un fenómeno natural.

Ampliación

1. ¿Qué piensa usted de juegos como *Sincronización*?
2. ¿Conoce algún otro juego como ése? Descríbalo.
3. Describa su juego preferido.
4. ¿Por qué le gusta ese juego?
5. ¿Cuál es el objetivo de los juegos?
6. Compare *Sincronización* con otro juego que usted conozca.
7. A su parecer, ¿puede un juego inventado probar que hay sincronización entre civilizaciones distintas? Justifique su respuesta.
8. ¿Puede un juego funcionar como un guru personal? ¿De qué manera?
9. ¿Le gustaría jugar un juego que fuera su guru personal?
10. ¿Cree usted que un juego pueda conducir a la paz espiritual? ¿Cómo justifica su respuesta?

2

¿La mejor medicina? ¿O sólo un opio?

¡Y ríase la gente!

¿Por qué se ríe la gente? ¿Es necesaria la risa?° ¿De qué se ríen en especial los peruanos? Esas son algunas de las muchas preguntas que un país en crisis se hace todos los días y que sin embargo es difícil responder.

5   No hay nada tan implacablemente humano como la risa. Reírse no sólo es bueno para la salud, sino que también es contraproducente para cualquier régimen° de adelgazamiento.° La risa engorda.° Así es. Estimula las glándulas que influyen sobre la digestión. Pero nos salva° de ese mal del siglo: la neurosis, y de esa

10 manía° tan moderna y tan querida de la depresión.

Todos nos reímos. Unos más que otros. Dicen que reírse es casi una droga. Produce una enzima, que los científicos con ganas de vivir° reconocen que tiene las características de un opio fabricado por el cuerpo. Al fin,° una droga que nadie podrá impedir que la

15 usemos. Es el verdadero «opio del pueblo». Ninguna aduana del mundo podrá impedir que la llevemos. Nadie podrá requisarla.° Y nadie ha escapado a utilizar generosamente esa droga que nos salva del aburrimiento.

Franz Kafka,° del cual se han escrito toneladas de libros para

20 explicar su angustia° existencial, se mataba de risa° mientras leía ese maravilloso libro *El proceso.* Las situaciones descritas eran tan absurdas, tan concentradas de desconcierto° y malos entendidos° que no podían dejar de° provocar la risa.

El chiste° es agresivo. Es un desquite° violento del sufrimiento.

25 Y nosotros los peruanos, siendo profundamente imaginativos, nos reímos siempre a costa de° alguien. Nos burlamos° de aquéllos que hacen algo importante. A través de la burla lo ponemos a nuestro nivel y así todos nos convertimos en enanos° felices. Celebramos ruidosamente el fracaso. Y nos reímos. El humor es otra cosa. Es la

30 mirada° inteligente sobre la realidad que se caracteriza por un

laughter

diet / reducing
fattens
saves
obsession

con... with a zest for life
Al... To sum up

confiscate it

(*ver* **Notas culturales**)
anguish / se... would die of laughter

confusion
malos... misunderstandings / **dejar...** fail to
joke / revenge, getting even

a... at the expense of / **Nos...** We make fun
dwarfs

look

arriesgado° juego intelectual de la ironía y la paradoja. Como lo comprendemos hoy, el humor es también una invención relativamente moderna. Es bastante avanzado el siglo diecisiete cuando empieza a denominarse° humorístico aquello que un siglo después
5   Molière° definirá como «ese duro trabajo de hacer reír a las gentes honestas». Pero nosotros los peruanos hace mucho tiempo confundimos lo cómico, la burla, el chiste fácil, el sarcasmo terrible, con el humor.

Algo de culpa° tiene esa pantalla° indiscreta del televisor, y
10 otro poco nosotros. Tenemos un pánico terrible a ser sutiles. Pero vendrán tiempos mejores. Por el momento nos reímos estruendosamente.° Eso habla bien de nuestra vitalidad. Nos reímos de nosotros mismos y agredimos° nuestras instituciones con el ácido alegre y corrosivo del chiste. Así es. Dicen por ahí que la risa es el
15 ansiado° elixir de la juventud, no se sabe si del cuerpo, pero sí seguro° del espíritu. Riamos, pues.

risky

to be called
(*ver **Notas culturales***)

guilt / screen

uproariously
we attack

longed–for
sí... certainly

OSCAR MÁLAGA
Caretas (Lima, Perú)
Adaptación

Notas culturales

Franz Kafka (1883–1924) Escritor checo, que escribió en alemán novelas como *La metamorfosis*, *El proceso* y *El castillo*, en las que se explota el tema del absurdo del mundo y de la existencia.

Molière (1622–1673) Nombre de pluma de Jean Baptiste Poquelin, comediógrafo francés, autor de comedias de crítica social como *Las preciosas ridículas*, *El Avaro*, *El burgués gentilhombre*, *El médico a palos* y *El enfermo imaginario*.

Comprensión

Conteste brevemente, según la lectura:

1. ¿Es bueno reírse? ¿Por qué?
2. ¿Qué efecto tiene la risa sobre el peso?
3. ¿Y sobre la salud mental?
4. ¿Qué es lo que dicen que produce la risa?
5. ¿Qué hacía Franz Kafka?
6. ¿De qué sirve la burla?
7. ¿Qué es el humor?
8. ¿Cómo lo definió Molière?
9. ¿A qué atribuye el autor la posible confusión entre el humor y la burla?

Práctica

A. Empareje los sinónimos:

___ 1. requisar   a. proteger
___ 2. desconcierto   b. obsesión
___ 3. salvar   c. deseoso de
___ 4. manía   d. confiscar
___ 5. con ganas de   e. confusión

B. Usando las palabras y expresiones de la columna izquierda del ejercicio A, escriba un párrafo expresando su acuerdo o desacuerdo respecto a la distinción que hace el autor entre *burla* y *humor*.

Ampliación

1. ¿Por qué se dice que la risa es una droga?
2. ¿Qué le hace reírse a usted?
3. El autor habla de una diferencia entre el chiste y el humor. ¿Está usted de acuerdo? ¿Por qué sí o por qué no?
4. ¿Qué quiere decir la expresión «nos convertimos en enanos felices»?
5. ¿Qué autor humorístico ha leído usted?
6. ¿Conoce usted a alguien a quien no le gusta reírse? Hable de esa persona.
7. ¿Cuál es el tono de este artículo?
8. A su parecer, ¿cuál es el mensaje del autor?
9. Por lo que se deduce de este artículo, ¿de qué se ríe la gente?
10. ¿Tiene el mismo objeto la risa en esta sociedad?
11. En su opinión, ¿qué programas de televisión actuales pueden clasificarse como realmente humorísticos? ¿Y qué programas clasificaría usted como de pura burla?

3

*¿Se acuerda de cuando los varones ni
siquiera sabían donde estaba la cocina?*

Ya no es sólo cosa de mujeres

Después de un día lleno de presiones, en que hubo importantes reuniones de negocios, o efectuar° difíciles planos para construir un edificio, ¿qué hacer para no llegar a casa y empezar a caminar por las paredes?° Algunos hombres practican
5 un deporte, otros buscan diversos entretenimientos. No pocos son los que prefieren matricularse° en un curso de cocina con Isabel Campadabal.

Según ellos, en las clases se olvidan del trabajo, de las tensiones y preocupaciones, de la política o la economía y sólo tienen
10 presente° como picar° cebolla, o adobar° una carne, o hacer una pasta; cómo poner la mesa, con qué acompañar tal o cual° plato, y qué significa este o aquel término.

Cada uno tiene a su cargo diferentes funciones: unos la ensalada, otros la entrada, o el plato fuerte, o el postre, y preparan rece-
15 tas° francesas, italianas o costarricenses. Al final de cada lección, descorchan° vino, ponen la mesa, la decoran con flores y comen en camaradería.

Entre bromas, algunos aseguran° que su esposa los mandó para que ayudaran en la casa, o porque su mujer es una gran coci-
20 nera y eso se convierte en un reto.° Lo cierto es° que muchos de ellos ya han llevado más de dieciséis cursos de cocina con Isabel Campabadal, y si bien° ella no hace publicidad de sus cursos, de amigo en amigo se forman los grupos, cada tres meses más o menos. Con orgullo aseguran que no les molesta° que algunos
25 conocidos se burlen° de ellos por aprender cosas que hasta hace poco tiempo «eran sólo de mujeres». Al contrario, a los que piensan así «tratamos de contarles lo que disfrutamos y terminan matriculándose con nosotros».

Doña Isabel ha hecho estudios culinarios en Francia e Italia y
30 cada fin de año viaja a Europa durante dos meses para conseguir lo

carry out

a... to climb the walls

sign up

sólo... only think of / to cut up / to season
tal... this or that

recipes
uncork

state

challenge / **Lo...** The truth is

si... although

no... it does not bother them
se... make fun of

Giovanna Huyke, presentadora de un programa en la televisión puer-torriqueña, hace una demonstración de la cocina isleña.

último de la moda en cocina. Dice que sus alumnos son muy pun-tuales y responsables, pocas veces faltan. A pesar de que ninguno es cocinero de profesión, muchos logran convertirse en cocineros por vocación. Muchos de ellos, quienes en su vida° habían hecho ⟨**en...** never⟩

5 siquiera un huevo frito, salen satisfechos porque han perdido el miedo a la cocina. Otros, un poco más expertos, pondrán en prác-tica sus habilidades cualquier fin de semana, cuando orgullosos y satisfechos le preparen el almuerzo a su familia o a un grupo de amigos.

10 En la última clase se realiza la ceremonia de graduación. Los alumnos invitan a sus esposas o novias° a comer los platos que ⟨girlfriends⟩ ellos han preparado. Se les entrega° un diploma y hay una verda- ⟨**Se...** They are handed⟩ dera fiesta.

Al recordar que fue la innovadora en dar clases de cocina a 15 hombres. Doña Isabel afirma que fue toda una «revolución» en el país, porque el machismo y la virilidad fueron puestos en tela de juicio.° Sin embargo, eso es cosa del pasado. Su labor se ha conver- ⟨**fueron...** were questioned⟩ tido en un entretenimiento y un orgullo para ellos.

«Me encanta enseñar y proyectar algo que la gente pone en 20 práctica», comentó.

LILIANA MORA
Rumbos (San José, Costa Rica)
Adaptación

Comprensión

Conteste brevemente, según la lectura:

1. Nombre cuatro actividades de que se ocupan los alumnos de Doña Isabel.
2. ¿Por qué razones se inscriben en esos cursos?
3. ¿Cómo termina cada clase?
4. ¿Qué dicen de las burlas de sus amigos?
5. ¿Qué clases de recetas se usan?
6. ¿Qué resultados prácticos tienen esas clases?
7. ¿Cómo se celebra la graduación?
8. ¿Por qué fueron esos cursos una «revolución»?

Práctica

A. Empareje los sinónimos:

___ 1. picar
___ 2. convertirse
___ 3. si bien
___ 4. poner en tela de juicio
___ 5. poner en práctica
___ 6. caminar por las paredes
___ 7. tal o cual

  a. aunque
  b. desesperarse
  c. este o aquel
  d. ejecutar
  e. transformarse
  f. cuestionar
  g. cortar

B. Usando las palabras y expresiones de la columna izquierda del ejercicio A, escriba un párrafo explicando su experiencia en la cocina.

Ampliación

1. ¿Por qué razón podría alguien tener miedo a la cocina?
2. ¿Le gusta cocinar? ¿Por qué sí o por qué no?
3. Hable de una persona a quien le guste cocinar. ¿Cómo es? ¿Qué le gusta cocinar? ¿Por qué?
4. En este país, ¿es común que cocinen los hombres? ¿Qué piensa usted al respecto?
5. A su parecer, ¿hay actividades que son propias sólo de mujeres o sólo de hombres? Explique su punto de vista.
6. Si alguien le criticara a usted por hacer algo «sólo de mujeres» o «sólo de hombres», ¿cómo reaccionaría?
7. A su parecer, ¿es deseable que se compartan las tareas domésticas? ¿Cómo se puede hacerlo?
8. ¿Qué entiende usted por «machismo»? ¿Y por «feminismo»?

¿Una cuestión de moral o de gusto personal?

Un sacerdote niega° denies
la comunión a
una niña

L a pequeña Sara se había trasladado° al pueblo, en compañía   traveled
de su familia y del grupo de *majorettes* al que pertenece, para
actuar en una fiesta popular. A las doce del mediodía acudió
a la ceremonia religiosa, y cuando llegó el turno de comulgar,° el   take communion
5 sacerdote le negó el sacramento y le dijo que «no se puede ir con
una falda tan corta en el templo». La pequeña llevaba el traje de
majorette.

Según fuentes del pueblo, dos compañeras de Sara, que la pre-
cedían en la cola° de la comunión y que llevaban° el mismo traje,   line / wore
10 sí recibieron la eucaristía.° Al volver al banco,° la pequeña, entre   communion / pew
sollozos,° explicó a sus padres todo lo ocurrido.°   sobs / **todo...** all that had
                                                                                  occurred
A la salida de la misa, un grupo de vecinos esperó al párroco,°   parish priest
contra el que profirió° insultos y golpeó° el coche. Se dice que la   uttered / hit
madre de una de las *majorettes* llegó incluso° a abofetearlo,° pese a   even / slap him
15 que° este extremo no ha podido ser confirmado, ya que el cura° no   **pese...** although / priest
quiso hacer a este diario ningún comentario sobre lo ocurrido.°   **lo...** the event

Por su parte,° el alcalde del pueblo, quien se disculpó° ante la   **Por...** In turn / **se...** apolo-
familia de la niña por lo ocurrido, explicó que el cura, que lleva   gized
diecisiete años oficiando misas° en el pueblo, ya es conocido entre   saying masses
20 los vecinos por sus «polémicas actitudes», que ha venido repitiendo durante todos estos años. El alcalde explicó que «no es la
primera vez que el párroco se niega° a dar la comunión a una chica   **se...** refuses
porque no va correctamente vestida». En este sentido,° aseguró   **En...** As to this
que «lo que ocurrió el sábado ha tenido eco° porque afectó a una   **ha...** has had repercussions
25 niña que no es del pueblo. De haberlo sido,° nadie se hubiera   **De...** If (she) had been
enterado.°»   **se...** would have noticed

El alcalde explicó asimismo° que el párroco tiene también algunas salidas° inesperadas, pese a° las cuales, aseguró, «el pueblo aprecia al párroco porque, aunque tiene salidas fuera de tono,° es buena persona». En este sentido, añadió que «normalmente, 5 después de sus prontos,° reconoce haberse extralimitado°».

Sin embargo, el alcalde se dirigió al obispo de la región, a quien pidió que intercediera para resolver la situación. Al parecer,° el obispo mantuvo una conversación con el párroco, que «llevaba un tiempo muy moderado°». El alcalde tiene previsto° mantener 10 una nueva reunión con el obispo, a fin de que° éste busque una solución definitiva a los conflictos originados por el párroco. Por su parte, el párroco, de unos cincuenta años y residente en una población vecina, se mostró muy tenso y se negó a° hacer ningún tipo de declaración porque «no quiero ser desagradable°».

also

attitudes / **pese...** *in spite of*
fuera... *outlandish*

fits of anger / **haberse...** *to have gone too far*
Al... *Apparently*

llevaba... *had been quiet for a while /* **tiene...** *is supposed to*
a... *so that*

se... *refused to*
rude

S.S.
ABC Internacional (Madrid)
Adaptación

Comprensión

Conteste brevemente, según la lectura:

1. ¿En qué lugar tuvo lugar este suceso?
2. ¿Quiénes fueron los principales participantes?
3. ¿Qué acción dio origen al suceso?
4. ¿Qué razón dio el cura?
5. ¿Cómo reaccionó la niña?
6. ¿Cuál fue la actitud de los padres de la niña?
7. ¿Qué hizo el alcalde del pueblo?
8. Según el alcalde, ¿cómo suele actuar el párroco?
9. ¿Qué piensa del cura el pueblo?
10. ¿Con quién tuvo que hablar el sacerdote?

Práctica

A. Empareje los sinónimos:

___ 1. negar   a. excusarse
___ 2. proferir   b. raro
___ 3. fuera de tono   c. llevar
___ 4. disculparse   d. decir
___ 5. turno   e. golpear
___ 6. ir con   f. vez
___ 7. abofetear   g. pasarse
___ 8. extralimitarse   h. rehusar

B. Usando las palabras y expresiones de la columna izquierda del ejercicio A, escriba un párrafo sobre un suceso semejante al de la lectura.

Ampliación

1. ¿Cree usted que el cura tuviera el derecho de negarle la comunión a la niña? Justifique su punto de vista.
2. Según lo que cuenta la noticia, ¿le parece razonable pensar que haya habido discriminación? Explique su respuesta.
3. ¿Qué piensa a usted de la reacción de los padres de la niña? ¿Y la de los vecinos?
4. ¿Qué importancia tiene la ropa con la que se va a la iglesia?
5. ¿Cree usted que debe haber normas de vestir en la iglesia? ¿Y en la universidad? Explique su punto de vista.
6. ¿Qué piensa usted de las personas que actúan como el párroco?
7. ¿Podría pasar un suceso como ése en donde vive usted? Explique su respuesta.
8. ¿Cómo describiría usted la actitud del alcalde?
9. ¿Qué cree usted que le pueda haber dicho el obispo al cura?
10. ¿Qué piensa usted de las palabras del cura al final del artículo?

Teatro de bolsillo

Proyectos

Entrevista televisiva: ¿Cosas de mujeres?

PERSONAJES

Entrevistador(a)
Tres personas entrevistadas

Se entrevista a tres personas, que defenderán distintos puntos de vista sobre actividades tradicionalmente masculinas o femeninas. El (La) entrevistador(a) debe estimular y moderar el debate, pero manteniendo una posición neutral respecto a las opiniones expresadas.

EXPRESIONES ÚTILES

tradición / cambio social / falta de respeto
liberal / conservador / moderado / radical
estar de acuerdo / discrepar / apoyar / rechazar / sin embargo / por otra parte

Temas para comentario oral o escrito

1. El que las personas de un sexo participen en actividades tradicionalmente reservadas al otro sexo, ¿representa un progreso social o no?
2. Si la risa puede ofender a ciertas personas o grupos sociales, ¿deben imponerse limitaciones a su manifestación en público?
3. ¿Pueden ciertos juegos contribuir a que nos conozcamos mejor a nosotros mismos?
4. ¿La participación en las ceremonias religiosas debe constituir un derecho de todos, o debe depender de la decisión de los líderes religiosos (curas, ministros, rabinos, etc.)?

1. Prepare una presentación, con ilustraciones, sobre su juego preferido.
2. Prepare una presentación sobre lo que usted considere lo más característico del sentido de humor de esta sociedad.

Nuestro ambiente

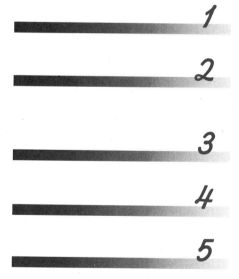

1 Arenas peligrosas

2 Grafitos de pandilleros: afean y cuestan mucho

3 Doñana se muere

4 Chicos de antes, chicos de ahora

5 Edificios que enferman

Una ola creciente de violencia pone en riesgo a los turistas.

Arenas peligrosas

Rio de Janeiro (11.500 millones de habitantes) y Miami (3.200 millones), dos ciudades tan distintas y tan parecidas, lograron° ya hace un tiempo instalarse como verdaderas mecas en el corazón de los argentinos. Para una excepcional canti-
5 dad de argentinos contemporáneos, Río de Janeiro y Miami son ahora sitios mucho más familiares que Neuquén° o Santiago del Estero,° un fenómeno que debe atribuirse al llamado turismo de masas: las raras° reglas de juego de este colosal negocio, sumadas al costo de vida argentino, han hecho que sea más barato vera-
10 near° en Brasil o en los Estados Unidos que en su propio país, a lo que° los mismos argentinos agregaron° ilusiones y excitación al programa.

De manera que° Río de Janeiro y Miami podrían ser dos ra-
diantes° parábolas de la vida feliz a fines del siglo XX, si no fuera
15 porque a las dos ciudades les viene creciendo un monstruo idéntico que amenaza° romperlo todo. Ambas mecas del placer están cerca-das e infiltradas por espesos° núcleos de poblaciones míseras y resentidas,° que son altamente violentas entre sí y hacia afuera. Además, conforman° el campo de reclutamiento de las prósperas
20 bandas° narco° y otras ramas de la delincuencia mayor y menor.

Según cálculos oficialees, acaso° demasiado optimistas, Río perdió medio millón de turistas y 400 millones de dólares en los últi-
mos tres años. La culpa la tiene la violencia, sí, pero lo cierto es que la enorme mayoría de los hechos violentos ocurren en las trecien-
25 tas *favelas*° encaramadas° en los morros° que rodean la ciudad, donde viven apiñados,° por lo menos, un millón y medio de famé-
licos.°

Para los turistas, los parámetros son otros. «Robos pequeños de máquinas fotográficas, relojes o un puñado de dinero, arrebatos° y
30 cosas así», describe el Secretario de Turismo de Rio de Janeiro.

	succeeded
	(*ver **Notas culturales***)
	(*ver **Notas culturales***)
	odd
	spend the summer
	a... to which / added
	De... Thus
	brilliant
	threatens
	thick
	resentful
	they constitute
	gangs / drug-dealing
	perhaps
	slums (*Brazil*) / piled up / hills
	crowded
	hungry people
	purse snatching

La playa de Copacabana (Río de Janeiro, Brasil): belleza, contaminación y peligro.

«En la medida en que° el turista tome ciertas precauciones, será muy raro que pase un mal momento», añade.

    Según él, los ladrones habituales de los turistas suelen ser chicos menores de 12 años, que rara vez° andan armados y cuya
5 estrategia consiste en arrancar° lo que puedan y salir disparados° hacia su favela, que, en algunos casos, está a 300 metros de la playa. O sea: la presuntuosidad° del turista, su ánimo exhibicionista de objetos y dinero, y también la tendencia a rondar° zonas *calientes,* aumentan el peligro.

10   Así lo entienden, por ejemplo, Guillermo y Patricia, a los que encontramos cumpliendo felizmente su cuarta estadía° en Rio:
    —Jamás hemos tenido el mínimo problema, se trata de tomar ciertas precauciones— cuenta Guillermo.

    Estaban en Copacabana,° considerada una de las mejores zonas turísticas, y nada en su aspecto los diferencia de otros brasileros
15 que trajinan° por allí: no llevan relojes ni cadenas, no buscan drogas, y se limitan a pasarlo bien° dentro de cánones° moderados y gastando poca plata.°

	En... As long as
	rara... rarely
	snatching / **salir...** run away
	vanity
	hang around
	stay
	*(ver **Notas culturales**)*
	move around
	pasarlo... have a good time / standards
	money

Como Patricia y Guillermo, no son pocos los turistas argentinos que siguen yendo a Río sin ver ni sufrir su costado° violento. Pero también es cierto que un descuido° en las precauciones le resultó fatal a un joven salteño,° que ignoró otro típico consejo, el de no resistir los asaltos: forcejeó° con quien le quería arrebatar su filmadora, y recibió dos balazos° en la cara que lo mataron instantáneamente ante la mirada espantada° de su mujer. El caso de una turista porteña° también aparece cargado° de misterio: la descubrió muerta una mucama° en su habitación en un hotel cinco estrellas que abunda en medidas de seguridad, y hasta ahora no se sabe a ciencia cierta° si fue o no un crimen.

side
negligence
from Salta (*ver **Notas culturales***)
he struggled
shots
frightened
from Buenos Aires / loaded
maid

a... for sure

ALEJANDRO SÁEZ-GERMAIN
Noticias (Argentina)
Adaptación

Notas culturales

Neuquén   Capital de la provincia argentina del mismo nombre, en el suroeste del país, junto a la frontera con Chile. Importante centro turístico y comercial.

Santiago del Estero   Provincia argentina ubicada en el norte de la nación. La capital, también llamada Santiago del Estero, es un conocido centro industrial y turístico.

Copacabana   Una de las playas más famosas de la ciudad de Río de Janeiro.

Salta   Ciudad del norte de la Argentina, capital de la provincia del mismo nombre, rica en agricultura y ganadería.

Comprensión

Conteste brevemente, según la lectura:

1. ¿Por qué Miami y Río son familiares a los argentinos?
2. ¿Por qué les resulta más barato veranear allí?
3. ¿Con qué peligros les amenazan ambas ciudades a los turistas?
4. ¿Qué efecto ha tenido la violencia en esas ciudades?
5. ¿Contra quiénes se manifiesta la violencia de las poblaciones pobres de Río?
6. ¿Qué actividades criminales suelen tener lugar allí?
7. ¿Cómo describe la situación el Secretario de Turismo?
8. ¿Qué actitudes de los turistas contribuyen a aumentar el peligro?
9. ¿Cómo actúan Patricia y Guillermo?
10. ¿Qué hizo cierto turista salteño, y qué le pasó? ¿Y qué le pasó a cierta turista porteña?

Práctica

Usando las palabras y expresiones siguientes, escriba un párrafo acerca de la falta de seguridad ciudadana en este país.

veranear	pasarlo bien
forcejear	pasar un mal momento
en la medida en que	descuido
tomar pre-cauciones	cumplir (una estadía)

Ampliación

1. Hable de alguna ciudad de este país en donde haya una situación de violencia semejante a la descrita en la lectura.
2. ¿Qué entiende usted por la expresión «turismo de masas»?
3. A su parecer, ¿tendría alguna justificación la actitud de los que asaltan a los turistas? Explique su respuesta.
4. Según algunos, la industria turística les hace violencia a las poblaciones pobres. ¿Qué piensa usted de esta idea?
5. ¿Qué piensa usted de la explicación del Secretario de Turismo?
6. ¿Le gusta hacer turismo? ¿Por qué sí o por qué no?
7. ¿Qué precauciones toma usted cuando viaja?
8. A su parecer, ¿cuál debe ser la actitud del turista hacia la violencia?
9. ¿Cómo explicaría usted la diferencia entre «turismo doméstico» y «turismo internacional»?

2

Escribir con aerosoles por las paredes y hacer daño a la propiedad: ¿autoexpresión o vandalismo?

Grafitos de pandilleros: afean° y cuestan mucho

they deface

        Cada día es más difícil encontrar superficies de paredes, postes,° señales° de autopistas, de tránsito, bancas,° autobuses y propiedades privadas que no estén pintarrajeadas° por los vándalos del grafito. Esta actividad, incrementada° en proporciones

5 alarmantes en los últimos años, está costando millones de dólares a los gobiernos locales, condales,° estatales y federales, para la limpieza de los grafitos que afean la propiedad pública.

        Los autobuses constituyen uno de los blancos° favoritos de los «pintores» porque con ellos se puede obtener mayor reconoci-

10 miento° por toda la ciudad. Esto sin contar° los gastos de la limpieza de estos garabatos° en las propiedades privadas, cuyo valor desciende cuando sus fachadas se ven° afeadas por los grafitos. Los responsables de estos daños a la propiedad son dos: los *taggers* o marcadores y las pandillas.° Los marcadores son jóvenes de entre

15 doce y veinticinco años de edad, latinos, afroamericanos, anglos, asiáticos, pobres o ricos, que en un principio° buscaban notoriedad y reconocimiento a través de marcas, iniciales o un diseño propio,° pintados en cualquier superficie visible y hechos con pintura de aerosol en los más variados colores. Mientras más inaccesible es

20 el lugar en el que se deja la marca, es mayor° el reconocimiento. Por ejemplo, las señales de tránsito en las autopistas son un medio preferido.

        Un ejemplo de marcador es el célebre «Chaka», quien fue sorprendido° dejando° su marca en el elevador del edificio del Tribu-

25 nal Superior° en el centro de Los Angeles, el día de su presenta-

lamp posts / signs / benches
painted over
increased

county (*adj.*)

targets

recognition / **sin...** without counting
scrawls
sus... their facades are

gangs

en... at first
un... a drawing of their own

Mientras más... es mayor
The more . . . the greater

surprised / as he was leaving
Tribunal... Superior Court

Una alternativa a los grafitos.

ción ante° el juez. Parece° que, en un período de sólo quince
meses, escribió «Chaka» más de diez mil veces en lugares que van
desde Los Angeles hasta San Francisco, incluidos vagones de ferrocarril, con lo que provocó un perjuicio° a la propiedad de quinien-
5 tos mil dólares.

Marcas distintivas

A diferencia de la marca de los *taggers,* el grafito de las pandillas es
más complejo. Está lleno de símbolos y significados que datan de°
hace más de cincuenta años. Es un método utilizado para comunicarse, sin que el público se entere.° Esta actividad se conoce como
10 *placa* y en ella participan exclusivamente los integrantes° de las
pandillas.

Cuando las placas aparecen en territorio enemigo, se trata de°
una provocación al rival. Entonces viene la cruzada° del nombre y
eventualmente se produce° una batalla entre las pandillas. Los
15 retos° son dirigidos hacia el machismo y la defensa del territorio,
en lo cual están implícitas la venta y distribución de droga.

before / It seems	
damage	
date from	
sin... without the public understanding their meaning	
members	
se... it is a matter of	
crossing out	
se... takes place	
challenges	

Drástica postura de las autoridades

El procurador estatal de justicia° declaró que «el grafito es un acto de vandalismo, no de arte, no es un inocente pasatiempo o una forma aceptable de pasar el tiempo de los jovencitos».

5   Por el contrario,° dijo, el grafito es «un feo recordatorio° de la presencia del crimen, la violencia, las pandillas y las drogas en nuestros vecindarios,° así como° un indicador de que nuestros jóvenes creen que los actos de violencia y destrucción son éxitos°».

    Por su parte,° la Junta° de Supervisores del Condado de Los Angeles presentó la semana pasada su plan antigrafito, el cual con-
10 templa° la limpieza física y contención° del deterioro;° nuevas leyes estatales y ordenanzas locales; intervención de agencias policiacas y del sistema judicial, así como educación y prevención.

    Sin embargo,° para el director del programa alternativo a las pandillas en el área de la bahía de Los Angeles, la solución es más
15 sencilla: la familia.

    «Debemos reconocer° que el problema puede ser solucionado si ponemos° todos un poco de nuestra parte. ¿Quiénes son los marcadores y los pandilleros?» se pregunta.° «Son nuestros hijos, nuestros vecinos, nuestra propia comunidad la que causa ese
20 daño,° pero nadie lo quiere reconocer», responde.

    En cierta ocasión, el sheriff de Los Angeles reconoció ante la prensa que la solución al problema de las pandillas no dependía exclusivamente del uso de la fuerza por parte de° los organismos policiales. El sheriff reconoció que se requería° un esfuerzo colec-
25 tivo en materia de educación, creación de empleos° y atención comunitaria a este creciente° fenómeno social.

JOSÉ UBALDO
La Opinion (Los Ángeles)
Adaptación

procurador... State Attorney

Por... On the contrary / reminder

neighborhoods / **así...** as well as
successes, achievements
Por... In turn / Board

considers / containment / decay

Sin... Nevertheless

acknowledge
si... if we pitch in
se... he asks himself

la... that causes such damage

por... by
se... would be required
jobs
growing

Comprensión

Conteste brevemente, según la lectura:

1. ¿A qué clase de actos se refiere la lectura?
2. ¿Quiénes son los responsables por esos actos?
3. ¿Qué diferencia hay entre los marcadores y las pandillas?
4. ¿A qué se debe la fama de «Chaka»?
5. ¿Qué son las placas?
6. ¿Qué piensa de la cuestión el procurador estatal de justicia?
7. ¿A quién atribuye la solución el director del programa alternativo a las pandillas?
8. ¿Qué opina el sheriff?

Práctica

Usando las palabras o expresiones siguientes, escriba un párrafo sobre algún problema social de su comunidad.

depender de	enterarse de
tratarse de	acción policíaca
por el contrario	participación del
pasar el tiempo	vecindario
sin embargo	vandalismo

Ampliación

1. ¿Qué opina usted de los grafitos que se ven en las paredes y monumentos?
2. ¿Hay muchos grafitos o pintadas en su campus o comunidad? ¿A qué causas atribuye usted esa situación?
3. ¿Se debe considerar a esos actos un delito? Explique su parecer.
4. ¿Qué motivo puede tener alguien para afear un monumento público?
5. ¿Qué piensa usted acerca de la opinión del sheriff? ¿Y del parecer del procurador estatal de justicia?
6. ¿Qué le parece la opinión del director del programa alternativo a las pandillas?
7. ¿Cómo caracterizaría usted a los miembros de una pandilla?
8. ¿Le parece justificable el punto de vista del autor? ¿Por qué sí o por qué no?
9. ¿Le parece bueno o malo que la prensa informe acerca de esos actos?
10. Si alguien pintara grafitos en las paredes de su casa o en su coche, ¿Cómo reaccionaría usted?

3

¿Podría desaparecer este parque natural?

Doñana se muere

La Unión Internacional para la Conservación de la Naturaleza° ha incluido al Parque Nacional de Doñana, en Andalucía,° entre los espacios naturales con mayor peligro de extinción: Doñana puede secarse y desaparecer en poco tiempo.

5 Esta llamada de atención° se basa en la importancia de este privilegiado espacio natural, en la desembocadura° del Guadalquivir.° En sus 75.765 hectáreas se integran tres ecosistemas tan diferenciados como la marisma,° el matorral° mediterráneo y las dunas.

10 Según la denuncia, los aportes hídricos° de Doñana están bajo mínimos; el acuífero° de la zona, sobreexplotado, y la situación tiende a agravarse con el plan de regadíos° puesto en marcha° por la Administración en el entorno° de Doñana. El anuncio del posible desplome° del acuífero sustentador de todo el entramado° hidroge-

15 ológico del parque resulta aterrador° en los sectores naturalistas.

Las secuelas° para la avifauna° —en esta zona se concentran millares de aves de Europa y Africa para nidificar,° invernar° o de paso migratorio— serán catastróficas.

Pero los peligros que se denuncian en Doñana, con ser° graví-

20 simos, no son únicos. En muchos de los escasos espacios protegidos del territorio español, los ecosistemas son desequilibrados o arrasados° impunemente. España se encuentra, según todos los indicios, en el umbral° de lo que los científicos denominan ya «apocalipsis ecológico».

25 Uno de los ejemplos más dramáticos de este *ecocidio* se produce en el Parque Nacional de las Tablas de Daimiel, en Ciudad Real,° una de las grandes reservas biológicas europeas, con sus 1.975 hectáreas° de flora y fauna a punto de desaparecer debido a la contaminación orgánica e industrial de los ríos de la zona, junto a

30 la desecación de grandes extensiones de terreno. El parque está

(ver Notas culturales)
(ver Notas culturales)

llamada... warning
mouth of a river
(ver Notas culturales)
salt marsh / underbrush

aportes... incoming water
 resources / aquifer
irrigation / **puesto...** set in
 motion
surrounding region
collapse / framework
terrifying
consequences / wild birds
 (**ave + fauna**) / to nest /
 winter over
con... while being

wrecked
threshold

(ver Notas culturales)

about 2.5 acres

El Parque Nacional de Aigües Tortes, en los Pirineos catalanes (España).

acabado,° según los naturalistas. De las 50.000 aves acuáticas que, hace una década, visitaba el parque cada año, en los últimos tiempos no llegan a 5.000.

    Al sur del valle de Arán,° en el Pirineo catalán, se encuentra

5 otro punto negro del patrimonio natural: el Parque de Aigües Tortes. Son 22.396 hectáreas sometidas a una continua degrada-ción, a causa del descontrol de los turistas, especialmente alrededor de los lagos, y por la política de los habitantes, que propician° talas° salvajes° de su valiosa vegetación alpina y subalpina.

finished

(ver **Notas culturales**)

make possible / cuttings
barbaric

En algunos de estos lugares, la perturbación humana ha sido tan grande que se ha llegado a alterar las propias costumbres de los animales. Lo que no parece cambiar es la actitud esquilmadora° del hombre y la incultura de muchos ciudadanos de este país tan 5 próximo a las cavernas en su relación con el medio natural.

exploitative

SEBASTIÁN MORENO
Cambio 16 (Madrid)
Adaptación

Notas culturales

Unión Internacional para la Conservación de la Naturaleza Organismo de la Organización de las Naciones Unidas destinado a fomentar la protección al medio ambiente y la investigación sobre temas ecológicos.

Andalucía Comunidad Autónoma ubicada en el sur de España, donde se encuentran importantes ciudades, como Cádiz, Sevilla, Málaga, Granada y Córdoba.

Guadalquivir Río que pasa por Córdoba y Sevilla y desemboca en el Atlántico cerca de la ciudad de Sanlúcar de Barrameda, al norte de Cádiz. Es navegable desde su desembocadura hasta Sevilla, adonde aportaban, durante el período colonial, los barcos que regresaban de América.

Ciudad Real Ciudad ubicada en Castilla la Nueva, en el centro de España.

Valle de Arán Región al norte de los Pirineos, en territorio de la Comunidad Autónoma de Cataluña. Tiene unos 5.000 habitantes, que hablan un idioma propio, el aranés, parecido al catalán.

Comprensión

Conteste brevemente, según la lectura:

1. ¿En qué región se encuentra el Parque de Doñana?
2. ¿Qué factores lo ponen en peligro?
3. ¿Qué clases de paisaje se halla en Doñana?
4. ¿Qué planes ha puesto en marcha la Administración para esa región?
5. ¿Qué efectos han tenido hasta ahora aquellos planes?
6. ¿Qué opinan los científicos sobre la situación ecológica en España?
7. ¿Cómo afectan los habitantes de ciertas regiones la ecología de éstas?
8. ¿Qué significado tiene la expresión en cursiva: «*este país tan próximo a las cavernas en su relación con el medio natural*»?

Práctica

A. Empareje los sinónimos:

___ 1. agravarse   a. destruir
___ 2. poner en marcha   b. entrada
___ 3. arrasar   c. amedrentador
___ 4. desplome   d. acontecer
___ 5. aterrador   e. volverse serio
___ 6. producirse   f. alrededores
___ 7. entorno   g. empezar
___ 8. umbral   h. colapso

B. Usando las palabras y expresiones de la columna izquierda del ejercicio A, escriba a un periódico local una carta de protesta contra la destrucción ecológica de algún parque u otra región que usted conozca.

Ampliación

1. ¿Qué parques (u otras áreas) protegidos hay en la región en donde vive usted?
2. Dé ejemplos de algunas actividades que, en su comunidad o universidad, causen daño al ambiente natural.
3. ¿Qué esfuerzos se hacen, en su comunidad o universidad, para proteger el ambiente ecológico?
4. ¿Sabe usted de algún problema ecológico de otros países? Hable de ello.
5. ¿Conoce usted algún ambiente natural que haya sido irremediablemente dañado por prácticas antiecológicas? Hable de esa región.
6. ¿Qué impacto positivo o negativo puede tener la industria turística sobre el medio ambiente?
7. ¿Qué se puede hacer para conscientizar a la gente acerca de la protección al medio ambiente?
8. ¿Son compatibles la protección al ambiente natural y su utilización por la gente?

4

A veces las cosas cambian para mal, claro.
Pero otras veces, quién te dice que no
cambien para bien…

Chicos de antes, chicos de ahora[1]

1 Muchas veces puteamos porque los chicos se pasan horas frente a la computadora…

2 … o frente al televisor.

3 Porque leen menos y son más consumistas.

ME PUSE LOS JEANS LESBIS Y LAS ZAPATILLAS SADIDAS PARA IR A COMER A MAC MICKEY'S

puteamos (*sl.*) we complain

---

[1]"Chicos de antes, chicos de ahora", guión de Meiji, Dibujos de Fortín. Publicado en *Hum® Humor Registrado* (Buenos Aires), noviembre 1993.

4

Pero...

HOY EN LA PUERTA DEL COLEGIO IBAN A CORTAR UN ÁRBOL

cortar cut down

5

PERO TODOS LOS CHICOS HICIMOS UNA RONDA ALREDEDOR PARA QUE NO LO TOCARA NADIE

ronda circle

6

ARMAMOS TANTO BOLONQUI QUE VINO LA TELEVISIÓN, ENTREVISTAMOS AL INTENDENTE Y SALVAMOS AL ÁRBOL

armamos raised
bolonqui (*sl.*) row
intendente mayor

7

¡ME ESTÁS LLENANDO EL CENICERO DE PAPELITOS!

cenicero ash tray

8

ES PREFERIBLE TIRARLOS ACÁ Y NO EN LA CALLE, PAPÍ

tirar throw away

9

Los chicos ahora dibujan cosas así...

¡TAPATE LA NARIZ QUE AHÍ VIENE LA TIERRA!

tapate hold

10

O así...

Si él no contamina, ni mata, ni destruye la naturaleza ¿Por qué está en la mira?

mira gun sight

11

PAPI, EN EL COLE ESTAMOS ORGANIZANDO UN VIAJE AL SUR PARA LIMPIAR LOS PINGÜINOS EMPETROLADOS

cole = colegio high school
empetrolados covered with oil

12

O así...

PAPI ¿POR QUÉ FUMAS? ¡NOS ESTÁS HACIENDO TRAGAR EL HUMO A TODOS!

tragar inhale

91

honda slingshot
¡Qué kilo! (*sl.*) Cool!

pucho cigarette butt
revienta blows up

Reyes (*ver. Nota cultural*)
¡Qué tacho! (*sl.*) Cool
potrero pasture

¡Qué piola! (*sl.*) Cool!
encerrar to imprison
farol lantern

tapados coats • **la piel** fur

Comprensión

Conteste brevemente, según la lectura:

1. ¿De qué suelen quejarse los padres?
2. ¿Qué suceso le contó el hijo a su padre?
3. ¿Qué prefiere hacer el hijo con los papelitos?
4. ¿Cuando el padre era chico, ¿cómo trataba a los animales?
5. ¿Qué clase de regalos le traían los Reyes?
6. ¿Qué le sugiere él a su mujer?
7. ¿Cuál es la actitud del hijo?

Práctica

Usando las palabras y expresiones siguientes, escriba un párrafo sobre algún acontecimiento ecológico.

ser preferible	hacer una ronda
cazar	salvar
pasarse horas	tirar

Ampliación

1. ¿Está usted de acuerdo con lo que dice el padre en el último recuadro? ¿Por qué sí o por qué no?
2. Si usted tuviera hijos, ¿permitiría que se divirtieran con hondas o rifles de aire comprimido? Explique su respuesta.
3. ¿Qué pueden aprender los niños cuando juegan con animalitos o insectos (como los bichitos de luz)?
4. ¿Cómo se compara la costumbre de llevar tapados de piel con la de usar zapatos de cuero?
5. ¿Cómo se puede motivar a los niños a que respeten a los animales?
6. ¿Cree usted que todos los seres vivos merezcan el mismo grado de respeto? Explique su respuesta.
7. Algunas personas quieren que se proteja a ciertos animales, pero no les importa que se maten las ratas, ni las moscas, ni las pulgas. ¿Le parece coherente esa actitud? Explique su respuesta.
8. A su parecer, ¿qué niños se divierten más? ¿Los de antes o los de ahora? Explique su respuesta.

Edificios que enferman

L a explosión arquitectónica urbana no es gratuita.° Las oficinas de hoy se agrupan° en espigadas° torres de hormigón° y
vidrio conformando el paisaje típico de cualquier capital del
mundo. Estos modernos espacios de trabajo crecen en confort y en
5 equipamiento tecnológico para brindar° bienestar a sus ocupantes,
pero también desarrollan contradicciones al tratar de erigirse° aisla-
dos del medio externo. Es decir, por un lado mejoran las condiciones laborales y, por el otro, generan en sí mismos microclimas hos-
tiles que afectan la calidad de vida de sus trabajadores.

10   A partir de° los años setenta, hubo necesidad de cerrar en
forma hermética los edificios para ahorrar energía. La construcción
de edificios cerrados sin ventilación del exterior, con una aireación°
realizada a través de los conductos de aire acondicionado, el predo-
minio° de materiales sintéticos en su interior y la existencia de fac-
15 tores psicoambientales contaminantes (humo° de cigarrillos, luces
de neón, ruidos, etc.) provoca en los ocupantes de ciertas oficinas,
pisos o edificios enteros verdaderas endemias.° Según recientes
investigaciones, algunos brotes° sin causas identificables tienen
lugar en edificios que no son herméticos, por lo que° se prefiere la
20 expresión más abarcativa° *síndrome del edificio enfermo.* Los síntomas
que presenta resultan completamente inespecíficos: letargo, apatía,
cefalea,° fatiga, irritación de las mucosas, tos, obstrucción bron-
quial, etc. Por lo tanto, la aproximación diagnóstica° se basará en
que el grupo de pacientes trabaje en el mismo edificio, que los sín-
25 tomas que presenten sean similares, que el cuadro clínico mejore
los fines de semana o al salir de la oficina o que el cuadro clínico
empeore° al volver a la oficina.

    Sobre una estadística realizada en 446 edificios de EE.UU., se
estipuló° que en el 52 por ciento de los casos la causa primaria se
30 debe a la ventilación deficiente; en el 17 por ciento de los casos a

free, gratis	
se... are clustered / slender / concrete	
offer	
al... as they try to rise	
A... Since	
air circulation	
predominance	
smoke	
endemic diseases	
outbreaks	
por... for which reason	
comprehensive	
headache	
aproximación... tentative diagnosis	
gets worse	
se... it was determined	

Una oficina moderna en Hispanoamérica: ¿progreso o pesadilla?

los contaminantes químicos provenientes° del interior; en el 11 por   originating
ciento a los contaminantes provenientes del exterior; hay un 12
por ciento de causas no reconocidas y sólo un 4 por ciento de los
casos se debe a los bioaerosoles.

5   Además de la ventilación deficiente, existen contaminantes
químicos generados desde el interior mismo de la oficina. Las pla-
cas de aglomerados,° las alfombras, el pegamento,° compuestos   particle board / glue
químicos de humo de cigarrillo, el *toner* de la fotocopiadora, despi-
den° compuestos orgánicos volátiles que se acumulan en los   let out
10 interiores.

La ecología médica es la rama de la medicina que se encarga
de° estudiar los trastornos° físicos que produce la contaminación   se... is in charge of / distur-
ambiental. Actualmente, crece la convicción de que no deben exis-   bances
tir límites máximos permisibles para ninguna sustancia que provo-
15 que cáncer y que se la utilice para la construcción o en fórmulas de
productos alimenticios. El asbesto, por ejemplo, se emplea en construcciones para aislamiento acústico y especialmente térmico, apli-
cándose en calderas,° bajo techo de tejas, pisos de baldosas° o   vats / floor tiles
envolviendo tuberías° de ventilación y calefacción.   pipes

Muchas construcciones modernas emplean rocas como el granito, fosfato o pizarra° sin saber que están construyendo sobre una base netamente° contaminante. Estas piedras contienen niveles de radiactividad mínimos (radón, uranio) que se trasladan a las partí-
5 culas de polvo que se inhalan. Investigaciones en EE.UU. estimaron que la inhalación de radón contribuiría a provocar entre 5.000 y 20.000 casos de cáncer pulmonar al año entre sus habitantes.

Según un médico especialista en inmunología, «las causas que afectan la salud de los ocupantes de un edificio hermético pueden
10 ser de índole° física, química o biológica, y además, potenciadas° por factores ambientales o por trastornos° de tipo ergonómico. En estos edificios el aire tiene que entrar a través de conductos de ventilación que están conectados, a su vez,° a una planta central de aire acondicionado.»
15 «Cuando la regulación entre temperatura y humedad no es la adecuada° —añade— se produce en el interior de esos conductos una condensación de agua que permite la proliferación de bacterias y hongos. Cuando se enciende el aire acondicionado, emana° un bioaerosol al interior de la oficina, enfermando a los ocupantes. Ese
20 aire queda estancado en esos ambientes y el bioaerosol lanzado sigue reproduciéndose a sus anchas.°»

En la Argentina, el porcentaje de edificios herméticos es mucho menor que el de EE.UU. y este dato baja el porcentaje del número de pacientes que consultan por estas enfermedades. La
25 progresiva adaptación a las condiciones económicas por parte de las empresas hace crecer este fenómeno con aristas° arquitectónicas, ecológicas y laborales.

slate
clearly

nature / strengthened
disorders

a... in turn

appropriate

is released

a... freely

edges

DANIELA BLANCO
Noticias (Buenos Aires)
Adaptación

Comprensión

Conteste brevemente, según la lectura:

1. ¿Qué trastornos generan las oficinas aisladas del medio externo?
2. ¿A qué factores se debe el llamado *síndrome del edificio* enfermo?
3. ¿Por qué se dice que se trata de síntomas inespecíficos?
4. ¿Cuáles son algunos factores psicoambientales contaminantes?
5. ¿Qué efectos positivos tienen los edificios herméticos sobre las condiciones laborales?
6. ¿Y cuáles son sus efectos negativos para la salud?
7. Según cierto estudio, ¿a qué se atribuye la causa primaria de esos síntomas?
8. Según el médico entrevistado, ¿qué pasa cuando hay una desregulación entre temperatura y humedad?
9. ¿Qué se entiende por «ecología médica»?
10. ¿Qué se ha dicho sobre las consecuencias de la inhalación de radón?

Práctica

A. Empareje los sinónimos:

___ 1. erigir   a. apropiado
___ 2. crecer   b. regalar
___ 3. trastorno   c. aumentar
___ 4. brindar   d. crear
___ 5. adecuado   e. construir
___ 6. generar   f. problemas
___ 7. confort   g. morar
___ 8. habitar   h. comodidad

B. Usando las palabras de la columna izquierda del ejercicio A, escriba un párrafo sobre algún problema ambiental de su comunidad.

Ampliación

1. ¿Por qué razón se empezó a construir edificios herméticos?
2. ¿Qué trastornos ergonómicos se encuentran en esta sociedad?
3. ¿Qué problemas ambientales se encuentran en los edificios en donde usted estudia o trabaja?
4. ¿Cómo es posible que la contaminación sea generada a partir del interior de la misma fábrica?
5. ¿A qué se dedica la ecología médica? ¿Le gustaría ejercer esa especialización? Explique su respuesta.
6. A su parecer, ¿debe el gobierno opinar sobre cuestiones de ecología médica en el local de trabajo, o debe eso quedar en manos de los especialistas? Justifique su respuesta.
7. ¿Cómo contribuyen los factores psicoambientales a agravar el problema?
8. ¿Qué factores psicoambientales negativos existen en los ambientes en donde usted vive o trabaja?

Teatro de bolsillo

Teledebate: ¿Sí o no a los grafitos?

PERSONAJES

Moderator(a)

Representante(s) de una asociación de vecinos

Representante(s) del Ayuntamiento

Una o más personas que defienden a los «pintores» de grafitos

El tema del teledebate son los grafitos que han sido pintados en las paredes y muros del vecindario. Los vecinos quieren que el Ayuntamiento limpie las paredes e impida esos actos que muchos consideran puro vandalismo. Otras personas defienden a los autores de los grafitos, argumentando que éstos representan su libertad de opinión.

Temas para comentario oral o escrito

1. La protección al medio ambiente es esencial, pero debe subordinarse a las necesidades del progreso.
2. Al contrario de los países ricos, los países pobres no pueden ocuparse de la protección al medio ambiente porque necesitan desarrollarse rápidamente.
3. ¿Hay que elegir entre sacrificar la comodidad individual y dañar el medio ambiente? ¿Qué decisión tomar?
4. ¿Son compatibles los coches particulares con la preservación del medio ambiente?
5. Comente los aspectos de la protección al ambiente en su campus o comunidad.

6. Ventajas y desventajas de tener conciencia de los problemas ecológicos: ¿Qué se gana con ser «verde»?

Proyectos

1. Prepare una presentación sobre algún aspecto positivo de la preservación del medio ambiente en su comunidad.
2. Prepare un informe sobre alguna catástrofe reciente, en cualquier lugar del mundo.
3. Prepare un informe sobre los aspectos ambientales positivos y negativos de su campus.
4. Prepare una charla sobre lo que representan los grafitos en su campus o comunidad: en dónde se encuentran, quiénes los hacen, el lenguaje que emplean y su impacto en la vida diaria.
5. ¿Cuáles de los animales de la lista siguiente suelen ser perseguidos y exterminados? ¿Por quiénes, y por qué? ¿Qué piensa usted de esas razones? ¿Se le ocurre alguna alternativa al exterminio? Explique su punto de vista respecto a ello.

la hormiga	el gato feral
el ratón	la ardilla
la rata	el conejo
el piojo	el topo
el comején	el conejillo de Indias
la pulga	el coyote
la mosca	el murciélago
el mosquito	la avispa

Deporte

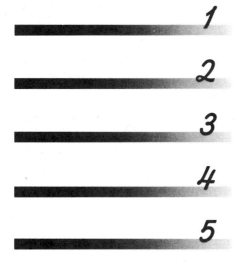

¿Cómo combatir las tensiones de la vida moderna? He aquí una receta.

Contra el estrés, squash

Cada día, al atardecer,° Fernando Ordás, treinta y cuatro años, ingeniero, ejecutivo, a bordo de un moderno BMW, se introduce en un edificio cerca del paseo de la Castellana de Madrid, un local situado en medio de ese frío entramado° de
5 cemento y alturas urbanísticas donde han anidado° los estados mayores° de las grandes empresas.

    En esa zona, la escena parece poco original. Pero cinco minutos después, Fernando Ordás romperá su inconfundible imagen de ejecutivo. Encerrado° entre cuatro paredes, con indumentaria° de
10 tenista, aparecerá sudoroso,° persiguiendo con su raqueta una minúscula pelota. Juega squash, un deporte de moda que parece haber causado especial impacto entre los ejecutivos, en el mundo de los hombres de negocios, tan poco dado por lo general a las inquietudes° deportivas.

15   «El squash es como un *relax* mental y físico, elimina las tensiones de cada día y, al mismo tiempo, te diviertes. Es como una droga», afirma Mariano Jaquelot, treinta y dos años, ejecutivo de comercio exterior,° considerado uno de los mejores veinte jugadores de España.

20   El desarrollo del squash en nuestro país parece apuntar° caracteres de verdadero *boom*. Según estimaciones de la Real Asociación Nacional de Squash, unos diez mil españoles practican asiduamente este deporte en cerca del centenar° de clubs existentes hasta hoy. En España, el squash es muy joven, pese a que° sus orígenes
25 se remontan° al siglo pasado, casi como siempre, en los dominios del Imperio Británico.

    «Aquí, el squash llegó de la mano del rey Don Juan Carlos, que ya lo practicaba en Grecia con su cuñado, el entonces rey Constantino», afirma Manuel Santana, el popular tenista, otro
30 forofo° del nuevo deporte. «El squash es tan fácil, tan saludable y

late afternoon	
framework	
nested	
estados... general staffs	
Enclosed / clothing	
sweaty	
concerns	
foreign	
show	
hundred	
pese... although	
se... go back to	
fan (*coll.*)	

tan personal —añade— que admite practicantes de todas las edades, de todas las profesiones y de todas las condiciones físicas. Será
popular muy pronto; me niego a pensar que sea algo exclusivo
para ejecutivos.»

5 «El éxito del squash entre los ejecutivos o profesionales de
actividad sedentaria quizá se explica en que no es preciso° dedi-   necessary
carle mucho tiempo. Con media hora basta para descargar tensiones y mantenerse en forma», declara la directora del Club Abascal.
Además, según un médico, experto en Medicina deportiva, el
10 esfuerzo compensado° puede hacer recomendable el squash para   spent
cualquier persona, aunque el mayor riesgo estriba,° al tratarse de°   is based / **al...** since it is
un deporte de continua movilidad, en la fuerte absorción psicoló-
gica que ejerce en los jugadores, que impide el control, la dosifica-
ción.° Muchos desconocen los límites de su resistencia y éste es un   dosing
15 deporte muy duro. Sin embargo, el squash no impone límites de
edad. La experiencia ha demostrado que su gran dominio suele
adquirirse en edades desfasadas° para otros deportes. El australiano   unfit
Geof Hunt, ocho veces campeón mundial, se retiró a los treinta y
siete años siendo campeón.

SEBASTIÁN MORENO
Cambio 16 (España)
Adaptación

Comprensión

Escoja la opción que completa correctamente
cada oración, según la lectura:

__ 1. Hay hoy día en España
   a. miles de clubs de squash.
   b. unos cien clubs de squash.
   c. un sinnúmero de clubs de squash.
__ 2. El squash empezó en España
   a. en el siglo pasado.
   b. hace poco tiempo.
   c. a principios del siglo veinte.
__ 3. El rey Don Juan Carlos
   a. inventó la modalidad española del
      squash.
   b. introdujo el squash en España.
   c. lo aprendió en el Imperio Británico.
__ 4. El squash es un deporte
   a. para gente más bien joven.
   b. para cualquier persona.
   c. para personas de profesiones
      sedentarias.

__ 5. A los ejecutivos les gusta el squash
   a. porque es un deporte elegante.
   b. porque no exige demasiado tiempo.
   c. porque es muy divertido.
__ 6. El hecho de que el squash exija con-
      tinua movilidad representa
   a. una ventaja para los jugadores.
   b. una desventaja para los jugadores.
   c. cierto peligro para los jugadores.

Práctica

A. Empareje los sinónimos:

__ 1. indumentaria   a. extranjero
__ 2. inquietud   b. ropa
__ 3. exterior   c. basarse en
__ 4. pese a   d. necesario
__ 5. preciso   e. a pesar de
__ 6. estribar en   f. preocupación

B. Usando las palabras y expresiones de la
columna izquierda del ejercicio A, escriba un
párrafo sobre algún evento deportivo que le
haya llamado la atención.

Ampliación

1. ¿Qué equipo se necesita para jugar al squash?
2. ¿Cuáles son sus reglas básicas?
3. ¿Cuáles son las ventajas físicas de ese deporte? ¿Y las sicológicas?
4. ¿Es usted una persona sedentaria o más bien activa? Explique a qué actividades físicas se dedica y por qué lo hace.
5. ¿Qué relación hay entre el deporte y el *relax* mental y físico?
6. ¿Se puede estar relajado físicamente pero no mentalmente? ¿Y al revés? Explique su punto de vista.
7. A su parecer, ¿quiénes pueden practicar el squash en España? ¿Y en este país?
8. ¿Qué semejanzas y diferencias hay entre el squash y otros deportes del género, como el *handball* y el *racketball*?
9. ¿Prefiere usted ver o practicar deportes? ¿Cuáles? ¿Por qué?

2

En nuestra época de viajes organizados y sin sorpresas, el valor individual sigue siendo inspiración a la aventura.

En ala delta° sobre los Andes

ala(s)... hang glider

U n histórico vuelo en ala delta realizó el deportista chileno Basilio Impellizzeri, quien el 13 de marzo de 1988 atravesó la cordillera de los Andes en el sector del Cristo Redentor,° logrando aterrizar cerca del complejo aduanero° Las Cuevas, en
5 territorio argentino.

(*ver Notas culturales*)
complejo... customs facility

El «hombre-pájaro» despegó a las 15.50 horas desde el plato° del hotel Portillo en medio de una escasa° actividad térmica,° lo que le impedía elevarse fácilmente. «Poco a poco, alcancé una corriente ascendiente que me llevó a una altura máxima de cinco mil
10 trescientos metros y me dirigí° hacia el este. En ese momento, me atrapó° una corriente descendiente muy turbulenta y la altitud que estaba perdiendo me impedía pasar. Tenía que decidir entre volver o seguir hacia Argentina», relató Impellizzeri luego de° su hazaña.°

terrace
slight / **actividad...** thermal currents

me... I headed
grabbed

luego... soon after / feat

«Decidí realizar el cruce° y tomé altura sobre una roca cercana
15 al Cristo. Desde allí atravesé en diagonal hacia la cresta ubicada sobre el túnel internacional, alcanzando una altura de 200 metros. Finalmente, conseguí° cruzar de costado° hasta el otro flanco de la cordillera y, al tratar de aterrizar° me di cuenta de° que el viento me daba° por la espalda. Fue una caída° violenta, pero logré° llegar
20 a tierra en la zona transandina° después de 1.25 hora de vuelo», explicó.

crossing

I managed / **de...** sideways to land / **me...** I realized was hitting / fall / I managed beyond the Andes

El deportista nacional fue recibido por el personal de gendarmería° argentina que se encontraba en la aduana de Las Cuevas, quienes atestiguaron° la veracidad de este vuelo nunca antes reali-
25 zado. Impellizzeri dejó allí su instrumento de vuelo, el cual resultó bastante dañado,° debido al brusco aterrizaje.

national police
attested to

damaged

La preparación que este piloto realizó antes de la travesía° fue intensa. Efectuó dos vuelos anteriores para conocer bien los posibles lugares de despegue y llegada de emergencia, leyó textos de
30 supervivencia° en altura y de andinismo,° realizó ascensiones de

crossing

survival / mountain climbing

El cielo, el horizonte y el sueño de un desafío...

práctica y viajó a Mendoza° para conocer la dirección de los vientos y las variedades térmicas locales.

    Basilio Impellizzeri ocupó para este cruce cordillerano una ala tipo *Shapir,* que fue vista también por los encargados° del paso chi-
5 leno Los Libertadores, quienes prestaron ayuda médica al depor-tista, herido en su mano derecha al realizar los movimientos de descenso. Además, la dotación° de Carabineros° de este sector dejó inscrita en el libro de guardia la materialización del solitario desafío.°

El Mercurio (Santiago, Chile)
Adaptación

(*ver **Notas culturales***)

persons in charge

crew / Chilean paramilitary
  police
challenge

Comprensión

Conteste brevemente, según la lectura:

1. ¿Cuál fue el trayecto de Impellizzeri?
2. ¿Qué clase de aparato empleó?
3. ¿Es apropiado el apodo de «hombre-pájaro»?
4. ¿Cómo se preparó para el viaje?
5. ¿Qué circunstancias atmosféricas influyeron en el viaje?
6. ¿Dónde aterrizó Impellizzeri?
7. ¿Quiénes lo recibieron?
8. ¿Qué otras personas le vieron?
9. ¿Cómo quedó su aparato? ¿Por qué?
10. ¿Fue un vuelo histórico? ¿Por qué?

Práctica

A. Empareje los sinónimos:

___ 1. aterrizar   a. poco
___ 2. despegar   b. alzar vuelo
___ 3. escaso   c. bajar
___ 4. elevarse   d. después
___ 5. luego de   e. atravesar
___ 6. cruzar   f. subir

B. Usando las palabras y expresiones de la columna izquierda del ejercicio A, prepare su propia versión del artículo.

Ampliación

1. ¿En qué consiste el vuelo en ala delta?
2. ¿Qué equipo se necesita para practicarlo?
3. ¿Y qué características personales hay que poseer para hacerlo?
4. ¿Dónde se practica ese deporte en este país?
5. ¿Lo ha practicado usted o conoce a alguien que lo practique?
6. ¿Qué sabe usted acerca de las semejanzas y diferencias entre una ala delta y un planeador (*glider*)?
7. ¿Y entre un ala delta y un ultraligero (*ultralight*)?
8. ¿Qué puede motivar una hazaña como la de Impellizzeri?
9. ¿Conoce usted a alguien que haya hecho algo semejante? Hable de esa persona.
10. ¿Le gustaría realizar algo semejante? Hable de ello.

3

¿Ejercicios para decirle adiós al estrés?

Gimnasia a lo Freud

"**E**stoy en las reuniones moviéndome todo el tiempo como si tuviera° hormigas…°» «Tengo una contractura° crónica y mi médico me dijo que haga algo con el cuerpo.» «¡Esta cadera° me acompleja° tanto!» «¡Sácame el diván° de encima!»

5   Estas frases están en boca de todos. La necesidad de «moverse un poco» es tanta como el rechazo° que provoca la gimnasia tradicional, por eso las propuestas° que se alejen° de los esquemas conocidos como el *aerobic, paddle,*° tenis, gimnasia de aparatos,° gimnasia jazz, ya acaparan° la atención de quienes tienen algún
10 problema.

Hace aproximadamente quince años surgieron las escuelas de formadores de terapeutas° corporales o de técnicos corporales con la intención de encontrar el equilibrio y la armonía de la persona como ser único e irrepetible.° Si por aquel entonces° se considera-
15 ban terapias marginales o de segunda categoría, actualmente se integraron como un trabajo interdisciplinario de médicos y psico-analistas.

«Con este sistema se junta el cuerpo —lo físico—, lo psíquico y lo espiritual», apunta Viviana, psicóloga instructora de un centro
20 de terapia psicocorporal. «La base del trabajo tiene que ver con la armonización; por lo tanto, lo hacemos desde los centros de ener-gía. A la proposta° psicoanalítica tradicional y no tanto, se le agre-gan° otras que incluyen el cuerpo dentro de esta búsqueda° de estabilidad y equilibrio.»

25 Los pasos iniciales intentan hallar la corrección y concientiza-ción postural de cada parte del cuerpo, revisar las articulaciones, los puntos de apoyo y realizar ejercicios de respiración para recupe-rar la salud a través de una mejor oxigenación. La voz, el sonido, los olores, los colores, las texturas son resortes° que mueven este
30 mecanismo que conecta el cuerpo con las emociones.

como… as if I had / ants / spasm

hip / **me…** gives me a com-plex / couch

rejection

proposals / **se…** are far from game similar to racketball / equipment monopolize

therapists

unrepeatable / **por…** at that time

viewpoint
se… one adds / search

springs

... mil, mil y uno, mil y dos...

«En nuestro instituto, no nos dedicamos a patologías severas. Hacemos un rastreo° previo y si vemos algo especial, lo derivamos° o le damos una entrevista personal. Nosotros trabajamos desde la salud», añade.

5   Algunos profesionales optan por una metodología mixta, grupal e individual, que se va generando de acuerdo con las necesidades de los pacientes-alumnos. «La técnica apunta° hacia un aprendizaje que toma el cuerpo como punto de partida», agrega Angela, técnica corporal. «Por lo tanto, se puede inferir que el
10 aprendizaje es curarse. Cada persona debe integrarse en las acciones, el pensamiento, en lo que dice y siente: lograr articular cada uno de estos aspectos indica un grado de salud.»

    Si en otros tiempos los psicoanalistas no aceptaban incorporar el cuerpo a la terapia tradicional, hoy empiezan a mirar con simpa-
15 tía esta combinación. «No se puede hablar de un final en la terapia, —advierte Angeles, trabajadora corporal— sólo de ciclos que se inician° y terminan a medida que van cambiando las necesidades. Es un trabajo abierto en el que la persona puede ir y venir, tomarse un descanso° y retomar.° En casos especiales, se puede determinar

examination / **lo...** we channel it

points

se... begin

tomarse... take a break / start again

la cantidad de sesiones necesarias para profundizar ciertos puntos. Después de ese período se evalúan° los resultados y se planifica otra fase de este proceso.»

5 El *shyatsu* es una técnica milenaria que proviene de la medicina china de armonización energética que se hacía en familia. Su origen parte° de la necesidad de unos y otros de alienarse° y conocerse corporalmente. Los estresados, tensionados° y contracturados° acuden a esta técnica que también mejora síndromes neurológicos, hernias de disco y personas que deben recuperarse 10 de accidentes. Individuales o grupales, las terapias corporales redondean° un universo inexplorado por el psicoanálisis pero muy cercano.

one evaluates

originates / become detached from oneself
tense
contorted

round off

MARITZA GUELER
Noticias (Buenos Aires)
Adaptación

Comprensión

Conteste brevemente, según la lectura:

1. ¿Qué síntomas presentan las personas que buscan la gimnasia terapéutica?
2. ¿Quiénes la utilizan como técnica curativa?
3. ¿Qué resultados iniciales tratan de obtener?
4. ¿Qué actividades se usan para lograr la recuperación del paciente?
5. ¿Qué clase de problemas prefieren no tratar los terapeutas?
6. ¿A qué debe integrarse cada persona?
7. ¿Cuál era la actitud de los psicoanalistas hacia la gimnasia terapéutica? ¿Y cuál es su actitud hoy día?
8. ¿Qué es el *shyatsu*? ¿Quiénes lo utilizan?

Práctica

A. Empareje los sinónimos:

___ 1. acaparar
___ 2. agregar
___ 3. profundizar
___ 4. integrar
___ 5. retomar

a. examinar detalladamente
b. incorporar
c. añadir
d. monopolizar
e. volver a empezar

B. Usando las palabras de la columna izquierda del ejercicio A, escriba un párrafo sobre alguna actividad terapéutica o técnica de auto-ayuda.

Ampliación

1. ¿Qué diferencia que se supone que haya entre los terapeutas corporales y los técnicos corporales?
2. ¿Qué sabe usted acerca de los llamados centros de energía del cuerpo?
3. ¿Quiénes suelen dedicarse a actividades de terapia corporal?
4. ¿Cree usted que pudiera haber interés en esas técnicas en su comunidad? Explique su parecer.
5. ¿Qué razón existe para creer que haya (o que no haya) una relación entre la tensión corporal y el estrés emocional?
6. ¿Conduce al estrés la vida de estudiante? Hable de ello.
7. ¿Qué relación puede haber entre la respiración y la tensión?
8. ¿Qué clases de libros de auto-ayuda se encuentran en las librerías de este campus? ¿Quiénes los compran, y por qué?
9. ¿Qué piensa usted de los métodos de autoayuda?
10. A su parecer, ¿la atención que se da a los problemas psicológicos en esta sociedad es demasiada o insuficiente? Explique su punto de vista.

4

La muerte de dos copilotos reabre la polémica sobre la excesiva dureza del rally París-Dakar.

La carrera° hacia el infierno

race

Con la llegada de la muerte, el *rally* París-Dakar dejó de ser toreo de salón.° Al sur de Argelia,° la aventura se trocó° en sangre cuando un camión que desarrollaba una potencia de 1200 caballos,° voló a 180 kilómetros por hora por encima de un
5 montículo de grava,° clavó su morro° al otro lado del obstáculo y comenzó a dar vueltas de campana,° una, dos, tres. Así durante 200 metros eternos. Los cinturones de seguridad mantuvieron atados a aquella mole° de hierro, casi chatarra,° al piloto, el holandés Van de Rijt y a su mecánico, el escocés Chris Ross. Por eso, salva-
10 ron el pellejo.° El copiloto, el también holandés Kees van Loevezij, no encontró tanta suerte.

    Su asiento salió despedido° por la fuerza del impacto y el camión le escupió° hacia la arena. Nadie le atiende porque ya no hay remedio. Los coches de asistencia médica que acaban de llegar
15 se dedican a los dos supervivientes. Se dan órdenes para que traigan camillas° hinchables.° El silencio del desierto es ahora más fuerte. Nadie puede estar seguro de que no se va a encontrar una piedra en su camino que provoque algo parecido.

    Así se produjo la muerte número 19 de la historia del París-
20 Dakar. En la lista ya había seis periodistas, un técnico de televisión, cuatro motoristas, cuatro seguidores de la prueba, tres espectadores —entre ellos dos niños— y el propio Thierry Sabine, el creador de este infierno que cada enero convoca en sus entrañas° a cientos de pilotos de todo el mundo. Un saldo° negro.

25   En la meta,° aquella tarde, no hubo sonrisas, ni abrazos, ni ganas. Sólo había un tema: la muerte. Y una crítica: la dureza increíble de esta edición del París-Dakar. Y una preocupación: dejar listos los vehículos para la próxima etapa.° Aquella tarde era la primera vez que un español conseguía una victoria en el *rally,* pero las
30 crónicas del domingo fueron todas para el accidente del camión holandés.

	parlor / Algeria / **se...** changed
	horse-power
	gravel / snout
	dar... flip over
	mass / scrap metal
	hide
	launched
	spit
	stretchers / inflatable
	entrails
	balance
	finish line
	phase

Tecnología vs. tradición: Un participante del rally París-Dakar cruza una aldea africana en la carretera a Tombuctú.

Al día siguiente, a las seis de la mañana, nadie habla del accidente. Es otro recorrido especialmente duro, con mucho polvo y un rosario de piedras. A veinte kilómetros de la salida, otra vez la tragedia. El fallecido° era otro copiloto, el francés Patrick Canado.   deceased

5 «Ibamos rodando bastante fuerte y vi cómo a mi izquierda se situaba el Range Rover», contaría el italiano Seppi.

    «Súbitamente° se fue cerrando° sobre la pista, me golpeó en el   Suddenly / closing in
lateral y salió despedido a más de 150 metros. Recorrió esa distancia dando vueltas de campana.» Muchos participantes no se ente-

10 ran° hasta el día siguiente. El cuerpo calcinado° de Canado es otro   **se...** find out / charred
peldaño° en el descenso a los infiernos. Pero casi nadie habla del   step
tema en el campamento.

    Nada permitía augurar° tanto desastre, tanto sufrimiento, tanta   foresee
sangre. En el desierto, la vida ha sido más dura para los pilotos pri-

15 vados.° Durante la noche hay que trabajar: unos arreglan una   unsponsored
dirección, otros revisan un motor, terceros sujetan° como pueden   attach in place
los trozos de chasis que quieren, literalmente, caerse al suelo. Los
pilotos oficiales° duermen mientras sus mecánicos se encargan de   sponsored
esas minucias.°   details

Unas pocas horas y de nuevo al camino de arena, un camino que en ocasiones ni siquiera existe. Algunos tienen una pregunta en la cabeza: «¿No ha llegado la hora de imponer algún límite a la potencia de los vehículos, unas normas más rigurosas?» Lo peor es que a la salida del sueño puede salir al camino una duna que no figuraba en el libro de ruta o un inesperado rosario de piedras. A veces, eso es la muerte.

LUIS F. FIDALGO
El Globo (Madrid)
Adaptación

Comprensión

Conteste brevemente, según la lectura:

1. ¿Qué clase de evento es el *rally* París-Dakar?
2. ¿Dónde tiene lugar?
3. ¿Cuántas personas habían muerto en el *rally* cuando se publicó este artículo?
4. ¿Qué hacían allí?
5. ¿Quién fue Thierry Sabine?
6. ¿De qué se hablaba en la meta, aquella tarde?
7. ¿Quién sufre más en el desierto?
8. ¿Qué se preguntan algunos?

Práctica

A. Empareje los sinónimos:

___ 1. enterarse   a. dificultad
___ 2. golpe   b. ocurrir
___ 3. encargarse   c. saber
___ 4. trocarse   d. hacerse responsable
___ 5. dureza   e. impacto
___ 6. producirse   f. cambiarse

B. Complete el texto siguiente con la forma apropiada de las palabras y expresiones de la columna izquierda del ejercicio A:

La alegría de la fiesta _____ en tristeza cuando los presentes _____ de que uno de los vehículos había chocado con otro en el lateral. Como resultado, _____ la muerte tanto del piloto como del copiloto por la fuerza del _____. No todos los participantes supieron del accidente, porque tenían que _____ de arreglar sus vehículos para el día siguiente. Este suceso demuestra una vez más la _____ de las vidas diarias de estos valientes conductores, que con cada carrera dan otro paso hacia el más allá.

Ampliación

1. ¿Qué es un *rally* automovilístico?
2. ¿Cuáles son sus reglas básicas?
3. ¿Dónde se practica ese deporte?
4. ¿Qué peligros ofrece?
5. ¿Qué opina usted de ese deporte?
6. ¿Qué otros deportes peligrosos se practican en este país?
7. ¿Y en otros países?
8. A su parecer, ¿deben ser reglamentados esos deportes? ¿O quizá prohibidos? Justifique su respuesta.
9. ¿Le gustaría participar en un *rally*? ¿O en otra clase de competición?

5

Sigue ganando aficionados el deporte que reemplazó al patinaje sobre hielo.

A rodar mi vida

U na vez que las pistas° de patinaje sobre hielo dejaron de° ser un *boom* para extinguirse lentamente, no fueron pocos los que se sintieron desguarnecidos,° como abandonados. «La gente sueña con volar; los pájaros con patinar», es el lema° de
5 aquellos que tenían que esperar el invierno y viajar a algún lugar con nieve y hielo para poder disfrutar° de esa sensación que definen como «incomparable».

De no haber sido por° el original invento de los hermanos Olsen, los fanáticos° todavía estarían arrojando° cubitos° en el
10 *living* para poder deslizar° sus patines en un intento desesperado. La creación de estos hermanos, oriundos° de Minnesota (EE.UU.), consistió en la construcción de unos patines con el mismo diseño de los que se utilizan para el hielo, pero en lugar de tener una cuchilla° implantaron ruedas en línea. De ahí que° se los conoce°
15 como patines *in line*.

¿Qué diferencia tienen con los patines de ruedas convencionales? «Por su conformación, los *in line* sirven no sólo para patinar sino también para esquiar o hacer *snowboard* según se los use», dice el representante de Rollerblade en la Argentina.
20 Más de nueve millones de personas en los Estados Unidos ya adoptaron este nuevo estilo de vida, que además de permitir la práctica de deportes invernales en épocas de primavera o verano, les permite trasladarse° diariamente por las calles.

En nuestro país, aunque el fenómeno recién empieza,° ya se
25 vendieron más de 10.000 patines del tipo *in line*. Cuestan entre 250 y 500 dólares, y los accesorios (un casco,° rodilleras,° coderas° y muñequeras°) suman un total de 150 dólares.

«La sensación de libertad que te produce patinar en la calle como si estuvieras en la nieve no se puede comparar con nada: ir a
30 trotar° es aburrido y si andás en bicicleta te tenés° que amoldar° a

rink / **dejaron...** ceased

unsupported
motto

enjoy

De... If it hadn't been for
fans / throwing / ice cubes
slide
natives

blade / **De...** That's why / **se...** they are known

move
recién... has just started

helmet / knee pads / elbow pads
wrist protectors

jogging / **andás...** (*ver **Nota cultural***) / adjust

¡A rodar! Una madre y su hija se divierten juntas.

todo el sistema de tránsito. ¿Seguir estresado?, no gracias», sentencia° convencido Javier W., de treinta años, mientras hace una pausa en frente del hipódromo° de San Isidro, uno de los lugares donde se reúnen los más fanáticos todos los fines de semana. «Mi
5 hija Delfina, de siete años, ya me convenció y en menos de un mes voy a venir con ella», declara, a su vez, Jorge W., de cincuenta años.

states
race track

ALEX MILBER
Noticias (Argentina)
Adaptación

Comprensión

Conteste brevemente, según la lectura:

1. ¿Qué diferencia hay entre los patines de hielo y los patines en línea?
2. ¿Y entre los patines en línea y los patines de ruedas convencionales?
3. Además de los patines, ¿qué accesorios se usan?
4. ¿A quiénes se debe la invención de los patines en línea?
5. ¿Qué posibilidades deportivas ofrecen esos patines?
6. ¿Tienen alguna aplicación práctica?
7. ¿Cuántas personas los han adoptado?
8. ¿Cómo describen algunos la sensación de patinar sobre ruedas?
9. Según un aficionado, ¿qué ventajas ofrecen en comparación a la bicicleta?

Ampliación

1. ¿Cómo interpreta usted el lema «la gente sueña con volar; los pájaros con patinar»?
2. ¿Qué se requiere para practicar el patinaje?
3. ¿En qué deportes se utilizan los patines?
4. ¿Qué diferencia hay entre los patines y el *skateboard*?
5. ¿Qué peligros presentan el patinaje y el *skateboard*?
6. ¿Y qué ventajas ofrecen como medio de transporte en la calle?
7. ¿En qué sentido puede un deporte constituir un estilo de vida?
8. A su parecer, ¿se da demasiado énfasis a los deportes en esta sociedad? Explique su punto de vista.

Práctica

Usando las palabras y expresiones siguientes, escriba un párrafo para describir una actividad deportiva que le guste.

de no ser por	de ahí que
disfrutar de	no sólo... sino también
además de	aunque... ya
recién (+ *verbo*)	como si

Teatro de bolsillo

¡No hay deporte como el mío!

PERSONAJES

Diversos amigos en la terraza de un bar. Cada participante describe las ventajas de su deporte favorito y trata de convencer a los demás de que no hay deporte mejor.

EXPRESIONES ÚTILES

bueno / malo para la salud
desarrollar el cuerpo
hacer ejercicio
superarse
lastimar (se)
esforzarse
herir
fuerza / debilidad

Temas para comentario oral o escrito

1. ¿Deberían ser obligatorias las prácticas deportivas en las escuelas y universidades?
2. ¿Deben las universidades invertir grandes cantidades de dinero en los deportes?
3. El viejo dicho latino, *mens sana in corpore sana* (mente sana en cuerpo sano) se aplica (no se aplica) a la sociedad moderna.
4. Los deportes violentos deben (no deben) ser admitidos en una sociedad civilizada.
5. Comparar, respecto a sus aspectos violentos, la corrida de toros, el boxeo, el hockey y el fútbol americano.
6. Es (no es) importante estimular las prácticas deportivas entre los jóvenes para desarrollar en ellos el espíritu de competencia.

7. La afición colectiva a los deportes es una forma de alienación.

Proyectos

1. Describa detalladamente su deporte favorito.
2. Obtenga las informaciones necesarias y prepare un informe sobre el jai alai u otro deporte poco conocido en este país.
3. Prepare un informe sobre el fútbol americano, como para explicarlo a un grupo de oyentes hispanoamericanos.
4. Prepare un informe sobre el fútbol *(soccer)* y su importancia en el mundo hispánico.
5. Lea con atención la sección deportiva de algunos periódicos o revistas españoles o hispanoamericanos y luego prepare un informe sobre uno de los deportes mencionados allí, explicando la importancia que tiene en los países donde se practica.
6. Tome tres deportes, uno de cada columna, y compare sus ventajas y desventajas:

el fútbol americano	la esgrima
el fútbol *(soccer)*	el tenis
el baloncesto	el squash
el lacrosse	el montañismo
el voleibol	(alpinismo)
el polo	la halterofilia
el hockey	la gimnasia
el rugby	la equitación
las artes marciales	el atletismo
(el kárate, el judo,	el tiro de arco
el hapkido)	el esquí de
el boxeo	montaña
la lucha libre	el esquí de
el ping pong	fondo

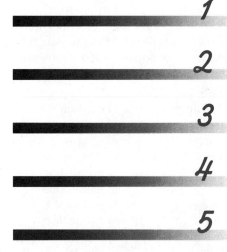

UNIDAD 7

Tecnología y vida

Un científico compara los ordenadores con el cerebro humano.

El cerebro de un ordenador

La figura del autómata° que se comporta como un humano llena la literatura y el cine de ciencia-ficción. Pero, hoy por hoy,° y a pesar de° los muchos avances técnicos, replicantes° y androides se sitúan a gran distancia de las posibilidades reales de la ciencia.

Lo máximo que en este terreno puede hacerse de momento es imitar alguna cualidad humana muy específica. Cierta lógica, por ejemplo, cierto modo de proceder de la mente humana, es ahora perfectamente reproducible mediante ordenadores. El ajedrecista° Leonardo Torres Quevedo era capaz de realizar un perfecto mate de rey y torre° contra rey. Actualmente, hay programas de juego de ajedrez capaces de batir° a maestros internacionales. Con ello queda demostrada la capacidad de imitación de un determinado mecanismo de razonamiento exclusivamente humano, que, sin duda, juega un papel destacado en el funcionamiento de la inteligencia.

Pero una reproducción más amplia de ésta es un asunto que parece muy lejano. Los ordenadores actuales trabajan con datos de pocas clases, que son procesados uno después de otro. En cambio, el cerebro humano es capaz de manejar a la vez un gran número de diferentes y variadas señales, que, a sue vez,° poseen un contenido informativo mucho mayor que las de los ordenadores, puramente binarias.

Otra diferencia es que los ordenadores son en principio capaces de, con el tiempo suficiente por delante, calcular respuestas muy precisas a problemas de la envergadura° que sea. Pero esto no es más que una poco práctica e inútil cualidad. A partir de determinado nivel, los problemas matemáticos, científicos y sociales adquieren una complejidad tal° que la solución óptima deja de° serlo por culpa de una variable, ajena° a dichos° problemas, pero

robot

hoy... nowadays / a... despite / clones

chess player

rook
defeat

a... in turn

spread, size

such / deja... ceases to
alien / said

La computadora: Una presencia cada vez más frequente en la sociedad hispánica.

necesaria: el coste de hallarla. Hay en muchos problemas demasiada información y para descubrir una solución exacta se precisa una iteración de cálculos demasiado larga. Ni el más veloz de los ordenadores actuales dispone de tiempo suficiente para descubrir
5 determinadas soluciones óptimas, que en algunos casos pueden requerir años y hasta siglos de cálculo ininterrumpido. En cambio, el cerebro humano está especializado, por un lado, en afrontar una enorme variedad de problemas simultáneos, y por otro, en hallar rápidamente soluciones que, aun sin garantía de ser las óptimas,
10 son buenas y aceptables. Por lo menos como máquina procesadora de información, el cerebro da muestras° de ser un órgano tolerante y sin verdades absolutas que pregonar.° Eso le diferencia del ordenador actual, cuyo nivel de inteligencia no es superior al de un tirano.

signs
proclaim

> XAVIER BERENGUER
> *La Vanguardia* (Barcelona)
> Adaptación

Comprensión

Conteste brevemente, según la lectura:

1. ¿Qué pueden hacer los ordenadores para imitar el cerebro humano?
2. ¿Qué hacía Torres Quevedo?
3. ¿Con qué clase de datos trabajan los ordenadores?
4. ¿Cómo son procesados esos datos?
5. ¿Por qué la solución de ciertos problemas requiere demasiado tiempo?
6. ¿En qué parece superior al ordenador el cerebro humano?

Práctica

A. Empareje los sinónimos:

___ 1. dar muestras de   a. encontrar
___ 2. a partir de   b. que no pertenece a
___ 3. ajeno a   c. empezando en
___ 4. hallar   d. cesar
___ 5. envergadura   e. parecer
___ 6. dejar de   f. amplitud

B. Usando las palabras y expresiones de la columna izquierda del ejercicio A, escriba un párrafo de comentario sobre el artículo.

Ampliación

1. ¿En qué ocasiones utiliza usted un ordenador?
2. ¿Puede usted nombrar cinco aparatos de uso común que emplean un chip electrónico?
3. ¿De qué manera cambiaría su vida si dejaran de existir los ordenadores?
4. ¿Cómo interpreta usted el comentario final: «[el] nivel de inteligencia [del ordenador actual] no es superior al de un tirano»?
5. ¿Cuál parece ser la actitud del autor con respecto a los ordenadores?
6. ¿Qué piensa usted de su actitud?

2

¿Estás seguro de que podemos conversar sin que nos escuchen?

Espionaje electrónico

Hace unos meses, un obscuro ingeniero electrónico italiano puso en marcha° un ingenioso sistema para interceptar teléfonos celulares. El invento se sirve de un rastreador° de frecuencias, asistido por ordenador, que identifica el código per-
5 sonal del teléfono y lo capta° cada vez que su usuario lanza° al aire la señal de llamada.

El equipo puede complementarse con un sencillo rastreador de automóviles de los cientos que existen en el mercado. Hay un sistema similar, pero mucho más sofisticado, que puede preprogramar
10 hasta ochenta números.

En Suiza, otro ingeniero de telecomunicaciones ha conseguido fabricar un micrófono para teléfono no mayor que un grano de arroz que, además, tiene todo el aspecto de un inocente componente electrónico.

15 Y, por no irnos tan lejos,° en Mataró,° un pequeño taller propiedad de un manitas° llamado Ignacio monta minúsculas emisoras de radio, capaces de convertir el cenicero de un despacho en una sucursal de la BBC.

Cualquier ciudadano mayor de edad que quiera saber lo que
20 realmente opinan de él sus subordinados, su esposa o el vecino de enfrente no tiene más que° acercarse, por ejemplo, a cierto establecimiento en Andorra,° para obtener desde un simple magnetófono,° que se pone en marcha cada vez que alguien habla y tiene seis horas de autonomía, hasta una emisora completa de televisión
25 del tamaño de un paquete de cigarrillos.

Y no se preocupe por dar excusas.° La falta de legislación le ampara,° siempre que° no difunda la información a terceros° o le sorprendan en un allanamiento° de morada.° Además, los vendedores no hacen preguntas.

30 «La mayoría de mis clientes —nos decía el propietario del establecimiento— son investigadores privados o empresarios que sospechan de algún empleado infiel. Lo que hagan con el material no es mi responsabilidad.»

puso... set into motion
tracker

picks up / sends off

por... without having to go so
far / (*ver **Notas culturales***)
handyman

no... has to do no more than
(*ver **Notas culturales***)
tape recorder

dar... apologize
le... supports you / **siempre...**
as long as / third party
search / residence

El teléfono, tras recibir la visita de un equipo profesional de espías, siempre se convierte° en el «indiscreto» por excelencia. Pero el «bicho°» —micrófono en el argot°— puede estar en cualquier parte. Hay sistemas para interceptar, transmitir y grabar una
5 conversación. También se pueden interferir° y desviar° los *fax* y, por supuesto, las transmisiones por ordenador. Incluso, una charla al aire libre se capta con micrófonos direccionales desde distancias superiores a los doscientos metros. Y no vale° ocultarse. Lo que parece una simple cámara de vídeo doméstico puede esconder un
10 teleobjetivo de sesenta y cuatro aumentos, cuyas imágenes, tratadas por ordenador, serían perfectamente válidas como pruebas° de cargo.°

Hay pocas empresas de seguridad capaces de contrarrestar° todas y cada una de las posibles amenazas.° Pero son muy discre-
15 tas, cuando se trata de hablar de sus métodos. «Un equipo fiable° de contraespionaje cuesta treinta millones de pesetas y pesa más de setenta kilos», nos decía el representante de una de estas empresas con sede en Barcelona. «Para manejarlo° se necesitan especialistas con muchos años de experiencia. Es cierto que, salvo° las escuchas°
20 telefónicas oficiales, que son las que se hacen en la misma central telefónica con permiso judicial y, por lo tanto, absolutamente indetectables, todas las manipulaciones extrañas° se pueden descubrir. Pero no es sencillo. Hacen falta° ocho equipos distintos y muchas horas de trabajo.»
25 Sin embargo, el noventa por ciento de los «espías electrónicos» que actúan en España no trabajan en el campo de la «agresión», sino en el campo opuesto, es decir, en la «defensa».

«A nosotros —nos dice un antiguo° inspector de policía reconvertido° en empresario— nos contratan las grandes firmas cuando
30 sus propios sistemas de seguridad se ven desbordados° por la tecnología del agresor o por la infiltración de empleados desleales, que es un caso más común de lo que podría parecer.»

Un ejemplo típico podría ser un robo en pequeña escala, pero continuado, en el interior de los almacenes° de una empresa.
35 Cuando se produce un asunto de esta naturaleza, los sistemas habituales de seguridad no sirven porque el delincuente° suele ser un empleado que conoce su funcionamiento y ha creado una red° de cómplices. En estos casos, las empresas suelen instalar microcámaras de vídeo que, al tener° objetivos de un milímetro y medio de
40 diámetro, son fáciles de ocultar. Además, para no levantar sospechas entre los presuntos° culpables, el monitor que recibe las imágenes se sitúa° a varios kilómetros de distancia. En realidad es una emisora de televisión en miniatura que se pone en marcha con un sensor de movimiento incorporado y envía las imágenes al monitor
45 por ondas. El mismo sistema se puede utilizar para vigilar° despachos° y archivos fuera de las horas de oficina.

Tal vez la mejor defensa sería una legislación que desanimara° a los espías. En Estados Unidos, tras el *Watergate*,° cerraron

se... becomes	
bug / slang	
monitor / redirect	
no... it is useless	
evidence	
accusation	
counteract	
threats	
dependable	
handle it	
except for / eavesdropping	
outside	
Hacen... Are necessary	
former	
changed	
overwhelmed	
warehouses	
criminal	
network	
al... since they have	
supposed	
se... is located	
watch	
offices	
discouraged / (*ver* **Notas culturales**)	

doscientas empresas dedicadas a la comercialización de estos pro-
ductos. No se consiguió detener el delito,° pero se redujo° la impu-   offense / **se...** was reduced
nidad con que actuaban las organizaciones dedicadas a la extorsión
y al espionaje comercial. En Europa, tanto la fabricación como la
5   venta de aparatos electrónicos es libre y su uso indebido° no suele   improper
llevar a la cárcel por más de un año, de no mediar° otros delitos   intervene
conexos.° Hoy por hoy,° un radiotransmisor de ambiente que ape-   related / **Hoy...** Nowadays
nas cuesta treinta mil pesetas permite a cualquiera convertirse en
James Bond. Que no ocurrirá° cuando los verdaderos agentes   **Que...** One wonders what
10   secretos decidan instalarse° por su cuenta.   may happen
set up business

ALFREDO SEMPRÚN
ABC (Madrid)
Adaptación

Notas culturales

Mataró Ciudad y centro industrial de Cataluña, en el noroeste de España.

Andorra Pequeño país situado en los Pirineos, entre España y Francia. Importante centro turístico. *Capital:* Andorra la Vella. *Población:* 57.000 (1992). *Idioma oficial:* catalán (también se hablan el castellano y el francés).

Watergate Nombre de un edificio de Washington, D.C., en donde se situaba, en 1972, la sede del Comité del Partido Demócrata *(Democratic National Committee)*. En aquel año, se arrestó a unos hombres que habían entrado por la noche en las oficinas del Comité, para implantar un sistema de interceptación telefónica. Al descubrirse que estaban conectados con la presidencia de Estados Unidos, tuvo inicio un proceso que culminó con la renuncia del presidente Richard Nixon en 1974.

Comprensión

Conteste brevemente, según la lectura:

1. ¿Qué hace el invento de cierto ingeniero italiano?
2. ¿Con qué clase de aparato puede complementarse aquel invento?
3. ¿En qué consiste el invento de cierto ingeniero suizo?
4. ¿Quién es Ignacio? ¿Qué productos fabrica?
5. ¿Qué clase de aparatos electrónicos se pueden comprar en Andorra?
6. Según el propietario de un establecimiento, ¿quiénes compran esos aparatos electrónicos? ¿Para qué los compran?
7. ¿Qué es el «bicho» en el argot de los espías? ¿Dónde puede encontrarse?
8. ¿Qué métodos se usan para contrarrestar el espionaje electrónico?
9. ¿A qué se dedica la mayoría de los «espías electrónicos»?
10. ¿Quiénes suelen infiltrar las empresas?

Práctica

A. Empareje los sinónimos:

___ 1. poner en marcha   a. después de
___ 2. convertirse   b. hacer funcionar
___ 3. establecerse   c. ser necesario
___ 4. tras   d. poner un negocio
___ 5. hoy por hoy   e. verdaderamente
___ 6. hacer falta   f. transformarse
___ 7. situarse   g. actualmente
___ 8. en realidad   h. estar

B. Usando las palabras y expresiones de la columna izquierda del ejercicio A, describa en un párrafo un incidente de espionaje electrónico.

Ampliación

1. ¿Hay situaciones que justifiquen el espionaje electrónico industrial o comercial? Explique su punto de vista.
2. ¿Quién gana con el espionaje electrónico? ¿Y quién pierde?
3. ¿Qué piensa usted de que un cónyuge haga vigilar a su pareja?
4. ¿Hasta qué punto deben las autoridades (la policía, por ejemplo) tener poder para escuchar las conversaciones telefónicas de los ciudadanos?
5. ¿Tienen ese derecho las autoridades en este país? Hable al respecto.
6. ¿Qué le parece la filosofía de un vendedor que diga que «lo que hagan con lo que vendo no es responsabilidad mia»?
7. ¿Qué consecuencia se atribuye en la lectura al escándalo del *Watergate*? ¿Qué sabe usted al respecto?
8. ¿Qué imagen de los espías se difunde en el cine y la televisión? ¿Qué piensa usted de esa imagen?
9. A su parecer, ¿qué hace que una persona se dedique al espionaje?

3

La realidad virtual abandona la ciencia-ficción y crea un mundo aparte.

Realidad a golpe de chip

Cierto día del último noviembre, la agenda del alcalde° de
Barcelona incluía la inauguración del Fórum° de las Tecnologías. Entró en el *parking* del edificio, subió las escaleras,
utilizó el ascensor y llamó varias veces desde algún despacho.°

5 Todo parecía normal. Pero no podrá realizar esos movimientos
en los 10.000 metros cuadrados del edificio hasta que finalice su
construcción. Su actividad se limitó al manejo de un *spacerball,* un
dispositivo de navegación con apariencia de ratón de ordenador
convencional, que permite al usuario bucear° en la pantalla y cam-

10 biar las perspectivas de visión. El alcalde pudo introducirse en la
maqueta° gracias a un programa tridimensional, diseñado por una
compañía española. Había sido realizado con ordenador personal,
al que se incorporan programas de 3D. Es la acepción más asequi-
ble° de la realidad virtual, una tecnología joven, nacida en 1984,

15 que suscitó° incluso un movimiento cultural, el *ciberpunk,* derivado
de la novela *Neuromante,* del norteamericano William
Gibson, toda una biblia para los maniáticos° del ordenador.

La arquitectura, la medicina y las compañías de automoción°
ya cuentan con varios simuladores para rodar a sus profesionales,

20 cirujanos o pilotos, antes de abordar° los problemas derivados de su
oficio. Los equipos son algo más complejos: un sicodélico casco,°
dotado° con gafas de cristal líquido, y un guante de datos,° que
permiten al usuario experimentar sensaciones nuevas casi reales:
pilotar un avión gracias a un simulador o desactivar las barras° de

25 una central nuclear. Prodigios a caballo entre° la pedagogía y el
ocio.°

Las infinitas posibilidades de un entorno interactivo disparan la
imaginación y permiten que se hable de realidad virtual como tercer
hito° en la comunicación humana, tras la imprenta y la fotografía.

	mayor
	Hall
	office
	dive
	model
	accesible
	stirred up
	fanatics
	de... automotive
	antes... before taking in
	helmet
	equipped / **guante...** data glove
	fuel rods
	a... bridging
	leisure
	landmark

Realidad virtual: ¿El futuro, hoy?

Sin embargo, se confirma una tendencia al pragmatismo. El ocio y la ciencia-ficción son importantes, pero las aplicaciones son más inminentes.

Hoy por hoy,° la realidad virtual puede ser beneficiosa en apli-
5 caciones terapéuticas. En la última feria de la imagen, celebrada en Montecarlo (Mónaco) Dave Warner, científico de la Universidad de Loma Linda, en California, presentó un vídeo con un programa diseñado por él, para mejorar las capacidades de los minusválidos.° Gracias a ese programa, una niña tetrapléjica de tres años podía
10 comunicarse y utilizar videojuegos con una serie de sensores, suce-dáneos° del casco, alrededor de la boca, la única parte de su cuerpo que puede mover. En el parque tecnológico de Cancún (México), el visitante puede utilizar el *vibrasonic,* una especie de simulador de frecuencias de delfines° que resultan beneficiosas también para las
15 carencias° de los niños discapacitados.° A través del casco, se perci-ben delfines virtuales, que imitan esa frecuencia de los de carne y hueso, beneficioso, por ejemplo, para los autistas.

La compañía japonesa Fujitsu mantiene en funcionamiento una red° que permite el acceso a 10.000 usuarios simplemente
20 para evadirse.° Un directivo de la compañía demostró cómo era posible ingresar en el videojuego desde cualquier parte del mundo: basta con aprovechar° las autopistas de redes que utilizan la fibra

Hoy... Nowadays

handicapped

substitutes

dolphins
deficiencies / handicapped

network
escape (reality)

utilize

óptica para transmitir datos. Si el escenario es una película de vaqueros, por ejemplo, un usuario puede adentrarse° en ese pueblo del Oeste virtual y entablar° un duelo a pistola, o una conversación, con otro vaquero que aparece al otro lado de la calle.

penetrate
engage in

5   En Acciona, el museo de la ciencia de Madrid, se ha apostado° fuerte por la realidad virtual al adquirir un caro y potente ordenador para aplicaciones que trascienden la imaginación, en el cual la inmersión en el ciberespacio es total. Se puede aplicar tanto a entornos virtuales como a la digitalización de planos o construir un
10 edificio en 3D. La visión panorámica tridimensional permite dar realismo al programa: un simulador de avión sobrevolará° paisajes casi reales. En otro programa, el usuario, dentro de una cúpula de 12 x 9 metros, maneja el casco para proyectar en la pared convexa imágenes en tres dimensiones que escapan a la tradición. Se pue-
15 den proyectar formas euclidianas, como el agujero° negro o la generación de materia tras el *big bang*.

se... one has bet

will fly over

hole

Nada ni nadie escapa al magnetismo del invento: genios del cine, como George Lucas o Stanley Kubrick (director de *IA, Inteligencia Artificial*), han sucumbido° a proyectos virtuales, y Steven
20 Spielberg ya se plantea° utilizar decorados y visionados de realidad virtual. Se guían por las cifras: la industria del videojuego movió el año pasado el doble de dinero que la cinematográfica, sólo en Estados Unidos.

yielded
ya... is already considering

JAVIER OLIVARES
Cambio 16 (Madrid)
Adaptación

Comprensión

Conteste brevemente, según la lectura:

1. ¿Qué clase de edificio inauguró el alcalde de Barcelona?
2. ¿Qué artefacto empleó para inaugurarlo?
3. ¿Qué recurso tecnológico le permitió hacerlo?
4. ¿Qué movimiento cultural ha suscitado la realidad virtual?
5. ¿Para qué sirven los simuladores?
6. ¿Qué aplicaciones terapéuticas tiene la realidad virtual?
7. ¿Cómo se conectan las personas a la realidad virtual?
8. ¿Qué producto ofrece la compañía Fujitsu?
9. ¿Por qué les interesa la realidad virtual a los directores de cine?
10. Respecto a las ganancias, ¿cómo se comparan los videojuegos al cine?

Práctica

Usando las palabras y expresiones siguientes, describa una situación interesante, difícil o dramática en la que usted se haya visto involucrado.

limitarse a   comunicarse con
introducirse en   adentrarse en
contar con   guiarse por

Ampliación

1. ¿Qué aspectos positivos o negativos tiene el uso de la tecnología para fines de escape?
2. ¿Qué actividades comunes hoy día pueden considerarse de escape? ¿Qué piensa usted de ellas?
3. ¿Qué aspectos positivos o negativos ve usted en la realidad virtual? Justifique su respuesta.
4. ¿Cómo se podría emplear la realidad virtual en la publicidad? ¿Qué piensa usted al respecto?
5. ¿Y cómo se podría utilizarla en el aprendizaje de idiomas?
6. ¿Cree usted que se debería limitar o reglamentar el acceso a la realidad virtual? ¿Por que sí o por qué no?
7. A su parecer, ¿cómo podría la realidad virtual contribuir a mejorar nuestra calidad de vida?
8. Si usted pudiera trasladar un libro a un programa de realidad virtual, ¿qué libro elegiría?

¿Estaremos marchando hacia un estado policial?

¿Cámaras de TV en las calles?

Para adelantarse a las posibles críticas de que impulsa° un estado policial orwelliano,° el Ministerio de Interior° esgrime° de entrada una sentencia del Tribunal Supremo, la cual avala° la legitimidad del uso del vídeo y los circuitos cerrados
5 de televisión para «labores de vigilancia u observación de lugares o personas que pudieran estar relacionadas con el hecho que es objeto de la investigación». La diferencia es que ahora se filma no sólo a personas sospechosas, sino a todo viandante° que pase bajo el objetivo de la cámara.
10   Las imágenes no sólo son observadas en vivo° por un equipo de agentes en un centro de control sino grabadas en cinta. Quedan por articular° las garantías del buen uso y el respeto a la privacidad de los ciudadanos.
    La medida no es absolutamente nueva. Cuarteles,° comisarías,°
15 bancos y otras entidades públicas y privadas disponen desde hace años de cámaras de vídeo que no sólo graban a quienes visitan el centro, sino a las personas que transitan° por sus cercanías.° Precisamente, hace dos años una cinta de vídeo grabada por la cámara de un banco de Barcelona sirvió para identificar a dos terroristas
20 cuando caminaban por la calle, poco antes de cometer un atentado.°
    Según los primeros estudios de un plan piloto, en un barrio con alta tasa° de delitos al año se implantarían cerca de 250 cámaras, es decir, ocho por cada calle. El largo ojo de la ley trasladaría, a
25 través de la red telefónica, imágenes en directo de todos los ciudadanos que pasasen bajo su campo de acción hasta un centro de control, donde estarían los policías.
    Con ese sistema, se pretende° ganar en efectividad en la respuesta policial y en el esclarecimiento de crímenes. Durante la
30 mañana, el centro de control dispondría de tres patrullas de

propounds
(*ver **Notas culturales***) / (*ver **Notas culturales***)
brandishes
supports

passerby

en... live

por... to be defined

Barracks / police precincts

go by / vicinity

violent crime

rate

se... one intends

Seguridad bancaria: Dondequiera que estés, te vemos...

motoristas° que se desplazarían° velozmente al área donde una	motorcyclists / **se...** would
cámara estuviera captando un suceso.° Por la noche, darían este	move
servicio dos coches patrulla.	incident
Responsables del proyecto, que aseguran que no está cuantifi-	
5 cado el coste total, admiten que «el normal desarrollo de la activi-	
dad ciudadana dificultará la vigilancia permanente en detalle y en	
tiempo real de la posible comisión de hechos delictivos». Sin	
embargo, Interior considera que se obtendría «mayor eficacia de la	
visión *a posteriori*° de las cintas grabadas, a efectos de° identificación	**a...** subsequent / **a...** for the
10 de los delincuentes». Otra ventaja del sistema, según fuentes de	purpose of
Interior, es que la propia existencia de cámaras podría constituir	
una medida disuasoria.°	dissuasive
Sin embargo, según impulsores° del proyecto, esta experiencia	proponents
piloto no puede en principio considerarse extensible a toda la ciu-	
15 dad, dado el elevado número de recursos humanos y técnicos que	
sería preciso disponer. Un centro de control tendría una plantilla°	staff
de 33 agentes por cada turno, hasta cubrir las 24 horas del día, es	
decir, 165 funcionarios,° a los cuales habría que sumar los 16 agen-	employees
tes que realizarían labores de patrulla. En total, trabajarían 181	
20 personas en la supervisión de un área concreta. Ahora patrullan el	

barrio en cuestión unos 26 policías durante todo el día. Esto evidencia que el ahorro° en personal no es la mayor virtud del nuevo sistema de vigilancia.

savings

Interior considera la idea no sólo de centrarse° en barrios singularmente conflictivos, sino en calles especialmente castigadas° por la delincuencia. Se plantea° como objetivo prioritario implantar tal sistema en las grandes capitales que acumulan el mayor porcentaje de delincuencia, entre las que están Madrid, Barcelona, Valencia o Sevilla, con cuyos alcaldes se pretende discutir el sistema.

focus
affected
Se... One considers

FRANCISCO MERCADO
El País (Madrid)
Adaptación

Notas culturales

Estado policial orwelliano   Referencia al sistema totalitario descrito en la novela 1984 (publicada en 1949), del novelista inglés George Orwell (seudónimo de Eric Arthur Blair, 1903–1950), autor de Animal Farm (1945), una sátira al sistema comunista y *Homage to Catalonia*, sobre su participación en la Guerra Civil Española.

Ministerio de Interior   En España y otros países, el ministerio encargado de cuestiones de seguridad ciudadana y mantenimiento del orden público.

Comprensión

Conteste brevemente, según la lectura:

1. ¿Qué se propone hacer el Ministerio de Interior?
2. ¿Quiénes serán el objeto de esa actividad?
3. ¿Qué resultados tuvo hace algunos años esa actividad?
4. ¿En qué se basa Interior para proponer su proyecto?
5. ¿Qué garantías se dan a la privacidad ciudadana?
6. ¿Qué recursos técnicos requerirá el proyecto piloto?
7. ¿Y qué recursos humanos va a exigir?
8. Según los responsables, ¿qué obstáculos dificultan la vigilancia permanente?
9. ¿Qué objetivo prioritario tiene el Ministerio de Interior?

Práctica

Empareje los sinónimos:

___ 1. avalar
___ 2. transitar
___ 3. atentado
___ 4. elevado
___ 5. eficacia
___ 6. delincuente
___ 7. impulsar
___ 8. patrullar

a. crimen violento
b. alto
c. legitimar
d. pasar
e. criminal
f. estimular
g. vigilar
h. efectividad

B. Usando las palabras de la columna izquierda del ejercicio A, describa en un párrafo alguna actividad de protección a la seguridad ciudadana.

Ampliación

1. Explique en qué sitios se utiliza la vigilancia por circuito cerrado de televisión en este país.
2. ¿Cómo se siente usted al darse cuenta de que le están observando o grabando por televisión?
3. A su parecer, ¿qué debe tener prioridad: la privacidad de los ciudadanos o su seguridad?
4. ¿Qué ventajas y desventajas presenta el sistema de patrulleros a pie?
5. ¿Cuál sistema es preferible? ¿Por qué?
6. ¿Qué ventajas o desventajas puede tener el examen *a posteriori* de las cintas grabadas?
7. ¿Hay circunstancias que justifican las actividades de vigilancia por circuito cerrado? Explique su respuesta.
8. Comente la frase: «El normal desarrollo de la actividad ciudadana dificultará la vigilancia de la posible comisión de hechos delictivos».
9. ¿Qué normas consideraría usted necesarias para proteger la privacidad de los ciudadanos?

Los cyberpunks: *¿Vandalismo o contracultura?*

Los marginados de la tecnología

En contra de° presencia cada vez mayor de la computadora en las sociedades modernas, han surgido° dos corrientes. Una es la de aquellos que ven en dicha° máquina un peligro para la salud y la vida privada del individuo. Lo primero° como
5 consecuencia, supuestamente,° de trabajar frente a pantallas° que emiten rayos ionizantes y producen un fuerte campo magnético, o bien° por mantener el cuerpo mucho tiempo en una sola postura.

Lo segundo° se refiere al control al cual está expuesto el ciudadano, en virtud° de la información confidencial que sobre su per-
10 sona pueden acumular ciertas instituciones, afectando su intimidad° y quebrantando° las garantías individuales.

La otra corriente constituye un movimiento rebelde emprendido° por jóvenes cuya condición socioeconómica no les permite acceder° a las nuevas tecnologías. Se trata del° movimiento lla-
15 mado *cyberpunk*, originalmente una expresión artística futurista surgida en la ciudad de Nueva York, que empezó como manifestaciones aisladas° y degeneró en una fuerza clandestina de dimensiones mundiales. Pero en este caso, en vez de satanizar el uso de la informática,° se promueve un empleo destructivo de la misma.°
20 El aspecto de estos adolescentes en su mayoría es precisamente el de un *punk:* peinados estrafalarios,° mechones° o todo el cabello pintado de colores llamativos,° o de plano rapados,° lentes° característicos, vestimenta° negra y metal en ésta y hasta en el cuerpo. Su especialidad: penetrar en sistemas computacionales y robar
25 información tan valiosa como claves de acceso° secretas y números confidenciales de tarjetas de crédito, con el fin de obtener

En... Opposed to
han... have appeared
said
Lo... In the first place
supposedly / screens

o... or rather
Lo... In the second place
en... because of

privacy / shattering

undertaken
access / **Se...** It is

isolated

computer science / **de...** of it

outlandish / mop of hair
loud / close cropped / eye-
    glasses
clothing

claves... passwords

a cambio° la posibilidad de comprar todo lo que ofrece la sociedad
de consumo y ascender en la estructura social.

    Para ello disponen del conocimiento adquirido por cuenta pro-
pia y una tecnología mínima (un ordenador barato), pero sobre
5 todo de la inteligencia, la audacia y la experiencia que da la vida en
las calles, llegando a saber° más de computadora y telecomunicaciones que los doctores en la materia.°

    Sin embargo, la motivación para actuar así no sólo radica° en
las ambiciones económicas y de estatus, sino también en el odio
10 hacia los dueños de la tecnología, a quienes los *cyberpunks* pretenden demostrar su superioridad, engañándolos y humillándolos al
ganarles° en su mismo terreno. Su meta° es cambiar el orden esta-
blecido. De ahí que° los observadores del fenómeno adviertan° que
ya rebasa° lo meramente judicial, para convertirse en un problema
15 político y social, en la medida en que° la corriente *cyberpunk* puede
representar un poder informal frente al poder institucionalizado.

LUIS FELIPE BRICE
Mundo (México)
Adaptación

a... in exchange

llegando... getting to know
subject matter
is based on

al... by defeating them / goal
De... For that reason / warn
surpasses
en... inasmuch as

Comprensión

Conteste brevemente, según la lectura:

1. Respecto a la computadora en la vida moderna, ¿cuáles son las dos corrientes de ideas que existen actualmente?
2. ¿Por qué sería peligroso trabajar frente a la pantalla?
3. ¿A qué peligros estaría expuesta la intimidad de las personas?
4. ¿En qué consiste el movimiento *cyberpunk?*
5. ¿Qué características tienen sus miembros?
6. ¿Cómo actúan? ¿De qué medios disponen?
7. ¿Cuál es su motivación?
8. ¿Por qué podrían representar un problema político?

Práctica

A. Empareje los sinónimos:

___ 1. surgir   a. transformarse
___ 2. en virtud de   b. hacer
___ 3. quebrantar   c. raro
___ 4. emprender   d. aparecer
___ 5. acceder   e. basarse
___ 6. estrafalario   f. llegar a
___ 7. radicarse   g. romper
___ 8. convertirse   h. a causa de

B. Usando las palabras y expresiones de la columna izquierda del ejercicio A, escriba un párrafo sobre la cuestión de los *cyberpunks* o algún otro tema que tenga que ver con el impacto de la tecnología en su vida diaria.

Ampliación

1. Describa cinco aplicaciones *activas* (es decir, en las que usted interviene directamente) de las computadoras en su vida diaria.

2. Describa ahora cinco aplicaciones *pasivas* de los ordenadores, o sea, en las que usted no interviene personalmente.

3. ¿Cómo se realizaban esas actividades cuando no existían computadoras?

4. Explique por qué es importante aprender a trabajar con los ordenadores.

5. Si es importante, entonces ¿ese aprendizaje debe considerarse un privilegio o un derecho?

6. ¿Qué piensa usted de las actividades de los *cyberpunks?*

7. Háblenos de las personas que actúan como los *cyberpunks* en otros terrenos de la vida diaria. ¿Cómo reacciona usted a esas personas?

8. Respecto a los grupos marginados, como los *cyberpunks* y otros, ¿debe la sociedad tratar de integrarlos o aislarlos aún más? Explique su punto de vista.

9. ¿Debe el individuo tener derecho a elegir la marginación como forma de vida? Justifique su parecer.

Teatro de bolsillo

Una entrevista televisiva: ¿Seguridad o privacidad?

PERSONAJES

Entrevistador(a)
Representante(s) del Ministerio de Interior
Representante(s) de la compañía que vende el equipo de televisión y vídeo
Representante(s) de una asociación de derechos ciudadanos
Los miembros de la asistencia

El / La entrevistador(a) hace preguntas sobre el tema del programa: «¿Es aceptable el uso de circuitos cerrados de televisión y grabación en vídeo como recursos para prevenir delitos?» Se presentan diversas opiniones y los argumentos correspondientes. Al final, el / la entrevistador(a) hace un resumen de los puntos de vista presentados e invita a los miembros de la asistencia a hacerles preguntas a los entrevistados.

EXPRESIONES ÚTILES

benéfico / maléfico
moral / inmoral
garantías / derechos civiles / privacidad
crimen / delito
culpable / inocente
prevenir / vigilar / patrullar
participación de la comunidad

Temas para comentario oral o escrito

1. El espionaje electrónico estimula (impide) la libre circulación de ideas y por lo tanto debe ser aceptado como una actividad normal.

2. La proliferación de los ordenadores personales tiene ventajas para toda la sociedad (contribuye a la marginación de ciertos grupos sociales).

3. La utilización de *software* pirata es un delito que debe ser castigado (se debe aceptar bajo ciertas circunstancias / es la única manera que tiene mucha gente para acceder a la tecnología y por lo tanto debe ser tolerada).

4. La utilización de la realidad virtual como forma de escape contribuye a la felicidad humana (a la alienación de las personas).

Proyectos

1. Prepare una charla sobre el efecto de uno de estos artefactos en nuestra sociedad:
   a. el aparato de vídeo
   b. la máquina fotográfica
   c. la cámara de filmar (o de vídeo)
   d. la copiadora fotostática
   e. el aparato de facsímile electrónico (*fax*)
   f. el ordenador personal

2. Prepare una charla sobre la influencia de la tecnología en su vida diaria.

3. Prepare una presentación sobre uno de estos temas:
   a. la importancia de la formación humanística para los científicos.
   b. la importancia de la formación científica para los humanistas.

UNIDAD 8

Sucesos

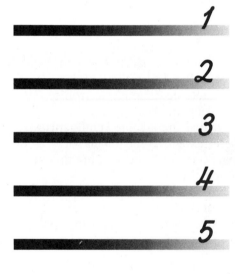

1

¿Una vida por un bolso?°   handbag

Mata de un tiro° a un ladrón   shot

L os hechos que dan pie a° estas líneas tuvieron su comienzo al filo de° la una y media de la madrugada° del viernes al sábado. Según precisaron ayer fuentes° de la policía de Madrid, el suceso° se produjo° a la mencionada hora en el
5 momento en que el señor R. Cardozo[1] caminaba en unión de° su esposa por la calle de O'Donnell.

   Y fue precisamente a esa hora cuando de una forma completamente imprevista,° pues debido en parte a lo avanzado de la hora por un lado, y a la baja temperatura reinante° por otro, apenas
10 había transeúntes° por la zona, cuando, de una manera totalmente inesperada,° un hombre se acercó° al tranquilo matrimonio y, violentamente, arrebató° el bolso de mano que portaba° la mujer. Acto seguido, y con la prenda° sustraída° en su poder, emprendió una veloz carrera, como si se tratase de alma° que lleva el diablo,
15 por la calle más próxima a donde había sido cometido el robo.

   Pero pese a la celeridad° y la brutalidad con que había sido perpetrada la acción del tironero,° el señor Cardozo, que tiene sesenta y siete años, tras° sobreponerse° del formidable susto° que aquel individuo les había proporcionado,° reaccionó y salió tras el
20 ladrón, a la vez que° sacaba de entre su ropa una pistola y realizaba con la misma tres disparos.° Instantes más tarde la persecución acababa, por cuanto° uno de los tiros había alcanzado° la cabeza del hombre perseguido, que cayó al suelo.

   Según han precisado° las fuentes informantes, al lugar acudió°
25 de inmediato un coche de la policía, cuya dotación° comenzó a recabar° información sobre lo allí acontecido. A esta misma dotación fue a la que el señor Cardozo entregó el arma utilizada. Se trataba° de un revólver del calibre 38 marca Smith & Wesson, para el

dan... give cause for
al... about / dawn
sources
event / took place
en... together with
unforeseen
prevailing
passers-by
unexpected / **se...**
approached
grabbed / carried
object / stolen
soul
speed
purse grabber
after / recovering / fright
given
a... at the same time that
shots
por... because / reached
specified / arrived
crew
collect
Se... It was

---

[1]Apellido ficticio.

que disponía de° la preceptiva° licencia.° Los agentes observaron que en el lugar de los hechos había tres cartuchos° percutidos.°

El señor Cardozo, quien se dedica a los negocios de construcción, explicó el mismo lugar de los hechos a los policiales que, tras haberse producido el tirón,° él mismo salió corriendo en persecución del autor del robo y gritó para que se detuviera,° realizando, con la misma finalidad, tres disparos al aire. Sin embargo,° desgraciadamente, uno de los proyectiles alcanzaría al hombre perseguido, en la cabeza. El señor Cardozo afirmó además que el primero de los cartuchos era de fogueo.°

La dotación policial comprobaría, con posterioridad,° que otro de los proyectiles había impactado° en un letrero luminoso° de una farmacia. Y también se lograría determinar que el señor Cardozo tenía la pertinente° licencia para el arma empleada.

Paralelamente a todas estas lógicas averiguaciones por parte de los policiales, el herido° ya había sido recogido° y trasladado con toda urgencia hasta el hospital más cercano al lugar del incidente, donde los facultativos,° pese a sus cuidados, poco pudieron hacer ya por salvar su vida.

S. S.
ABC Internacional (Madrid)
Adaptación

Right column glosses:

disponía... had / mandatory / permit
shells / spent

purse grabbing
gritó... shouted at him to stop
Sin... Nevertheless

blank
con... later
hit / **letrero...** neon sign

appropriate

wounded man / picked up

physicians

Comprensión

Conteste brevemente, según la lectura:

1. ¿Quiénes estuvieron involucrados en este suceso?
2. ¿Cuáles fueron los hechos principales?
3. ¿A qué hora del día ocurrió?
4. ¿En dónde tuvo lugar este suceso?
5. ¿Qué clase de arma se usó?
6. ¿Qué encontró la policía en el local?
7. ¿Qué documentación tenía el dueño del arma?
8. ¿Qué hizo él cuando acudió la policía?
9. ¿A qué se dedica aquel señor?
10. ¿Qué le pasó al delincuente?

Práctica

A. Empareje los sinónimos:

___ 1. producirse   a. parar
___ 2. dar pie a   b. especificar
___ 3. disponer de   c. a pesar de
___ 4. detenerse   d. suceder
___ 5. precisar   e. porque
___ 6. pese a   f. ser causa de
___ 7. acudir   g. venir
___ 8. por cuanto   h. tener

B. Usando las palabras y expresiones de la columna izquierda del ejercicio A, escriba un párrafo describiendo un suceso callejero (*a street incident*).

Ampliación

1. ¿Podría tener lugar un suceso como éste en donde vive usted? Explique su respuesta.
2. ¿Tiene usted conocimiento de algún suceso semejante? Hable de ello.
3. ¿Qué piensa usted de la reacción del señor Cardozo?
4. ¿Cómo analiza usted la descripción de los hechos presentada por el señor Cardozo?
5. ¿Por qué razón tendría el arma un cartucho de fogueo?
6. ¿Se justifica que un ciudadano tenga licencia para andar armado? Explique su punto de vista.
7. ¿Quién tiene la culpa de la muerte del tironero? ¿Por qué?
8. ¿Qué piensa usted de esta muerte? ¿Lamentable? ¿Justificable? ¿Criminal? Explique su parecer.
9. ¿Encuentra usted contradicciones en el artículo?
10. ¿Sería usted capaz de encontrar redundancias en esta lectura y reescribirla más sucintamente?

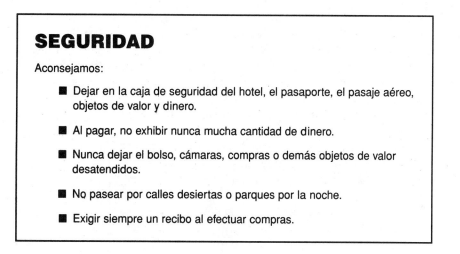

SEGURIDAD

Aconsejamos:

- Dejar en la caja de seguridad del hotel, el pasaporte, el pasaje aéreo, objetos de valor y dinero.

- Al pagar, no exhibir nunca mucha cantidad de dinero.

- Nunca dejar el bolso, cámaras, compras o demás objetos de valor desatendidos.

- No pasear por calles desiertas o parques por la noche.

- Exigir siempre un recibo al efectuar compras.

2

Durante la visita real a Barcelona, unos nacionalistas catalanes sustraen la bandera española del palacio del gobierno de Cataluña.

El robo de la bandera

Con el robo de la bandera española que ondeaba° en el Palau de la Generalitat° finalizó una de las *operaciones de comando*° más espectaculares de la *Crida a la Solidaritat.*° El hecho ha reavivado la polémica sobre las condiciones de seguridad del Palau y sobre la eficacia profesional de los *mossos d'esquadra;*° que lo vigi-
5 lan.° La devolución de la bandera, también polémica por la pasividad que mostraron de nuevo los *mossos,* se produjo anteayer.

Hace aproximadamente un mes, un reducido grupo de miembros de la Crida empezó a estudiar una serie de actuaciones en
10 respuesta a la anunciada presencia del Rey Juan Carlos en el acto conmemorativo que se iba a celebrar en el Palau. Allí se decidió el tipo de golpe de mano.°

El pasado martes, empezó la acción contra la bandera española, para la cual se habían movilizado 27 activistas. Los *mossos*
15 que vigilaban la entrada del edificio no sospecharon° nada de cinco jóvenes, vestidos como pulcros° ejecutivos, que con unas invitaciones falsificadas entraron con paso decidido en el Palau para asistir a una recepción. Formaban dos parejas, y el último iba solo. Dos de ellos estaban perfectamente familiarizados con los
20 lugares que debían recorrer. El único inconveniente° que encontraron fue la presencia de un grupo de personas que preparaba el refrigerio° para los 700 invitados. Los cocineros estaban realizando su pacífica tarea junto a las escaleras que los activistas debían subir para llegar hasta la azotea° del edificio.
25 Los cinco miembros de la *Crida* tuvieron que subir al *Pati dels Taronjers*° y pasaron por delante del salón de *Sant Jordi.*° Algunos se sentían poco cómodos con sus disfraces° de gala° y las corbatas, especialmente el que llevaba enrollados al cuerpo 35 metros de cuerda de escalar° de 5 milímetros de diámetro, para poder hacer

waved
(*ver **Notas culturales***) / commando
(*ver **Notas culturales***)
(*ver **Notas culturales***)
guard

golpe... surprise attack

suspected
tidy

obstacle

refreshments

flat roof

Pati... Patio de los Naranjos (*catalán*) / **San Jorge** (*catalán*)
disguises / **de...** formal
cuerda... climbing rope

un descenso de emergencia en caso de ser sorprendidos. Dos de ellos se quedaron al pie de la escalera, y los otros tres subieron hasta el final, hasta una vieja puerta cerrada que guarda la azotea. Temían que la cerradura,° poco utilizada, fuese difícil de forzar,
5 pero lo hicieron sin problemas con un destornillador.° Dos personas se quedaron junto a la puerta para vigilar, por si daba la casualidad° de que se acercara alguien. Se trataba de° cubrir la retirada del que llevara la bandera, porque era al que podrían acusar de ultraje.° Aquél era el que utilizaría la cuerda para un descenso de
10 emergencia en caso de que fuesen descubiertos.

A esa misma hora, las 12:40, dos chicas de la *Crida* en minifalda preguntaban a los guardias urbanos° del Ayuntamiento° por

lock
screwdriver

por... just in case / **Se...** It was a matter of
desecrating (*the flag*)

(*ver **Notas culturales***) / City Hall

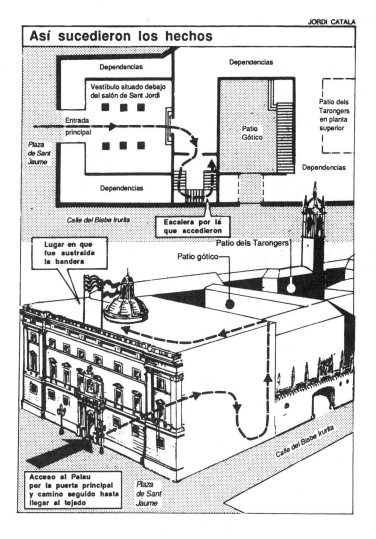

JORDI CATALA

Así sucedieron los hechos

Dependencias

Dependencias

Vestíbulo situado debajo del salón de Sant Jordi

Patio dels Tarongers en planta superior

Entrada principal

Plaza de Sant Jaume

Patio Gótico

Dependencias

Dependencias

Calle del Bisbe Irurita

Escalera por la que accedieron

Patio dels Tarongers

Lugar en que fue sustraída la bandera

Patio gótico

Calle del Bisbe Irurita

Acceso al Palau por la puerta principal y camino seguido hasta llegar al tejado

Plaza de Sant Jaume

una calle inexistente. Forzaron una conversación para mantenerlos distraídos, pues ellos eran los que podían ver por casualidad lo que sucedía° en la azotea de enfrente. La lluvia les dio la oportunidad de utilizar el paraguas como pantalla,° y los encasquetaron sobre las cabezas° de los urbanos.

   Quien tuvo problemas por la humedad ambiental fue quien arrió° la bandera, pero la lluvia era escasa y apenas le mojó.° Luego, el camino de vuelta se hizo llevando en el maletín marrón de ejecutivo que llevaba uno de ellos la bandera que faltaba en el mástil, y que los *mossos* sólo echaron en falta° después, por una llamada° de un periodista.

FRANCES BARATA
El Periódico de Catalunya (Barcelona)
Adaptación

was happening
screen
encasquetaron... stuck over
   the heads
lowered / dampened

echaron... missed
phone call

Notas culturales

Algunas palabras de la lectura se encuentran en catalán, la lengua cooficial (con el castellano) de la Comunidad Autónoma de Cataluña, cuya capital es Barcelona.

Generalitat de Catalunya (Generalidad de Cataluña)   Gobierno de Cataluña.

Palau de la Generalitat (Palacio de la Generalidad)   La sede de la Generalitat, situado en la Plaça de Sant Jaume (Plaza de San Jaime), donde también se encuentra el Ayuntamiento de Barcelona.

Crida a La Solidaritat (Llamada a la Solidaridad)   Organización nacionalista catalana.

Mossos d'Esquadra (Mozos de Escuadra)   Cuerpo de Policía Autonómica, dependiente de la Generalitat.

Guardia Urbana   Cuerpo de Policía Municipal, dependiente del Ayuntamiento.

Comprensión

Conteste brevemente, según la lectura:

1. ¿Dónde tuvo lugar aquel suceso?
2. ¿Qué actos iban a tener lugar en aquella ocasión?
3. ¿Quiénes entraron en el Palacio?
4. ¿Qué instrumentos utilizaron?
5. ¿Para qué llevaban una cuerda?
6. ¿Cuál era un objetivo?
7. ¿Cómo se logró ese objetivo?
8. ¿Qué hicieron dos chicas que estaban en la plaza?
9. ¿Qué se hizo con el objeto robado?
10. ¿Cómo concluyó el suceso?

Práctica

A. Empareje los sinónimos:

___ 1. descubrir   a. ataque de sorpresa
___ 2. arriar   b. ocurrir
___ 3. escalar   c. bajar
___ 4. quedarse   d. encontrar
___ 5. producirse   e. subir
___ 6. golpe de mano   f. permanecer

B. Complete el texto siguiente con la forma apropiada de las palabras o expresiones de la columna izquierda del ejercicio A:

_____ ayer una espectacular operación de comando, cuando varios activistas dieron un _____ contra la policía de la ciudad. Tres jóvenes _____ un largo rato cerca del Ayuntamiento, mientras otros tres _____ una pared lateral y llegaron hasta la azotea, de donde _____ la bandera nacional y se la llevaron. Hasta ahora los autores de los hechos no han sido _____.

Ampliación

1. ¿Qué opina usted de las acciones de aquellos jóvenes?
2. ¿Qué es una operación de comando?
3. ¿Por qué cree usted que se realizó aquella operación?
4. ¿Qué cree usted que pasaría si alguien hiciera algo semejante en este país?
5. A su parecer, ¿constituye este suceso un delito? Explique su parecer.
6. ¿Sabe usted de algún suceso semejante al de la lectura? Hable de ello.

3

Si es verdad que el crimen no compensa, la falta de atención aún menos.

Un préstamo° original

loan

J uan Antonio, de 28 años de edad, es un joven vecino de la localidad navarra° de […] que el jueves 27 dejó su carné° de identidad a los empleados de una sucursal° bancaria que acabababa de atracar° en el mismo pueblo, prometiéndoles que
5 devolvería el botín° —800.000 pesetas— esa misma tarde a la Guardia Civil,° promesa que no ha cumplido hasta el momento.

   El joven, con numerosos antecedentes penales,° entró en el banco para informarse sobre la petición° de un crédito. Fue atendido por el director y posteriormente se dirigió a un bar, donde
10 pidió lápiz y papel para escribir una nota. Más tarde entró de nuevo en la sucursal, al parecer° portando un arma, y dijo: «Mira, tengo una pistola, no quiero hacerle daño° a nadie, o sea° que haced el favor de darme el dinero que haya en los cajones.»

   Obtenido el botín, encerró a los empleados y a los clientes en
15 un cuarto de baño, ordenándoles que salieran tres minutos después, y huyó° montado en una bicicleta, propiedad de una clienta que acababa de entrar en la misma sucursal. Juan Antonio había estado horas antes en el Ayuntamiento° de la localidad apuntándose° para trabajar como peón° en las calles y pidió un adelanto°
20 de mil pesetas que le fue entregado. La Guardia Civil de la localidad sigue su búsqueda por los alrededores,° tras haber localizado la bicicleta abandonada en el casco viejo° del pueblo y constatar° que Juan Antonio no ha cumplido su promesa de devolución inmediata del *préstamo.*

El País (Madrid)

(*ver **Nota cultural***) / card
branch office
rob
booty
Spanish paramilitary police
antecedentes... police record
application

al... apparently
hacerle... harm / **o...** that is

got away (***huir***)

Town Hall
signing up / laborer / advance

outlying areas
casco... old area of town / verifying

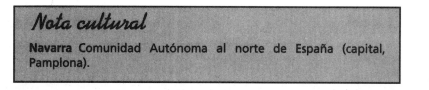
Comprensión

Conteste brevemente, según la lectura:

1. ¿Dónde tuvo lugar el suceso?
2. ¿Quién fue su protagonista?
3. ¿Dónde consiguió trabajo?
4. ¿Por qué fue al banco la primera vez?
5. ¿Qué promesa hizo?
6. ¿Qué error cometió?
7. ¿Cómo huyó del local?
8. ¿Por quién fue arrestado?

Práctica

A. Empareje los sinónimos:

___ 1. dirigirse   a. inscribirse
___ 2. tras   b. robar
___ 3. peón   c. ir
___ 4. atracar   d. trabajador
___ 5. apuntarse   e. después de

B. Usando las palabras de la columna izquierda del ejercicio A, describa un suceso semejante al del artículo.

Ampliación

1. ¿Le parece chistosa la noticia? ¿Por qué sí o por qué no?
2. ¿Por qué cree que aquel chico atracó el banco?
3. ¿Cómo se explica que haya cometido tantos errores?
4. Si usted tuviese que juzgar a aquel chico, ¿cual sería su actitud?
5. ¿Conoce usted a alguien que haya sido atracado? Cuente lo que le pasó a esa persona.
6. A su parecer, ¿cuál es la actitud del autor del artículo respecto al atracador?
7. ¿Tienen la misma importancia todos los atracos? Por ejemplo, ¿es lo mismo atracar un banco que a una persona?

4

Un espectacular escape puso en vilo°   **en...** up in the air
nuevamente la seguridad ciudadana.

Agárrame°
si puedes

Grab me

Simuló° ser una escena de un policial° de Hollywood. Pero
como en tantos otros casos la realidad fue más audaz° que la
ficción. Un grupo comando tomó por asalto una comisaría,°
liberó a siete detenidos, puso entre las rejas° a seis policías y final-
5 mente huyó en un Renault robado en una agencia de alquiler de
coches cercana.

     La historia comenzó en setiembre, cuando Jorge Martínez,
Julián Jiménez y Luis Alberto Torcuato[1] fueron detenidos en el
interior de un ómnibus de larga distancia que se dirigía al Para-
10 guay. Los delincuentes° intentaban asaltar el micro° amenazando a
los pasajeros con una granada de mano, pero fueron interceptados
por la policía en la ruta Panamericana.°

     Bajo el cargo° de «robo en grado de tentativa°» y «tenencia°
de arma de guerra», se los condujo° a una comisaría. Pero hace
15 poco más de quince días Martínez le arrojó° una taza de leche
caliente a un policía y por esto fue trasladado a una Seccional.° Allí
comenzó a extrañar° a sus amigos y decidió ir a buscarlos.°

     En la mañana del sábado 30 de octubre, aprovechando los
sonidos de la tormenta° que azotaba° la zona, Martínez y sus nue-
20 vos compañeros de celda° comenzaron un trabajo muy fino con un
alambre° de acero° que hizo ceder° los barrotes° de hierro que los
separaban de la libertad. Según un comisario,° «pasaron a otro sector y agujearon° el alambrado,° treparon° al techo del jardín de
infantes° lindante° y se escaparon».

25   Jorge Martínez y algunos de sus acompañantes necesitaron
sólo un día para planear el operativo comando° por el que rescata-
rían° a sus amigos de la comisaría. En la madrugada del lunes 1 de
noviembre, tomaron la comisaría y pusieron tras las rejas al

It looked like / thriller
bold
police station
bars
criminals / bus (*Argentina*)
(*ver* **Nota cultural**)
charge / **robo...** attempted robbery / possession
se... they were taken
threw
county jail
miss / fetch them
storm / whipped
cell
wire / steel / give in / bars
police officer
made a hole in / wire fence / climbed
jardín... kindergarten / next door
operativo... operational commando
would rescue

---

[1]Nombres y apellidos ficticios.

personal policial. Pero no sólo liberaron a Jiménez y Torcuato, sino que° otros cinco detenidos aprovecharon° la maniobra° para fugarse.°

Se llevaron armas y en una agencia de remises, a dos cuadras° de allí, robaron un automóvil y tomaron la Panamericana rumbo a° la libertad.

«Es un hecho muy grave —sentenció° una alta autoridad— pero este episodio tiene que ver con algo que tenemos que solucionar: no se puede tener a un cuarto de la población carcelaria° detenida en comisarías.» Los policías en tanto° se miran entre sí con incertidumbre° e impotencia. En sus mentes suenan como una honda° pesadilla,° el silencio de una celda vacía y el estruendo° de tres carcajadas° fugitivas.

5

10

no sólo... sino que not only...but also
took advantage of / maneuver
run away
street blocks
rumbo... in the direction of
stated
población... jail population
en... meanwhile
uncertainty
deep / nightmare / clamor
guffaws

GABRIEL MICHI
Noticias (Argentina)
Adaptación

Nota cultural

Ruta Panamericana La ruta, o carretera Panamericana, comenzada en 1936, se extiende desde el Sur de los Estados Unidos, pasando por Centroamérica y la costa de Suramérica, llegando hasta Chile.

Comprensión

Conteste brevemente, según la lectura:

1. ¿En dónde tuvo lugar el escape del que habla la lectura?
2. ¿Cómo se originó?
3. ¿Quiénes participaron activamente en el asalto al ómnibus?
4. ¿Por qué los mandaron a la comisaría?
5. ¿A dónde trasladaron luego a uno de los participantes?
6. Según un comisario, ¿qué hizo allí entonces?
7. ¿En qué consistió la operación de rescate?
8. ¿Cómo se fugaron?
9. ¿Qué comentario hizo una alta autoridad luego de la fuga?

Práctica

A. Empareje los sinónimos:

___ 1. simular   a. criminal
___ 2. micro   b. posesión
___ 3. delincuente   c. transportar
___ 4. trasladar   d. tempestad
___ 5. tenencia   e. autobús
___ 6. tormenta   f. aparentar
___ 7. trepar   g. escapar
___ 8. fugarse   h. subir

B. Complete el texto siguiente con la forma apropiada de las palabras de la columna izquierda del ejercicio A.

El _____ subió al _____ que iba por la ruta Panamericana. Quería _____ se a otra ciudad, _____ ser sólo un inocente pasajero más. Pero una mujer que lo había visto _____ por el muro de la estación de autobuses lo reconoció: él era el hombre que se _____ _____ de la prisión durante la _____ de la noche anterior. Entonces ella llamó a los policías, que lo arrestaron por _____ de un arma de fuego.

Ampliación

1. ¿Cómo explica usted la referencia a «un policial de Hollywood»?
2. ¿Qué piensa del método que usaron para fugarse?
3. ¿Y del método usado para asaltar el ómnibus?
4. ¿Podría pasar algo semejante en este país? Justifique su respuesta.
5. A su parecer, ¿se justifica que los delincuentes huyan de la prisión? Explique su punto de vista.
6. ¿Cómo interpreta usted el comentario de la autoridad en el final de la lectura?
7. Si usted fuera uno de los policías, ¿cómo cree que reaccionaría a la invasión de la comisaría?
8. ¿Qué le parece la descripción de la actitud de los policiales al final de la lectura?
9. ¿Cuál es el tono de la lectura? ¿Serio? ¿Irónico? Justifique su respuesta.
10. ¿Cómo se sentiría usted si viviera cerca de una comisaría en la que pasara algo así?

5

Pretendía visitar al Rey sin haber sido invitado.

Un parado° burla la seguridad del palacio

unemployed person

Giovanni Quattro,[1] natural de° la ciudad italiana de Cagliari (Cerdeña)° fue sorprendido por agentes del servicio de escolta° cuando merodeaba° a primeras horas de la madrugada de ayer por una zona próxima al helipuerto del palacio de la
5 Zarzuela,° tras haber rebasado° los tres cinturones de seguridad que protegen a la familia real.

Ni los guardias civiles° ni los policías habían detectado antes la presencia del intruso, hasta que sonó° la alarma de uno de los sensores electrónicos que se activan ante la presencia de un extraño,
10 según fuentes° de la Zarzuela, que informaron que don Juan Carlos y doña Sofía estaban descansando en ese momento.

El italiano, que iba descalzo° y con ropas sucias, fue detenido, tras ser localizado al cabo de un rato.° Después fue entregado en una comisaría,° desde donde se le trasladó° para someterle° a un
15 examen psiquiátrico.

Los médicos de este departamento extendieron° un informe en el que aseguran que Quattro no padece° ningún trastorno° mental y que únicamente sufre «problemas de tipo social», presuntamente° ocasionados por no disponer de° trabajo.
20 La policía madrileña también ha sido alertada para que investigue al italiano. Las pesquisas° permiten asegurar que éste no tiene ninguna conexión con grupos terroristas y que se trata de un desequilibrado,° según las fuentes informantes. Estas no han precisado° desde cuándo se hallaba en España ni los motivos por los que
25 estaba en nuestro país. Las investigaciones, sin embargo, han permitido conocer que Quattro logró entrar en el recinto° del palacio a la tercera ocasión. Antes lo había intentado los pasados días 2 y 3,

natural... born in Sardinia
escort / loitered

(ver *Nota cultural*) / haber... having gone beyond
guardias... paramilitary police (*Spain*)
rang

sources

barefoot
al... after a while
police precinct / se... he was removed / to submit him
issued
suffers / disturbance

supposedly / por... for not having
investigations

mentally unbalanced person
specified

enclosure

---

[1]Nombre y apellido ficticios.

El Palacio de la Zarzuela, residencia de la familia Real de España.

pero no lo consiguió por haber sido descubierto por los servicios
de seguridad.

No es la primera vez que ocurre° un incidente de este tipo. El
último conocido data del mes de mayo del año pasado, cuando
5 Alvaro Gómez,[1] un madrileño en paro consiguió colarse° en la Zarzuela en dos ocasiones y en una de ellas llegar hasta casi las puertas
de la residencia real.

«Quiero hablar con el Rey porque es el único que puede resolver mis problemas», explicó Gómez, que estaba siendo tratado por
10 padecer depresiones.

El incidente más grave ocurrido en el palacio fue la muerte de
Manuel R., un hombre con antecedentes delictivos,° que cayó abatido por disparos° de la Guardia Civil cuando saltaba la verja° de
protección que rodea° la residencia del jefe del Estado. El hombre
15 portaba° una pistola Star, del calibre 9, procedente de un atraco° a
un banco de Valencia.

Un comisario de policía ha restado importancia a la acción pro-
tagonizada por Quattro, calificándola de «obra de un demente°»,
aunque reconoce que evidencia un fallo° en la seguridad del
20 entorno° del Rey, lo que «resulta preocupante». La misma fuente
agregó que la misma preocupación hay por la violación del espacio
aéreo de la Zarzuela que en ocasiones se produce por parte de avio-
netas° que no llegan a ser identificadas.

JESÚS DUva
El País (Madrid)

takes place

infiltrate

antecedentes... criminal
  record
abatido... shot down / fence
surrounds
was carrying
robbery

insane person
failure
surroundings

small planes

---

[1]Nombre y apellido ficticios.

Comprensión

Conteste brevemente, según la lectura:

1. ¿Quiénes sorprendieron a Giovanni?
2. ¿Cómo se dieron cuenta de su presencia?
3. ¿Dónde estaba y qué hacía allí?
4. ¿A dónde lo llevaron? ¿Con qué objetivo?
5. ¿Cómo explicaron los médicos sus acciones?
6. ¿Cuál es el problema de Giovanni, según los médicos?
7. ¿Y según la policía?
8. ¿Qué otros incidentes semejantes han tenido lugar?
9. ¿Qué reconoce el comisario acerca de la seguridad del palacio?
10. ¿Qué significa «violación del espacio aéreo»?

Práctica

Usando las palabras y expresiones siguientes, escriba una carta a un(a) amigo(a), contándole un suceso parecido al que cuenta la lectura.

sorprender	abatir
merodear	verja de protección
detener	portar (un arma)
seguridad	invadir

Ampliación

1. ¿Podría pasar en este país un suceso como el de la lectura? ¿Por qué sí o por qué no?
2. A su parecer, ¿debería cualquier persona tener acceso al jefe de estado? Justifique su respuesta.
3. Si usted le hiciera una visita al jefe de estado de este país, ¿qué le gustaría decirle?
4. ¿Cuál es la residencia del jefe de estado de este país? ¿Qué hay que hacer si se desea visitarla?
5. ¿Cómo explica usted la diferencia de opinión entre los médicos y la policía, respecto a la salud mental de Giovanni Quattro?
6. ¿Por qué causa preocupación la violación del espacio aéreo de la residencia del jefe de estado? ¿Qué puede pasar?
7. A su parecer, ¿se justifica el que la policía mate a alguien que invada la residencia de un jefe de estado? Explique su punto de vista.
8. ¿Cómo reaccionaría usted si una persona armada de pistola invadiera su residencia?

 *Teatro de bolsillo*

Policías vs. ladrones

PERSONAJES

Un(a) asaltante
Un(a) agente de policía
La víctima del asalto
El juez / La jueza

El policía conduce a la presencia del juez a la víctima y al asaltante. Sin embargo, la víctima defiende al asaltante y critica al policía.

EXPRESIONES ÚTILES

señor juez / señora jueza
(Su) Señoría (= *Your Honor*)
víctima de la sociedad
asaltar
defender
arrestar
no hay derecho (= it's not fair)
ir a la cárcel
pagar una multa
brutalidad
delito
armado
indefenso
derechos civiles

 *Temas para comentario oral o escrito*

1. El efecto de las noticias de crímenes en los lectores de los periódicos o revistas.
2. ¿Se justifica la violencia en caso de legítima defensa?
3. ¿Hay circunstancias en las que, para defender la seguridad nacional, debe el gobierno tener la prerrogativa de limitar los derechos civiles de los ciudadanos?

4. Hay (No hay) / Debería (No debería) haber censura a las manifestaciones intelectuales y artísticas en este país.
5. ¿Constituyen un delito los castigos corporales proporcionados por la policía?
6. ¿Se justifican los castigos corporales? ¿Y la pena de muerte?

 *Proyectos*

1. Recoja noticias policíacas en algún diario y prepare un breve informe, analizando su contenido.
2. Cada alumno escribirá una noticia sobre algún suceso (social, deportivo, policíaco, etc.) interesante. Luego se organizarán las noticias a la manera de un pequeño periódico que se repartirá a la clase.
3. Discútanse algunos ejemplos recientes de crímenes y juicios que hayan sido comentados en los periódicos.
4. Compárese el estilo narrativo de los sucesos de estas lecturas con el estilo empleado en los diarios de este país.

Mosaico tradicional

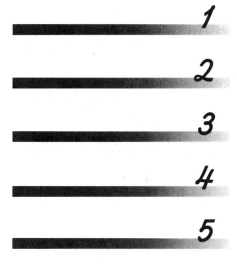

1

La visita anual a los muertos: una tradición que persiste en el mundo hispánico.

Día de muertos°

Día... All Souls' Day

Globos,° flores, colores, vendedores ofreciendo sus mercancías, grupos de mujeres conversando, gritos, algarabía,° un ambiente de fiesta, que celebra el dolor, y en un panteón,° un cortejo° de niños que acompañan un angelito° hasta su
5 última morada.

Así transcurrió otro día de «los muertos», un dos de noviembre más, en que la gente acudió a los cementerios, efectuando una romería que duró dos días, y que terminó ayer por la noche.

«El muerto al pozo y el vivo al gozo»,[1] reza° un dicho popular,
10 que tal vez en el Día de muertos tenga su mejor aplicación, porque dos sentimientos contrarios se reúnen en el mismo sitio; por un lado, los dolientes° que lloran a sus seres queridos que se han ido, y por el otro, los comerciantes que venden, las gentes que comen tacos de carne asada y los que parecen gozar mientras decoran las
15 tumbas con flores multicolores.

«¿Quiúbole,° qué andas haciendo?», grita un hombre a su amigo, quien contesta, «Aquí nomás,° visitando a los que se nos adelantaron.°»

Mujeres, hombres, niños y jóvenes, con grandes manojos° de
20 flores amarillas; grandes y pequeños monumentos recién lavados con sus floreros de mármol y granito repletos de gladiolos y margaritas;° dos grandes camiones, cargados de cobijas° y dos hombres que se desgañitan de tanto gritar:°

—¡Esta vale cuatrocientos pesos, pero le ponemos ésta más y
25 otra, y la floreada, y también la más bonita, aproveche, todo el montón, por trescientos cincuenta!

balloons
hubbub

mausoleum / procession / dead child

says

mourners

How goes it? (*coll.*)
Aquí... Just fine (*coll.*)
se... came before us
bunches

daisies / blankets
se... are screaming themselves hoarse

---

[1] Let the dead be buried and the living enjoy life.

Aspecto del Día de Muertos en un cementerio de Mixquic, cerca de la Ciudad de México.

Cuatro muchachas descansan después de arreglar el monumento de su familiar desaparecido y platican° amigablemente mientras consumen pedacitos de chicharrón° con chile y sodas.

Por todas partes los vendedores ambulantes se pelean por los 5 clientes:

—¡Por acá están sus hot dogs! ¡Manzanitas enmieladas!° ¡Algodones° pa'° los niños!

Pero no obstante que el ambiente es de fiesta, aún se observan las mujeres vestidas de negro, sus cabezas cubiertas con chales, que 10 apenas dejan ver los rostros llorosos y acongojados.° Los rezos° por los fieles difuntos y la salvación de sus almas, se elevan hacia las alturas, sin tomar en cuenta el persistente ruido que circunda los camposantos.°

chat
crackling

¡Manzanitas... Candied apples!
Cotton candy / **pa'** = para (*coll.*)

distressed / prayers

cemeteries

TERESA MARGARITA NIETO
El Sonorense (Hermosillo, México)
Adaptación

Calaveras y calaveritas: ofrendas del Día de Muertos.

Comprensión

Conteste brevemente, según la lectura:

1. ¿Cómo celebra la gente el Día de Muertos?
2. ¿Qué contrastes se notan en la conducta de la gente en el cementerio?
3. ¿Cómo cuidan las tumbas?
4. ¿Qué se vende en el cementerio?
5. ¿Por qué se reza en los cementerios?

Práctica

A. Empareje los sinónimos:

___ 1. camposanto   a. pasar
___ 2. acongojado   b. charlar
___ 3. transcurrir   c. oración
___ 4. platicar   d. triste
___ 5. rezo   e. cementerio

B. Usando las palabras de la columna izquierda del ejercicio A, escriba un párrafo sobre una celebración como la de que habla el artículo —por ejemplo, el *Memorial Day* (Estados Unidos) o el *Remembrance Day* (Canadá).

Ampliación

1. ¿Qué representa el Día de Muertos?
2. ¿Cómo se celebra en este país?
3. ¿Qué aspecto de la lectura le llamó más la atención? ¿Por qué?
4. ¿Qué quiere decir la expresión «el muerto al pozo y el vivo al gozo»?
5. ¿Qué piensa usted sobre el contraste de sentimientos y actitudes descritos en la lectura?

Fotógrafo puertorriqueño documenta la migración de su pueblo.

La imagen de un pueblo

Frank Espada, de 57 años de edad, ha estado documentando la vida de la comunidad puertorriqueña en los EE.UU. desde que tenía 19 años. El grupo de fotografías documentales más importantes que existe sobre la migración de los puerto-
5 rriqueños está en su hogar en Noe Valley, California.

«Una vez que esto te agarra,° no puedes parar», dice Espada, reflejando sobre una larga carrera como fotógrafo documental. Su dedicación a la fotografía persiste a pesar de que° ha trabajado casi continuamente como activista de la comunidad.
10 Pone sobre una mesa las fotos en blanco y negro que tratan de documentar las experiencias de los puertorriqueños a través de los Estados Unidos. Muchas fueron tomadas durante el período de 1979 hasta 1982, cuando Espada recibió una beca° del National Endowment for the Humanities. Viajó a 40 comunidades puerto-
15 rriqueñas para trabajar a tiempo completo en el Proyecto Diáspora —*Puerto Rican Diaspora Documentary Project*. En Hawai, habló con agricultores y trabajadores campesinos° que, por varias generaciones, han luchado contra los dueños° de plantaciones por el derecho de trabajar sus propias parcelas de tierra. En Lancaster, Pennsylva-
20 nia, documentó las condiciones peligrosas de trabajo que enfrentan los trabajadores puertorriqueños en la industria de los hongos.°

«Yo creía saber mucho acerca de la comunidad, pero he aprendido mucho desde entonces», dice Espada. «Nos hemos convertido en una subclase en este país. Nuestra tasa° de desempleo es del 17
25 por ciento. Tenemos el más alto nivel de estudiantes que abandonan la escuela, y el número más alto de adolescentes que se suicidan. Somos victimizados constantemente por la brutalidad policíaca. La mayor parte de nuestro pueblo está en esas condiciones.»

Espada añade que no se siente optimista sobre el futuro de su
30 comunidad. «Muchos de nuestros jóvenes tienen poca educación y

grabs

a... although

fellowship

trabajadores... field hands
owners

mushrooms

rate

Pareja puertorriqueña —una de las innumerables fotos de Frank Espada.

sus vidas no tienen dirección. Tenemos personas fuertes, que son sobrevivientes, pero son muy pocos.»

Sin embargo, admite que su pesimismo no se refleja en sus fotografías, donde los sujetos son personas que raramente aparen-
5 tan estar agobiados° o derrotados.° «A pesar de° todo, esta comunidad tiene una fortaleza° interna, y eso es lo que yo busco», dice Espada. «Yo intento darles a las personas la dignidad que merecen.° Estoy determinado a no sensacionalizar.»

Los fotógrafos que conocen su trabajo dicen que su punto
10 fuerte es que él reúne° un entendimiento íntimo de la comunidad puertorriqueña con una habilidad técnica altamente desarrollada.° Según Linda Wilson, una fotógrafa que vive en San Francisco, «Frank es un impresor maestro de fotografías en la verdadera tradición documental. El le da tanto respeto y cuidado al producto
15 final que proyecta ese respeto al sujeto. No se aprovecha del° dilema de una persona. Su trabajo siempre se encamina° a levantar los ánimos de las personas.»

> HÉCTOR TOBAR
> Traducción de Alfonso Teixidor
> *Tecolote* (San Francisco)
> Adaptación

overwhelmed / defeated /
  A… Despite
strength

deserve

brings together
developed

No… does not take advantage of
se… is directed toward

Puerto Rico   Con una extensión de unos 8860 km cuadrados y algo más de tres millones y medio de habitantes, la isla fue descubierta por Colón en 1493 y siguió como colonia española hasta 1898, cuando fue ocupada por los EE.UU., a raíz de la guerra entre este país y España.

Además de la población isleña, unos dos millones de puertorriqueños viven en los EE.UU., motivados en buena parte por consideraciones económicas y concentrándose principalmente en Nueva York, aunque se los encuentra por todo el país.

Los puertorriqueños adquirieron la nacionalidad norteamericana en 1917, y desde 1947 eligen a un gobernador, que tiene un mandato de cuatro años. Hay un Senado y una Cámara de Diputados, ambos elegidos también por cuatro años. En 1952, la Isla accedió al status singular de Estado Libre Asociado a los EE.UU. Además de los que favorecen esa situación, hay un movimiento pro-estatización, es decir, en favor de que Puerto Rico se convierta en un estado de los EE.UU., y también un movimiento independentista. Los idiomas oficiales de la isla son el español y el inglés.

Pese a la ciudadanía estadounidense, los puertorriqueños no pueden votar en las elecciones presidenciales, y son representados en el Congreso de los EE.UU. por un Comisario elegido directamente por cuatro años, que puede presentar proyectos de leyes pero no votar.

Las condiciones socioeconómicas negativas y la ambigüedad del status político de Puerto Rico—demasiado asociado y no suficientemente estado, dicen algunos—contribuye a crear una problemática de autoidentificación, de la que se habla en el artículo «Puerto Rico: Cuestión de Identidad» (Unidad 1, Hispanidad / Americanidad).

Comprensión

Conteste brevemente, según la lectura:

1. ¿De quién trata la lectura?
2. ¿Dónde vive y a qué se dedica?
3. ¿Dónde se hallan las personas sobre las que trabaja?
4. ¿A qué se refiere el término «migración»? ¿Y la palabra «diáspora»?
5. ¿Qué ha descubierto Frank Espada sobre su comunidad mediante su trabajo con ella?
6. ¿Es optimista o pesimista Frank Espada? ¿Por qué?
7. ¿Qué trata de reflejar acerca de su pueblo en su trabajo?
8. ¿Qué dicen algunos colegas acerca de su trabajo?

Práctica

A. Empareje los sinónimos:

___ 1. a tiempo   a. pese a
       completo   b. verse
___ 2. a pesar de   c. ayuda económica para
___ 3. agarrar   estudiar
___ 4. retratar   d. coger
___ 5. beca   e. esforzarse
___ 6. reflejarse   f. fotografiar
___ 7. tratar   g. todo el día de trabajo

B. Complete el texto siguiente con la forma apropiada de las palabras y expresiones de la columna izquierda del ejercicio A.

Cuando tenía 15 años me _____ un interés en la fotografía, y _____ que tenía poca habilidad técnica, empecé a tomar fotos de gente de mi comunidad. Luego, gracias a una _____, pude dedicarme a esa actividad _____. Yo _____ de comprender las experiencias diarias de la gente que _____, y quería que éstas _____ en mis fotos.

Ampliación

1. ¿Qué entiende usted por «fotografía documental»?
2. ¿Qué otras clases de fotografía hay?
3. ¿De qué manera puede la fotografía documental influir en la opinión pública?
4. ¿Hasta qué punto se puede decir que toda fotografía es documental?
5. ¿Qué tienen en común el trabajo del fotógrafo y el del pintor? ¿En qué aspectos difieren?
6. ¿Conoce usted a algún fotógrafo, profesional o semiprofesional? Hable de esa persona.
7. ¿Le gusta tomar fotos? Hable de sus experiencias con la cámara fotográfica.

3

Gracias a los vídeos, lo mejor del cine mexicano se halla al alcance de los aficionados.

La época dorada del cine mexicano

El explosivo crecimiento del mercado del vídeo tiene una gran importancia para el cine hispano de los Estados Unidos. Ahora podemos elegir lo que en realidad nos interesa ver, nuestra pasión por el cine ha dejado de estar subordinada a los
5 caprichos° de los exhibidores y no hay nadie que se interponga entre nosotros y los filmes que nos gustan.   *whims*

    Cóndor Vídeo, una división de Heron Communications Inc., ha decidido llevar al vídeo algunos de los mejores filmes que se realizaron durante la ahora inolvidable «Epoca de Oro» del cine mexi-
10 cano, o sea, aquel momento que se localiza° en la década que va de   **se...** *is located*
1940 a 1949. Podemos decir que dicha época fue el resultado de una serie de situaciones históricas y sociales que al combinarse fortuitamente alteraron de manera bastante radical el desarrollo del cine mexicano.
15   La llegada de la Segunda Guerra Mundial y la ausencia de los Estados Unidos del mercado internacional fueron los principales factores del espectacular crecimiento del número de películas producidas en México. También la cinematografía argentina obtuvo durante esta época cifras° y éxitos muy parecidos. Desprovistos° de   *figures (number of films made)* / *Deprived*
20 su proveedor más poderoso, los países latinoamericanos tuvieron que recurrir° a la producción interna. Había que responder de   *resort* alguna manera al vacío dejado por el cine norteamericano, y esta respuesta determinó el grado de madurez que en muy poco tiempo se reflejó en las producciones mexicanas.
25   Se perfiló° una estética cinematográfica propia, aumentó el   **Se...** *Was outlined* número de escritores dedicados al cine, los directores se convirtieron en personajes importantes.

    Llegaron las grandes estrellas de la pantalla, como María Félix, Jorge Negrete, Arturo de Córdoba, Pedro Armendáriz, Pedro
30 Infante, y muchas otras, que empezaron a poblar los sueños del

público hispanoamericano. La popularidad rebasó° todas las fronte- | surpassed
ras, y los volcanes y las nubes del cielo mexicano pronto alcanza-
ron un reconocimiento inesperado. Por su sola imagen se podía
reconocer el origen de una película.

5   Si bien la «Epoca de Oro» fue algo que favoreció al cine mexi- | moviemakers
cano como industria, a los cineastas° y artistas les corresponde el
gran mérito de haber capitalizado positivamente un hecho histórico que tal vez en otras manos no hubiera sido más que un
momento propicio para obtener enormes ganancias económicas.

JUAN RODRÍGUEZ FLORES
La Opinión (Los Ángeles)
Adaptación

Dos grandes estrellas del cine mexicano: Pedro Armendáriz y Rosita Quintana en la película «El Zarco».

Comprensión

Conteste brevemente, según la lectura:

1. ¿Cuándo tuvo lugar la época dorada del cine mexicano?
2. ¿Fue un desarrollo planificado o no?
3. ¿A qué se debía la ausencia de los Estados Unidos del mercado internacional?
4. ¿En qué otro país hispanoamericano se desarrolló el cine entonces?
5. ¿Quiénes fueron algunas de las estrellas mexicanas de aquel período?
6. ¿Por qué se hallan las películas de esa época al alcance de la gente?

Práctica

A. Escriba sinónimos o expresiones equivalentes de las palabras que siguen:

1. desprovistos   _____
2. obtener   _____
3. caprichos   _____
4. recurrieron   _____
5. dejar de   _____
6. proveedor   _____
7. reflejarse   _____
8. cifras   _____

B. Complete el texto siguiente con la forma apropiada de las palabras o expresiones de la columna izquierda del ejercicio A.

Los consumidores se hallaron _____ su principal _____ extranjero, y por lo tanto _____ a la producción interna. Gracias a eso, _____ mucho éxito y _____ estar subordinados a los _____ de los productores extranjeros, y la madurez de las producciones nacionales pronto _____ en unas _____ de ventas muy altas.

Ampliación

1. ¿Va usted con frecuencia al cine? ¿Qué clase de películas le gusta ver? ¿Por qué?
2. ¿Qué películas españolas o hispanoamericanas ha visto usted? ¿Qué opina de ellas?
3. A su parecer, ¿cuál aspecto predomina en el cine de este país, el artístico o el comercial? Justifique su respuesta.
4. ¿Tiene usted una grabadora de videocassettes? ¿Qué papel juega en su vida personal? ¿Y en la social?
5. ¿Qué opina usted de la imagen de Estados Unidos que se ve en las películas de aquél país? ¿Es positiva? ¿Negativa? ¿Verdadera? ¿Falsa? Justifique su respuesta.
6. En su opinión, ¿qué relación tiene con la realidad la imagen de Hispanoamérica (y de los hispanoamericanos) proyectada en las películas norteamericanas?

¿Deporte o crueldad? Las opiniones divergen, pero las corridas de toros siguen atrayendo a la gente.

Sangre, arena y gloria

¡Toros! ¡Tarde de toros! Sangre, sol y arena, siempre. Pero sólo la sangre, cada tarde. Cada vez que muere un toro, sangre; cada vez que muere un caballo, sangre inocente; cada vez que muere un torero, sangre comprometida.° committed

5 Torear es una lengua, un idioma. Torear es un diálogo que tiene el hombre con el toro. Torear es un arte. Torear es crear belleza en diálogo público que sostienen el hombre y el toro. El diálogo del toreo tiene sus formas y un contenido. El diálogo se hace con quietud,° temple° y mando.° Aquí están los secretos del   calmness / mettle / authority
10 toreo.

Se cuenta que un famoso torero español decía: «Torear es tener un misterio que decir, y decirlo.» Más tarde, Juan Belmonte, otro gran torero español, definiría: «Torear es acariciar,° suave-   to caress
mente. El toreo al que le falta poesía, no es toreo.»

15 El toreo tiene tres tercios:° el de varas,° el de banderillas y el de   stages / lances
la muerte. El conjunto de los tres tercios se llama la lidia.°   fight

Cuando suena° el clarín,° y el toro aparece, sale «con muchos   sounds / trumpet
pies», muy poderoso. Precisa,° entonces, quitarle con rapidez y   It is necessary
poderío. Es el momento de las varas, del picador y del caballo. La
20 puya° castiga y quebranta° al toro.   lance point / weakens

Después de las puyas de castigo, el toro decae° y se aploma,°   sinks / collapses
momentáneamente. Las banderillas, en ese instante, con al ají avi-
vante.° Así llegan al toro los arponcillos° de los palos cortos.° Se   stimulant (*fig.*) / small points / **palos...** short banderillas
trata de una «estupenda mezcla —dice un maestro— de una paliza
25 gorda° con unas inyecciones excitantes. El estoque,° simplemente,   **paliza...** a sound beating / bullfighter's sword
da el golpe de gracia.°»   **golpe...** mortal stroke effectiveness

Lidiar es, propiamente, preparar con eficacia° al toro para
morir sin dificultades. Antiguamente, más valía la eficacia y menos

Corrida de toros en Sevilla: ¿Deporte o arte?

el adorno.° Pero torear será siempre, parar, templar° y mandar,   ornament / to move the cape
para que el toro muera en su momento y lugar.

    Parar no es «estar quieto», sino poder estar quieto, cuando el
toro ataca. Templar es hacer que el toro tenga siempre a su alcance
5 la capa, pero que no la alcance nunca. Es un concierto de velocidades. Templar es la concordancia de movimientos —del toro o de la
capa que maneja el torero— pero realizado con lentitud° y plastici-   slowness
dad, al mismo tiempo que impuesto por el mandato soberano del
torero, del artista. Ese es el mando del toreo.

ʹÑO PEDRÍN
Siete Días (Lima)
Adaptación

Un viejo cartel anuncia una lidia con un matador noteamericano.

Comprensión

Conteste brevemente, según la lectura:

1. ¿En cuántas partes se divide la corrida de toros?
2. Describa brevemente cada una de esas partes.
3. ¿Cuál es la función del picador?
4. ¿Para qué sirven las banderillas?
5. ¿Qué es un estoque y para qué sirve?
6. ¿Quién lo utiliza y cuándo lo hace?
7. ¿Cuál es el objetivo del toreo?

Práctica

A. Explique el significado de las palabras y expresiones siguientes:

1. la corrida de toros
2. el toro
3. el torero
4. torear
5. el toreo
6. lidiar
7. templar

B. Usando las palabras y expresiones del ejercicio A, escriba un breve párrafo, resumiendo lo esencial de este artículo.

Ampliación

1. A su parecer, ¿son las corridas de toro un deporte o más bien un espectáculo público?
2. ¿Y el fútbol norteamericano?
3. ¿Le gustaría a usted tomar parte en una corrida de toros? Explique su respuesta.
4. ¿Hay corridas de toros en este país? ¿Y en los países hispanoamericanos?
5. ¿Conoce usted a alguien que haya participado en una corrida de toros? Hable acerca de esa persona.
6. ¿Cómo calificaría usted al toreo? ¿Es un espectáculo? ¿un arte? ¿un acto de crueldad? Justifique su punto de vista.

5

De la cuna[1] a la cueva[2] he aquí algunos acontecimientos fundamentales del comportamiento social hispanoamericano.

Chispas° sociales

sparks

Bautismo° y confirmación   En ceremonia doble que tuvo lugar en la casa del Monseñor Arzobispo Carlos Herrera Durán, recibió las aguas lustrales° y el sacramento de Confirmación el heredero de la pareja formada por el señor Rubén
5 Espinosa García y su esposa María. El nuevo cristiano lleva por nombre Rubén y tuvo como padrinos° de bautizo° al señor Luis Alberto García y su encantadora esposa Virginia; y el padrino de Confirmación de Rubencito fue el señor Jorge Murillo.

baptism (*sacrament*)

recibió... = fue bautizado

godparents (*ver **Notas culturales***) / baptism (*ceremony*)

Así se hace un nuevo cristiano en una catedral barcelonesa.

---

[1]cradle   [2]grave

Fiesta de cumpleaños   Noé Herrera cumplió doce meses en días pasados, motivo por el cual sus orgullosos progenitores,° el señor Noé Herrera y Marta Eva de Herrera le ofrecieron una concurrida° fiesta infantil con las atraciones tradicionales como piñatas,° golosi-
5   nas° y pastel° para todos los asistentes. En el hogar de esta feliz familia se encontraron presentes muchos niños y niñas, quienes llevaron lindos obsequios° al cumpleañero, que pasó una tarde inolvidable.

parents
well-attended
(*ver **Notas culturales***)
sweets / cake

gifts

Primera comunión   La encantadora Yadira, recibió por primera
10   vez la Hostia Consagrada en ceremonia celebrada en la Capilla de la Sagrada Familia. Es hija del señor Jesús Quintero y de la señora Teresa Zainqui de Quintero. Elva Zainqui fue su madrina.°

sponsor (*ver **Notas culturales***)

Los quince años°   Quien lució° llena de gracia y felicidad este domingo fue Maribel Herrera al llegar a su décimo quinto aniversa-
15   rio, motivo por el cual sus progenitores, señor Domingo Herrera y su gentil esposa María de la Luz de Herrera, ofrecieron en su honor una misa de acción de Gracias en el Inmaculado Corazón de María en donde el R. P.° Francisco Alonso se dignó a° celebrar el santo sacramento, dirigiéndose dentro de la misma unas memorables fra-
20   ses para la jovencita cumpleañera. Maribel fue acompañada hasta el altar de la iglesia por sus padrinos, el señor Américo Azaña y su esposa María del Pilar Martínez de Azaña. Al terminar la misa, tanto familiares como° numerosas amistades partieron a conocido lugar de celebraciones a festejar en grande° los quince años de
25   Maribel, que durante todo el día recibió gran cantidad de felicita-ciones y regalos que mostraron a cada instante el gran afecto de sus amistades.

(*ver **Notas culturales***) / *shone*

Reverendo Padre / se... *consented to*

tanto... como *both . . . and*
en... *in grand form*

Petición°   Cuquita Bustamente Acevedo fue pedida en matrimo-nio para el señor Guillermo Alberto Menéndez Ugarte.
30   Hicieron la formal petición el señor José Menéndez y Guiller-mina, su esposa, ante los padres de la chica, Oscar y María del Refugio de Bustamente.

(*ver **Notas culturales***)

Despedida de soltera°   En el Rancho de los Aguilera se llevó a cabo la última despedida de soltera de la futura señora de Solór-
35   zano, María Cristina Romero, quien goza de grandes simpatías° en esta ciudad. El domingo se preparó una comida exquisita al estilo mexicano con guitarra y juegos divertidísimos, tanto para señoras como para jovencitas. Como era de esperarse,° los regalos para la novia estuvieron a la orden del día.

Despedida... *Wedding sho-wer*
friendships

Como... *As one would expect*

40   **Una boda°**   En la capilla de San José unieron sus destinos bajo el lazo indisoluble del matrimonio, la señorita María de la Luz García y el Señor Enrique Pérez. A la salida de la Casa de Dios ambos recibieron las felicitaciones de sus numerosas amistades. Frente al altar se encontraron acompañados por su cortejo de amor y sus

wedding

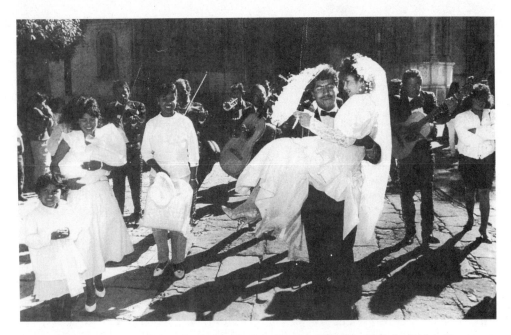

¡Y vivan los novios! Mariachis y una feliz pareja en San Miguel Allende (México)

orgullosos progenitores. Terminada la misa, todos pasaron a la casa de la novia para realizar un brindis° por su dicha° completa.　　　toast / happiness

Espera la visita de la cigüeña°　Siete veces ha recibido mensajes　　stork
de París° la señora Panchita de Padilla, y en breve recibirá el octavo　　(*ver **Notas culturales***)
5　paquete, procedente de la ciudad Luz.
　　Por ello, sus amigas, que son muchas, le han preparado algunas fiestas, entre ellas la celebrada el lunes, donde fueron anfitrionas° Conchita de Bonilla, Luca de Morales, María Celia de Bustamante y Argelia de Franco.　　hostesses

10　**Un nacimiento**　Las felicitaciones y parabienes° siguen lloviendo　　congratulations
en el feliz hogar del señor Antonio Losada y su gentil esposa María de los Angeles de Losada, quienes en días pasados recibieron la visita del ave de París, trayendo consigo un gracioso y robusto heredero que viene a llenar de alegría su dichoso° hogar. El here-　　happy
15　dero es el segundo en la lista, y por tan especial ocasión tanto compañeros de labores del dichoso papá como amistades y familiares de ambos le han ido a conocer.

Un cumpleaños　Ayer fue despertado con las tradicionales mañanitas° el señor Hector Herrera, pues celebró su cumpleaños con　　short birthday song
20　una bonita serenata de *Happy Birthday* de su guapa esposa Ana María y sus dos tremendos° hijitos Héctor Gabriel y Margarita.　　great
Desde luego los regalos no pudieron faltar, así como una deliciosa comida familiar organizada diligentemente por Ana María.

El día del santo°   Ayer[1] se encontraron sumamente felicitadas las guapas señoritas y las amables señoras que llevan el nombre de Rosa. Las florerías locales casi no se dieron abasto° para poder atender a tanto llamado que se registró para halagar° a las Rositas.

5 Entre algunas jóvenes felicitadas en su día se puede mencionar a Rosa María Durán, Rossy Hurtado, Rossy Herrera, Rosa Delia Espinosa Menéndez, la señora Rosita de Acuña y muchísimas Rositas más… Y, ni hablar, los onomásticos° siguen ganando espacio; hoy[2] los parabienes estarán dirigidos en grandes cantidades a los Ramones y Ramoncitas.

Bendición° de su nueva casa   Para festejar la bendición de su nueva casa, los esposos Carlos y Dorotea María Espinosa de Bustamante, ofrecieron un convivio° a sus amistades.

Previamente se hizo solemne ceremonia de benedición, a cargo del Padre Francisco Duarte.

Se sirvió sabrosa comida y se brindó con exquisito champaña.

63 años de feliz matrimonio   Festejaron ayer sus 63 años de casados el señor Francisco López Menéndez y su esposa, doña María del Pilar Hurtado de Menéndez.

20 Tuvieron veinticinco hijos, ochenta nietos, ciento veinticinco biznietos° y cuatro tataranietos.°

Han estado recibiendo las felicitaciones de sus familiares y amigos.

Y finalmente…

> ✝
>
> El día 4 de enero del presente año, a las 20:00 horas, en el seno de Nuestra Madre la Santa Iglesia Católica, Apostólica y Romana, confortado con todos los Servicios Espirituales y la Bendición Papal, falleció el
>
> SEÑOR DON ENRIQUE BUSTAMANTE VILLEGAS
> *a la edad de noventa años*
>
> Su esposa, hijos, nietos y biznietos, así como su hermano Hermenegildo Bustamante Villegas y demás familiares, se lo participan a Usted, con el más profundo dolor, suplicándole ruegue a Dios Nuestro Señor por el eterno descanso de su alma.

El Sonorense (Hermosillo, México)
Adaptación

(*ver* **Notas culturales**)

no… were not enough
flatter

saints' days

Blessing

reception

great-grandchildren / great-great-grandchildren

---

[1]**Ayer** 30 de agosto, día de Santa Rosa de Lima.
[2]**hoy** 31 de agosto, día de San Ramón Nonato.

Notas culturales

padrinos Los padrinos de bautizo (el padrino y la madrina) tienen un papel importante en las sociedades hispánicas, porque tradicionalmente deben amparar, moral y hasta materialmente, a sus ahijados (*godchildren*), sobre todo si, por alguna razón, no lo pueden hacer los padres de éstos. Los padrinos (literalmente, *little parents*) son compadres (o sea, con + padres) de los padres de sus ahijados. Generalmente, los padrinos suelen ser amigos íntimos de sus compadres, pero a veces se invita a ser padrinos a importantes personajes de la vida social o política, por las ventajas que pueda proporcionar esa relación. Sobre todo en los medios rurales, hay políticos importantes que suelen tener docenas de ahijados.

la piñata Vasija de barro u otro material, ricamente decorada y llena de golosinas, que se cuelga del techo, en las fiestas. Algunos participantes, con los ojos vendados y armados con un palo, tratan de romperla para obtener los dulces.

madrina No sólo en el bautismo y la confirmación hay padrinos, sino también en otras ocasiones solemnes, como la primera comunión, la fiesta de los quince años, la boda, etc. Se trata de una manera de homenajear a los amigos y asimismo fortalecer las relaciones con ellos.

los quince años Llegar a los quince años —la edad ilusoria, dicen— es algo importante en la vida de una muchacha, y se celebra con ceremonias religiosas y fiestas cuyo lujo y pompa varían según los recursos de la familia.

petición A pesar de que hoy día los novios suelen tomar ellos mismos la decisión de casarse, el antiguo ritual de la petición de mano se conserva en muchas partes.

París Según una viejísma tradición, los bebés vienen de París, la ciudad Luz, traídos por la cigüeña —el ave de las dulces sorpresas, dicen—. Por eso se suele decir, eufemísticamente, que una mujer embarazada (o encinta) se halla esperando la visita de aquel pájaro.

el día del santo (o día onomástico) Se celebra el día del año dedicado al santo católico del mismo nombre. Así, los que se llaman Mariano celebran su santo el 29 de febrero; las Cristinas, el 24 de julio; las Doroteas, el 3 de septiembre, etc. En ese día muchos se quedan en casa, recibiendo a los amigos y celebrándolo con sus familiares.

Comprensión

Conteste brevemente, según la lectura:

1. ¿Qué se entiende por «recibido las aguas lustrales»?
2. ¿Qué es un padrino de bautizo?
3. ¿A quiénes se refiere el término «compadres»?
4. Además del bautizo, ¿en qué otras ceremonias hay padrinos?
5. ¿Cuál es el significado de la fiesta de los quince años?
6. Tradicionalmente, ¿quiénes piden la mano de una chica?
7. ¿Cómo se celebra una despedida de soltera?
8. ¿Según la tradición, cómo nacen los niños?
9. ¿Qué son mañanitas?
10. ¿Qué es el día santo?
11. ¿Qué es una piñata?

Práctica

Reproduzca las oraciones siguientes, reemplazando las expresiones en cursiva con sinónimos y haciendo todos los cambios necesarios:

1. María del Pilar Jiménez recibió ayer la *hostia consagrada*.
2. El pequeño Tomás Asunción *recibió* anteayer *las aguas lustrales*.
3. La familia *pide* oraciones por el descanso de su alma.
4. No voy a trabajar mañana porque es *el día de mi santo*.
5. Lo homenajearon con las tradicionales *canciones de cumpleaños*.
6. Acaba de celebrar *la edad de las ilusiones* la señorita Panchita Morales.

Ampliación

1. ¿Cómo se celebran las principales fechas de la vida de una persona en el mundo hispánico?
2. ¿Qué contrastes encuentra usted entre esas notas sociales y las noticias del mismo género que se publican en los periódicos de este país?
3. ¿Por qué razón se celebran los quince años de una chica?
4. ¿En qué ocasiones suele haber padrinos en la cultura de este país?
5. ¿Cuál es la función de un padrino de bautizo en este país?
6. ¿Cuál es la función de una despedida de soltera (o de soltero) en esta sociedad?
7. ¿Qué piensa usted acerca del cuento de la cigüeña?
8. ¿Se hacen serenatas en este país? ¿Cuándo? ¿Por qué motivo?
9. ¿Cómo celebra usted su cumpleaños?

HOGAR y *Sociedad*

La señorita María Fátima Hernández celebró sus quince años ayer

Celebrando la fecha de sus quince años estuvo ayer la señorita María Fátima Hernández, quien por tal motivo fue agasajada con una fiesta rosa, ofrecida por sus padres don Manuel Edmundo Hernández y doña Edda Cecilia de Hernández. La feliz quinceañera y sus invitados disfrutaron de gratos momentos.

Teatro de bolsillo

Una charla sobre las tradiciones

PERSONAJES

Diversas personas

Se debate el tema de las tradiciones. ¿Cuáles tradiciones hay que preservar, y cuáles hay que abandonar? ¿Hasta qué punto la tradición es una excusa para no cambiar lo que debe ser cambiado? ¿Quiénes deben decidir eso? ¿Cómo se puede determinar que una tradición ha dejado de tener sentido para la comunidad?

EXPRESIONES ÚTILES

preservar / mantener / guardar / recuperar
cambiar / transformar / adaptar / modificar /
   reinterpretar
abandonar / desechar / perder / dejar
estilizado / genérico / específico

Temas para comentario oral o escrito

1. Las fiestas que tienen un significado puramente religioso deben (no deben) ser apoyadas por el poder público.
2. El encuentro de dos culturas que se ven obligadas a convivir en la misma nación es (no es) necesariamente beneficioso para la sociedad en general.
3. Las corridas de toros son una tradición muy antigua
   a. y deben ser preservadas
   b. pero no se justifican en el mundo moderno

4. ¿Las celebraciones sociales —bautismos, bodas, etc.— tienen una función importante y deben ser potenciadas, o son más bien una ocasión para gastos inútiles, y por lo tanto deben ser celebradas muy discretamente?

Proyectos

1. Obtenga la información necesaria y prepare una charla sobre alguna fiesta o celebración hispánica típica que se realice en este país.
2. Prepare una breve charla, como para explicarles a unos visitantes extranjeros el significado de una celebración típica de su país como una de las siguientes, o alguna otra que le interese más:

Halloween (Canadá y EE.UU.)
Homecoming (EE.UU.)
Thanksgiving o Día de Gracias (Canadá y EE.UU.)
Cuatro de Julio (Independencia, EE.UU.)
Siete de Julio (Día de la Confederación de 1867, Canadá)
Día de los Veteranos (EE.UU.)
Boxing Day (Canadá)
Dieciséis de Septiembre (Independencia, México)

UNIDAD 10

Consumismo

1

¿Estará en Centroamérica la fuente de la eterna juventud?

El paraíso de los vanidosos

¿Su rostro° muestra ya las huellas° del tiempo? ¿Su abdomen es tan abultado° que no puede cerrarse el saco?° ¿Su nariz es larga o chata?° ¿Y no está usted dispuesto(a) a soportar semejantes «defectos» un día más, pero a la vez no quiere o no
5 puede gastar los miles de dólares que cobra un cirujano plástico en Estados Unidos, Europa o incluso en su propio país? Costa Rica es la solución.

En efecto, el pequeño país centroamericano, adonde aventureros del siglo XVI llegaron a buscar precisamente la fuente de la
10 eterna juventud,° hoy se ha convertido en el paraíso de los vanidosos. ¿Por qué? Allí se localizan° excelentes clínicas de cirugía estética, atendidas por médicos altamente calificados y, lo más importante, a bajo costo.

Respecto a esto último,° cabe señalar° que en Costa Rica el
15 precio de una operación de este tipo representa hasta la quinta parte° de lo que costaría allende° el Bravo° o del otro lado del Atlántico. Así por ejemplo, mientras un *facelift* (estiramiento facial para desvanecer° las arrugas°) vale 1.950 dólares, una liposucción (extracción de la grasa° excesiva del cuerpo) 1.250 y una cirugía de
20 nariz 1.550, en Estados Unidos ese precio asciende° a 9.500, 9.000 y 4.500 dólares, respectivamente. De ahí que el promedio° anual sea de 3.500 intervenciones.°

En cuanto a° los pacientes, el 90 por ciento de éstos son extranjeros, de los cuales la mitad solicita° un *facelift*, el quince por
25 ciento la liposucción y el resto corrección de nariz, delineado° permanente de los ojos y lipoctomía (operación para eliminar del abdomen las secuelas° del embarazo°).

Para los cirujanos esto constituye una oportunidad económica estupenda.° Con tan sólo 25.000 dólares pueden instalar una

face / marks	
bulky / jacket	
flat	
(*ver* **Notas culturales**)	
se... are located	
esto... the last point / **cabe...** it should be pointed out	
quinta... one fifth / beyond / (*ver* **Notas culturales**)	
vanish / wrinkles	
fat	
rises	
average	
operations	
En... As to	
requests	
outline	
results / pregnancy	
excellent	

pequeña clínica que será rentable° a corto plazo.° Por si fuera poco, tales negocios se han convertido en una importante fuente de divisas° para el país. Los pacientes, además de gastar en su operación, procuran quedarse° cierto tiempo en recuperación, ya sea en las
5 propias unidades médicas o° en algún hotel de las paradisíacas playas costarricenses.

Como bien decía Miguel de Unamuno:° «El hombre suele° entregar la vida por la bolsa,° pero entrega la bolsa por la vanidad.»

L.F.B.
Mundo (México)
Adaptación

profitable / a... in the short term

foreign currency
remain

ya sea... o either . . . or

(*ver Notas culturales*) / tends to
purse

Notas culturales

Fuente de la eterna juventud   Según una antigua leyenda, se trataba de una fuente cuya agua les daría juventud eterna a quienes la bebieran. Los exploradores del siglo XVI la buscaron en el llamado Nuevo Mundo, y Juan Ponce de León la buscó en Puerto Rico, la Florida y Cuba, en donde se murió en 1521.

Río Bravo   Río que nace en las Montañas Rocosas, también llamado río Grande del Norte. Sirve de límite entre México y Estados Unidos.

Miguel de Unamuno   Intelectual español (1864–1936), autor de obras de poesía (*Romancero del destierro*), teatro (*Sombras de sueño, Fedra*), novela (*Niebla, Abel Sánchez*), y ensayo (*Del sentimiento trágico de la vida, Vida de Don Quijote y Sancho*).

Comprensión

Diga si cada frase es verdadera o falsa según la lectura, y corrija las falsas:

1. La cirugía plástica de Costa Rica es la más barata del mundo.
2. Los aventureros del siglo XVI sabían que la fuente de la juventud se encontraba en Costa Rica.
3. La calidad de las clínicas de cirugía plástica costarricenses es muy alta.
4. Varias de esas clínicas se encuentran más allá del río Bravo.
5. El precio de la cirugía estética en Estados Unidos asciende a más del doble del precio en Costa Rica.
6. La mayoría de los pacientes son costarricenses.
7. Muy pocos pacientes se operan en el abdomen.
8. Costa Rica no se beneficia de la actuación de esas clínicas.
9. Después de la operación, los clientes se quedan un rato en el país.
10. Según Unamuno, las clínicas costarricenses son para las personas vanidosas.

Práctica

A. Empareje los sinónimos:

___ 1. abultado   a. procurar
___ 2. buscar   b. excelente
___ 3. localizarse   c. marca
___ 4. estupendo   d. transformarse
___ 5. huella   e. grande
___ 6. convertirse   f. estar

B. Usando las palabras y expresiones de la columna izquierda del ejercicio A, escriba un párrafo sobre el tema de la vanidad.

Ampliación

1. ¿En qué consiste la cirugía estética?
2. ¿Qué son «las huellas del tiempo»?
3. ¿Qué ventajas o desventajas puede tener la cirugía estética?
4. Cuente algo sobre la experiencia de alguien (real o imaginario) que haya recorrido a la cirugía estética.
5. ¿Se da demasiada importancia a la apariencia física en nuestra sociedad? Justifique su respuesta.
6. ¿Cómo sería una sociedad en la que no se diera importancia a la apariencia física?
7. ¿Le gustaría ser eternamente joven? Explique su respuesta.

*Cuando el arte falso también es verdadero...
¡y vale mucho!*

El valor de lo legalmente falso

Una exposición de arte, concretamente pintura clásica y moderna, tuvo como marco° recientemente el Hotel Palace°
de Madrid. Se trataba del itinerante Museo Imaginario,
constituido en 1985 por el experto italiano en arte Daniele Dondé,
5   y en la actualidad° dirigido por el también italiano Giuseppe Sal-
zano, acompañado en las tareas de asesoramiento° por la coleccio-
nista Denise Bartha, de Ginebra, y el experto Desiderio Aldovini.
    Celebrando exposiciones por todo el mundo, el Museo Imagi-
nario lo componen una treintena de° pintores copistas de gran
10 parte de Europa y Japón, y que, dadas sus características de artistas
de gran calidad, son contratados por la sociedad en concepto de°
dedicación exclusiva al museo.
    Estos pintores se dedican a reproducir fielmente obras maestras
de artistas clásicos y modernos ya fallecidos.° En esta ocasión el
15 Hotel Palace albergó° noventa copias fidedignas° de autores como
Lajos Ravasz (Hungría), que realiza cuadros de Monet, Lautrec,
Renoir y Cézanne; Sergio Ughi (Italia) hace copias de Rembrandt,
Velázquez, Rubens, Van Eyck, Canaletto; y diversos otros, como la
inglesa Fleur Beverley, que expone sus obras de cuadros famosos
20 de Lautrec, Degas y Manet.
    Estos pintores tardan° alrededor de un mes para realizar cua-
dros de los impresionistas, y algo más, debido a la técnica empleada
originalmente, para realizar los cuadros de los maestros clásicos.
    Son piezas únicas y se acompañan de un certificado de no au-
25 tenticidad. La reglamentación internacional al respecto no permite
que el cuadro reproducido tenga exactamente las mismas dimensiones que el original, manteniendo, pues, una diferencia de uno o
dos centímetros, casi siempre en merma.°
    Se emplean las técnicas y estilos usados en los originales y los
30 acabados° son difíciles de diferenciar aún por los expertos en arte.

	setting / (*ver **Nota cultural***)
	en... presently
	advice
	una... about thirty
	en... in terms of
	dead
	housed / faithful
	Estos... It takes these pain-ters
	reduction
	finishing

Los precios de los lienzos° varían, según temas y dimensiones, entre las 200.000 pesetas y el millón, aproximadamente. Dada la calidad de algunas copias, éstas han merecido ser exhibidas en subastas° internacionales que cuentan con personas famosas entre
5 sus clientes.

Aparte del carácter comercial, el Museo Imaginario pretende combatir, legalizando lo falso, el abuso de determinados marchantes de arte. Asimismo, el Museo Imaginario nació con el fin de frenar° el coleccionismo de las obras originales y propiciar° que
10 salgan de los sótanos° de los bancos las grandes obras maestras. Otro de sus objetivos es evitar que éstas estén escondidas en colecciones secretas particulares (japonesas, americanas, suizas y alemanas) que privan al amante del arte de disfrutar de él directamente. Estas reproducciones sirven también como salvaguarda° fiel del ori-
15 ginal, preservando a éste de incendios o robos y exponiendo el cuadro imaginario sin grandes reservas.°

	canvases
	auctions
	restraining / favoring
	basements
	protection
	reservations

EMILIO ARELLANO
Mercado (Madrid)
Adaptación

Nota cultural

Hotel Palace Tradicional hotel madrileño de alta categoría, situado cerca del Museo del Prado. En España y en otros países europeos, es habitual realizar exposiciones de arte en los espacios públicos de los grandes hoteles.

Comprensión

Conteste brevemente, según la lectura:

1. ¿Qué clase de objetos alberga el Museo Imaginario?
2. ¿A qué género de pintura se dedican los artistas que exponen en él?
3. ¿Qué tienen en común los artistas originales?
4. ¿Qué clase de contrato tienen esos pintores?
5. ¿Cuánto tiempo tardan en pintar una reproducción?
6. ¿Qué prueba se da de que esas piezas no son auténticas?
7. ¿Qué diferencias objetivas hay entre una reproducción y el original?
8. ¿Qué ventajas tiene la existencia de las reproducciones?
9. ¿Por qué razones se ha creado ese museo?
10. ¿Qué efecto tienen las colecciones secretas particulares?

Práctica

Usando las palabras y expresiones siguientes, escriba un párrafo expresando su opinión sobre el tema de los cuadros legalmente falsos.

en la actualidad   dedicarse a
tener como marco   disfrutar de
en concepto de   contar con

Ampliación

1. ¿Qué diferencia hay entre un pintor copista y un pintor común?
2. ¿Cómo se explica que en el Museo Imaginario sólo haya copias de cuadros de pintores ya fallecidos?
3. ¿Qué diferencias ve usted entre las copias del Museo Imaginario y las reproducciones vendidas en las tiendas de cuadros?
4. ¿Qué piensa usted del hecho de que ciertos cuadros de alto valor artístico estén en colecciones privadas?
5. ¿Qué problemas puede causar a su dueño la posesión de un cuadro de alto valor?
6. ¿Cómo se explican los precios de los cuadros de los grandes maestros?
7. Cite tres aspectos de la comercialización del arte. ¿Qué opinión tiene usted al respecto?
8. ¿Qué papel juega la pintura en su vida?
9. ¿Le causa el mismo efecto una reproducción exacta que el cuadro original? Explique su parecer.
10. ¿Cuáles son sus pintores favoritos? ¿Cuál es la razón de su preferencia?

3

¿Le esclaviza a usted la moda?

La locura de la moda

La nueva locura de la moda es vestir creaciones que reproducen cuadros famosos —completos o en detalles—, y las nuevas víctimas favoritas de los diseñadores se han vuelto los pintores impresionistas° y cubistas.°

5   Parecería que al convertir un cuadro de Braque en vestido el diseñador —dándose aires de grandeza— sueña que trabajó al alimón° con el pintor, o quizá la copia simplemente esconda una mediocridad y falta de inventiva que hacen creer que repitiendo una obra conocidísima obtendrá la misma admiración que despertó
10 el cuadro original: si los lirios° de Van Gogh° gustaron en óleo, en una chaqueta han de gustar igual…

    Sin embargo, surge° una pregunta fundamental: ¿cuál es el sentido de ponerse un Picasso° de lentejuelas?° ¿Aprovechar° su nombre, su colorido o qué? ¿Con qué fin? «Llevar el arte a la
15 moda» resulta una contradicción, porque el auténtico arte es intemporal y universal, dos cualidades incompatibles con la moda, siempre efímera y limitada.

    Entonces: ¿qué sentido tiene gastar miles de dólares en un vestido que casi no permite ni moverse, tan llamativo° que nadie se
20 fija en su dueña y que para colmo° sólo puede usarse una vez so pena de° chotearlo° y que alguien diga: ahí viene Fulanita° otra vez con el trajecito de Matisse?° La respuesta, como siempre, la tendrán los snobs y los *nouveau riches*°…

ALEJANDRA M. SOSA
Vogue (México)

(ver Notas culturales)

al… taking turns[1]

lilies / **(ver Notas culturales)**

arises
(ver Notas culturales) /
sequins / To utilize

loud
para… to top it off
so… under pain of / to make
    fun of it / So-and-so (*ver*
    Notas culturales)
(ver Notas culturales)
newly rich (*French*)

---

[1]En el toreo, **al alimón** es una suerte (*pass*) en que dos toreros se turnan con el toro, llevando el capote cada uno con una mano.

Impresionismo Movimiento artístico surgido en Francia en la segunda mitad del siglo diecinueve. Rechazando el convencionalismo y los temas clásicos, trataba de captar la forma mediante efectos luminosos y juegos de color. Sus representantes más característicos en Francia fueron Claude Monet, Camile Pissarro, Alfred Siley, Edgar De Gas (llamado Degas) y Auguste Renoir, y en España, Aureliano de Beruete y Mariano Pidelaserra.

Cubismo En términos generales, este movimiento artístico utilizaba superficies planas sobrepuestas para captar las tres dimensiones de los objectos en el espacio bidimensional del lienzo (*canvas*). Señaló su aparecimiento el cuadro de Pablo Picasso, *Les demoiselles d'Avignon* (1907) inspirado, al parecer, en unas señoritas de la calle de Avignón, en Barcelona. Otros representantes de ese movimiento son el francés Georges Braque y el español Juan Gris.

Vincent Van Gogh Pintor holandés (1853–1890), uno de los principales miembros del movimiento expresionista, que en vez de representar los objetos como conjuntos de formas y colores, como el impresionismo, se proponía a expresar directamente los sentimientos del artista.

Henri Matisse Pintor francés (1869–1954), cuyo estilo se caracteriza por los colores vivos y una simplificación del dibujo, empleado con una intención decorativa.

Fulano, Mengano, Zutano Nombres de personas imaginarias, como *Tom, Dick* and *Harry* en inglés. Tienen forma femenina (*Fulana*) y se pueden usar en el diminutivo (*Menganito*) y con títulos (*la doctora Zutana*).

Comprensión

Conteste brevemente, según la lectura:

1. ¿De qué moda trata el artículo?
2. ¿Qué falta percibe la autora en los diseñadores responsables de esta tendencia?
3. ¿A qué motivación se atribuye esa moda?
4. ¿Por qué no es posible llevar el arte a la moda?
5. ¿Por qué no son prácticas esas ropas?
6. ¿A qué clientela le atrae esta moda?
7. ¿Cuál es la actitud de la autora?

Práctica

A. Empareje los sinónimos:

___ 1. llamativo		a. emplear
___ 2. chotear		b. agradar
___ 3. aprovechar		c. disimular
___ 4. esconder		d. hacer burla de
___ 5. gustar		e. muy vistoso

B. Usando las palabras de la columna izquierda del ejercicio A, escriba un párrafo sobre algún aspecto de la moda joven actual. Tenga en cuenta quiénes la usan (su edad, gustos y clase social), la impresión que tratan de crear y los motivos de los diseñadores.

Ampliación

1. ¿Tienen los estudiantes una moda característica? ¿Y los profesores? Hable de ello.
2. ¿Qué sentido (positivo o negativo) tiene la moda para la gente?
3. A su parecer, ¿quiénes controlan los cambios de moda?
4. ¿Qué puede pasar a quienes se recusen a seguir la moda de su tiempo?
5. ¿Qué opina usted de la moda actual?
6. ¿Qué importancia tiene la moda en su vida?
7. ¿Qué impacto puede tener la moda en la impresión que causa una persona (y, por lo tanto, en su éxito social y profesional)?
8. ¿Qué barreras crea o rompe la moda en las relaciones entre las personas?

¿Cuánto cuesta el verdadero sentido de la Navidad?

Una fiesta distorsionada°

distorted

L ima ya vive el ambiente propio de la Navidad. A sólo tres
días de esta celebración, los establecimientos, especialmente
aquellos ubicados° en los centros comerciales de Lima y
todos los distritos, lucen° profusamente, adornados y repletos de
5 mercaderías, cada cual° más novedosa aunque relativamente cara.

located
shine
cada... each one

La introducción de nuevos y originales juguetes es la principal
característica de esta Navidad. El público se ha lanzado a los establecimientos comerciales, buscando los regalos que debe obsequiar°
no sólo a los niños, sino también a los mayores. La promoción
10 comercial ha sugestionado a las grandes mayorías de la comunidad,
con el cuento de que «nadie se quede sin su regalo en esta Navidad, que es el símbolo del amor».

present, give

Si la Navidad recuerda el nacimiento del Salvador, del hombre
que predicó° justicia social, solidaridad con el prójimo° y que por
15 amor al género humano murió crucificado, significa que esta fecha
es una oportunidad para recordar y celebrarla como una fecha de
amor.

preached / fellow human
being

Pero, cuando se habla de «espíritu navideño», fácil es pregun-
tarse: «¿Qué tienen que ver con la Navidad los panetones,° las
20 bebidas alcohólicas, los artefactos eléctricos, las prendas de vestir
para damas o caballeros, o la línea de novedosos y sofisticados
juguetes?»

kind of cake

Consumir una bebida o un panetón o regalar un objeto o
juguete, no siempre es testimonio de solidaridad o amor, porque
25 realmente no constituyen testimonios auténticos de esos valores
considerados característica esencial de lo que se trata de celebrar.

En todo caso, el sistema que gobierna o moviliza a la sociedad
de consumo, utilizando todos los medios de comunicación social, a
través de la publicidad y la propaganda, ha alienado de tal manera
30 a los miembros de la comunidad, que todos, de una manera u

Un fotógrafo documenta la visita de los Reyes (México).

otra, actuarán en esta Navidad como mensajeros de la sociedad de
consumo, comprando muchas veces más allá de sus posibilidades,
con tal de que° su regalo constituya el mejor símbolo de «amor
navideño».

con... so that

5   He ahí,° pues, la imagen del hombre alienado por los mecanismos de la sociedad de consumo, fácil presa° de la publicidad, pues
mientras el espíritu cristiano afirma: «No hay Navidad sin Jesús»,
la sociedad de consumo parece decir: «Sí, hay Navidad sin Jesús».
El fin de la fiesta es ganar dinero.

He... There you have
prey

LUIS RODRÍGUEZ ARANGURÉN
El Comercio (Lima)
Adaptación

Comprensión

Conteste brevemente, según la lectura:

1. ¿Qué caracteriza esta Navidad?
2. ¿Qué se le ha dicho a la gente?
3. ¿Cuáles han sido los efectos de la publicidad y la propaganda?
4. ¿Cómo se ven los establecimientos comerciales?

5. Según el autor, ¿cómo actuará la gente al
   hacer sus compras?
6. ¿Qué contraste hay entre el espíritu cristiano y el consumismo?

Práctica

A. Empareje los sinónimos:

___ 1. ubicar   a. decorar
___ 2. establecimiento b. encontrar
___ 3. sugestionar   c. recordar
___ 4. obsequiar   d. tienda
___ 5. repleto   e. regalar
___ 6. adornar   f. impresionar
___ 7. celebrar   g. lleno

B. Usando las palabras de la columna izquierda del ejercicio A, escriba un párrafo que exprese su opinión acerca de los aspectos comerciales de la Navidad.

Ampliación

1. ¿Cuál es el tono de este artículo?
2. ¿De qué manera influye la televisión en el comportamiento de los consumidores?
3. ¿A qué clase de alienación se refiere el artículo? ¿Está usted de acuerdo en que existe dicha alienación? Explique su parecer.
4. ¿Se ve algo semejante en este país en la época de Navidad?
5. ¿Tiene sentido o no, la Navidad sin Jesús? Explique su respuesta.
6. ¿Son incompatibles el espíritu navideño y el consumismo? Justifique su punto de vista.
7. ¿Hasta qué punto tienen los establecimientos comerciales el derecho de sugestionar a los niños? ¿Y a los adultos?
8. A su parecer, ¿cuáles son las principales características de la sociedad de consumo?

5

Si tienes pocos años, poco dinero y muchos deseos de estudiar, no te preocupes. Hay un préstamo para ti.

Créditos jóvenes

ace cuatro décadas, el estudiar en la universidad estaba restringido° a unos pocos privilegiados cuyos padres poseían dinero para costear° una carrera.° La universidad fue cambiando y ahora, los jóvenes nacidos en el *baby boom* de los años
5 60 y 70 acceden masivamente a los estudios superiores, que siguen pagando la mayoría de los padres o el Estado a través de becas.° Pero hay jóvenes que buscan financiarse sus propios estudios, sobre todo los de posgrado,° o su primer negocio. Para la banca° éste es un prometedor mercado, y así, el Banco Central Hispano abrió
10 recientemente un banco inédito° hasta entonces en España, el

limited
pay for / (*ver **Nota cultural***)
scholarships
graduate / banks in general
unknown

¿Qué diferencias encuentra usted entre el diseño de estos billetes y el de los billetes de su país?

Hispano 20, diseñado para responder a la demanda de los jóvenes, sean° estudiantes o trabajadores.

Este banco joven concede créditos para costear las matrículas,° para recibir el adelanto° de una beca y para que los jóvenes se cos-
5 teen sus estudios de posgrado. Los créditos se deben pagar en cua-
tro años al 14 por ciento de interés y con dos años al 14 por ciento
de interés y con dos años de carencia,° durante los que se paga el
interés pero no el capital prestado. Tiene, además, acuerdos° con
diversas asociaciones de jóvenes empresarios para ayudar, en
10 condiciones ventajosas, a los que deseen montar su propio negocio.

Las cajas de ahorro° también han abierto sus líneas de crédito
para los jóvenes. Por ejemplo, Cajamadrid ofrece el *crédito master,*
crédito primera empresa y otro préstamo, el *crédito aventura,* dedicado
a pagar viajes de estudios o de fin de carrera. Se conceden a jóve-
15 nes de entre 18 y 25 años a un interés del 14,5 por ciento, con un
plazo de amortización máximo de tres años. Esta caja cobra un uno
por ciento del capital como comisión por la apertura del crédito,
pero no carga por estudiar el préstamo.

Otro *crédito joven* cubre los pagos de matrícula, libros o estudios
20 de posgrado y exige el aval° de los padres si el solicitante° es menor
de edad. Se concede a un interés nominal del 16,28 por ciento y se
amortiza en tres años, con un cobro° por abrirlo del uno por
ciento. En función de la solvencia y de la cuantía del préstamo, el
banco solicita o no avalistas. La penalización por amortización
25 anticipada es mínima.

Cambio 16 (Madrid)
Adaptación

	whether they are
	tuitions
	advance
	grace period
	agreements
	cajas... savings banks
	cosignature / applicant
	charge

Nota cultural

Carrera Este término se refiere tanto a los estudios universitarios (carrera de Letras, de Derecho, etc.) como al ejercicio de una profesión «siguió la carrera de abogado».

Comprensión

Conteste brevemente, según la lectura:

1. ¿Qué limitaciones había antiguamente en los estudios universitarios?
2. ¿Quiénes suelen pagar esos estudios?
3. ¿Qué tratan de hacer algunos jóvenes?
4. ¿Qué novedad ha introducido algunos bancos?
5. ¿Qué intereses suelen cargarse por esos préstamos?
6. ¿Para qué fines se conceden créditos?
7. ¿En qué circunstancias se solicitan avalistas?
8. Además de los créditos, ¿qué otros servicios ofrecen los bancos?

Práctica

Usando las palabras y expresiones siguientes, escriba una carta a un(a) amigo(a), explicándole cómo se puede costear sus estudios universitarios en este país.

acceder a la universidad	cobrar interés
	período de carencia
financiar los estudios	amortizar el capital
	estudiar el préstamo
conceder un crédito	montar un negocio

Ampliación

1. ¿Por qué son los jóvenes un «mercado prometedor»?
2. ¿Qué piensa usted de las condiciones de los préstamos mencionados en la lectura?
3. ¿Cómo se comparan esas condiciones a las de los préstamos para estudiantes disponibles en este país?
4. ¿Cómo contestaría usted si alguien le dijera que en este país la universidad se halla restringida a unos pocos privilegiados?
5. ¿Qué hace falta para asistir a la universidad sin préstamos o otras ayudas económicas?
6. ¿Le parece bien que los padres paguen los estudios de grado (*undergraduate*)? Justifique su respuesta.
7. A su modo de ver, ¿quién debe pagar los estudios de posgrado, como la maestría (*M.A., M.S.*) o el doctorado (*Ph.D.*)?
8. ¿Vale la pena tomar un préstamo para pagarse un viaje de estudios o de fin de carrera? Explique su respuesta.

Teatro de bolsillo

Y a mí, ¿quién me protege?

PERSONAJES

Una pareja, propietarios de una tienda
Representantes de una organización de protección a los consumidores
Varios consumidores

Algunos consumidores les hacen acusaciones a los propietarios de la tienda, otros los defienden. Los representantes deben hacerles preguntas a ambas partes para decidir quién tiene la razón.

EXPRESIONES ÚTILES

tarjeta de crédito
pagar al contado
endeudarse
sinceridad (falta de sinceridad) en los anuncios
quejarse (de algo)
poner una multa
producto / marca / calidad
venta especial
devolver / cambiar por otro
recibo
paquete

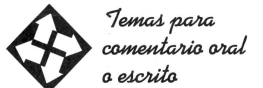

Temas para comentario oral o escrito

1. Los aspectos comerciales de fechas especiales como la Navidad, el Día de la Madre, el Día de Gracias y otras fiestas:
   a. son buenos para la economía del país y por lo tanto deben mantenerse.
   b. corrompen el verdadero significado de esas fechas y por lo tanto deberían combatirse.

2. La Navidad:
   a. es una fiesta intrínsecamente religiosa que no debería celebrarse en instituciones públicas.
   b. se ha secularizado, y por eso todos pueden participar en ella.
3. La moda es (no es) una institución artificial.
4. La importancia de la ropa que uno viste en esta sociedad.
5. Las tarjetas de crédito para los jóvenes:
   a. les permiten desarrollar buenos hábitos de consumo.
   b. los estimula a gastar más de lo que pueden y endeudarse innecesariamente.

Proyectos

1. Prepare una charla como para explicarle a un grupo de visitantes hispánicos cómo se viste la gente en este país, tanto en situaciones formales como informales. Contraste la moda de hoy con la de hace quince o veinte años. Ilustre la evolución de la moda con fotos de amigos o parientes, o sacadas de revistas, etc.
2. Prepare una charla sobre el arte verdadero y el arte falso. Haga referencia a las reproducciones de cuadros y otras obras de arte que se encuentren en el campus (en las tiendas, en la Unión de Estudiantes, etc.).
3. Obtenga informaciones sobre la celebración de la Navidad o el Día de Reyes en los países hispánicos y compárela con la manera de celebrarla en este país.
4. Entreviste a algunos amigos y prepare un informe sobre la influencia de la publicidad en su vida.
5. Prepare una breve charla sobre lo que hay que hacer para conseguir un crédito para estudiantes.

Sociedad

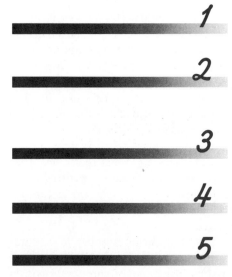

¿Se acaba el American dream?

Inmigrantes,
go home

¿No más inmigrantes?

Nunca antes una mayoría tan abrumadora° de la población (61 por ciento, según el último sondeo°) se había declarado partidaria de frenar° la inmigración. Hace siglo y medio que no existía un movimiento como la Federación para la
5 Reforma de la Inmigración Norteamericana, que hoy propone cerrar a cal y canto° el país a la llegada de inmigrantes. Su portavoz° asegura que «la gente está reaccionando ahora a la realidad de los últimos 20 o 25 años. Los niveles de inmigración no tienen precedentes, sus números no cesan° de crecer, y el pueblo estadouni-
10 dense se ha dado cuenta° de que ya es más que demasiado.»

    Es cierto que en cifras° absolutas, los 7,3 millones de extranjeros que se asentaron° en EE.UU. la pasada° década suponen el segundo número más elevado° de cualquier período de la historia del país. Pero, en realidad, los años 20 experimentaron un nivel
15 proporcionalmente más alto de inmigración sin causar semejante° trauma chauvinista, cuyas raíces° están en la incapacidad del sistema para atender las necesidades de sus ciudadanos. Lo más grave es que, con tantos problemas, los estadounidenses han llegado a creer que todos los inmigrantes son ilegales.

20   Eminentes economistas argumentan que «la inmigración provoca muy poco o ningún desempleo, incluso entre los grupos más propensos° a ser desplazados por la mano de obra° barata, como la de los negros e hispanos». Sin embargo,° los nuevos *nativistas* (como se designa en EE.UU. a los xenófobos°) argumentan que los
25 ilegales están reproduciéndose como conejos° sólo para obtener la ciudadanía a través de sus hijos.

    Los chivos expiatorios° de esa frustración han empezado a sentir los efectos del rechazo,° por mucho que en EE.UU. éstos queden

	overwhelming
	survey
	braking, slowing
	a... solidly / spokesperson
	stop
	se... has realized
	figures
	settled / last
	high
	such a
	roots
	más... more likely / **mano...** labor
	Sin... Nevertheless
	xenophobes
	rabbits
	chivos... scapegoats
	rejection

diluidos° en una sociedad en la que gran parte de los ciudadanos nativos son originarios de zonas y razas lejanas.

En la capital, una agencia de empleo fue multada° con 50.000 dólares al demostrarse° que decía que no había puestos de trabajo
5 vacantes a todos los que hablasen con acento extranjero. Pero esto fue una excepción: casi nadie se atreve° a denunciar las muchas discriminaciones que se producen a diario.

«La mayor parte de los inmigrantes depende tanto de sus patrones,° para conservar el empleo, que se crea un tremendo
10 riesgo° de explotación y de abuso. Por ejemplo, el caso de una empresa de jardinería que paga menos salario a los empleados que hablan mal inglés. Son hombres que están manejando° segadoras de césped° o podando° setos…° No se puede decir que el inglés sea una parte esencial de su trabajo», explica un abogado del gabinete
15 por Derechos° Civiles de Washington.

Los estudios oficiales revelan que uno de cada cinco latinos residentes en Washington D.C. padece° algún tipo de discriminación cuando trata de° conseguir° empleo, y que las mujeres inmigrantes sufren habitualmente acosos° sexuales en sus puestos de
20 trabajo.

Ese desprecio generalizado hace aun más difícil la vida a personas que suelen estar en el peldaño° más bajo de la escala social. El primer censo (recién concluido) que ha tomado en consideración el origen hispano de los residentes ha descubierto que los latinos
25 viven en la pobreza en una proporción tres veces mayor que los norteamericanos protestantes blancos.

En esas condiciones, gran parte de los que viven muchos años con la residencia legal (la denominada «carta verde°») pero no quisieron pedir la ciudadanía porque seguían sintiéndose latinos (hay
30 más de diez millones de inmigrantes en esa situación), han empezado a convertirse° en estadounidenses para ser respetados. Algunos, como la guatemalteca Lucía A., confiesan que al hacerlo «me he sentido rota° por dentro, como si hubiera abandonado a mi país… como si me hubiera negado a mí misma…»
35 La directora del Centro de Integración Latinoamericana de Nueva York, colombiana, considera que «hay que entender que muchos inmigrantes se sienten perdidos y disminuidos° cuando llegan a este país. Lo único que les queda° es su identidad nacional y odian tener que abandonarla.» Van a tener que hacerlo si quieren
40 que les dejen un rincón en el país que alguien ha comparado con «una lancha salvavidas°» que se está llenando demasiado y se va a hundir».

La gran huida°

La presión de las masas de desheredados° que llegan a EE.UU. procedentes° de todos los rincones del planeta ha hecho mella° por
45 fin° en el paraíso de los emigrantes. Hay una auténtica huida

---

Glosas:

diluted

fined
al… when it was demonstrated

se… dares

bosses
risk

handling
segadoras… lawn mowers / pruning / hedges
Rights

suffers from
tries to / obtain
harassment

step

carta… green card

to become

broken

diminished
les… is left to them

lancha… lifeboat

escape

disenfranchised
coming from / **ha…** has had an effect
por… at last

masiva interna de los yanquis pobres, que no pueden competir con la mano de obra barata que arriba a Nueva York o California.

Tradicionalmente, las familias con menos ingresos° se habían trasladado° hacia los estados más prósperos y en los que los servi-
5 cios sociales son más generosos. Al mismo tiempo, cuando un estado padecía una crisis económica, el grupo social más propenso a abandonarlo era el de los residentes mejor educados y preparados.°

Pero esta vez los pobres (clasificados como los que tienen ingresos inferiores a 14.350 dólares anuales, para una familia de
10 cuatro personas) se han unido° al éxodo de la clase media y escapan° también de las que fueran tierras de promisión.°

En los últimos cinco años unos 91.000 neoyorquinos pobres han huido a Massachusetts, Virginia, Carolina del Norte o Florida, ante el empuje° de 154.000 nuevos inmigrantes. Otros 61.000 teja-
15 nos de escasa fortuna° escaparon hacia Colorado, Arizona y Nuevo México tras° la llegada a Texas de 121.000 mexicanos. Y 42.000 californianos menesterosos° marcharon a Nevada, Oregón, Washington o Arizona mientras su estado era invadido por 445.000 extranjeros más.
20 Esto está provocando la polarización de América. «En el futuro tendremos unos pocos estados con enorme diversidad étnica y cultural, mientras que en los demás se concentrará una población más vieja, tradicional y con ingresos superiores», concluye un demógrafo de la Universidad de Michigan, descubridor de la nueva ten-
25 dencia.

El efecto es segregacionista, puesto que° la inmensa mayoría de los nativos que se desplazan es de raza blanca, igual que° son de etnias hasta ahora minoritarias la mayoría de los que llegan de otros países. Así que las nuevas «uvas de la ira°» no sólo envenan°
30 con xenofobia a los norteamericanos, sino que los llevan en sentido inverso del éxodo original para concentrarse en los reductos de la auténtica *American way of life*.

CARLOS ENRIQUE BAYO
Cambio 16 (Madrid)
Adaptación

income
moved

instructed

se... have joined
run away / **tierras...** promised lands

push
escasa... limited means
after
needy

puesto... since
igual... just as

(*ver **Nota cultural***) / poison

Nota cultural

Uvas de la ira Referencia a la novela de John Steinbeck, *The Grapes of Wrath.*

Comprensión

Conteste brevemente, según la lectura:

1. Según cierto sondeo, ¿qué piensa la población acerca de la inmigración?
2. ¿Qué propone el movimiento para la reforma de la inmigración?
3. ¿Cuándo tuvo lugar el nivel proporcionalmente más alto de inmigración?
4. Según la lectura, ¿cuál es la verdadera causa del problema?
5. ¿Qué argumentan algunos economistas?
6. ¿Cuál es la actitud de los nativistas? ¿Qué efectos ha tenido?
7. ¿Qué ejemplos de discriminación menciona la lectura?
8. ¿Por qué los inmigrantes se encuentran en una posición delicada?
9. ¿Qué resultados, según la lectura, ha tenido el aumento de la inmigración en algunos estados?
10. Según la lectura, ¿qué consecuencias podrán tener los desplazamientos de población?

Práctica

A. Empareje los sinónimos:

___ 1. darse cuenta de   a. utilizar
___ 2. abrumador   b. obtener
___ 3. frenar   c. mudarse
___ 4. desplazarse   d. comprender
___ 5. manejar   e. sufrir
___ 6. padecer   f. porque
___ 7. conseguir   g. aplastador
___ 8. puesto que   h. detener

B. Usando la forma apropiada de las palabras y expresiones de la columna izquierda del ejercicio A, escriba un párrafo sobre los problemas de la inmigración en este país.

Ampliación

1. ¿Cómo le parece esta lectura? ¿Polémica? ¿Parcial? ¿Imparcial? Justifique su respuesta.
2. ¿Está usted de acuerdo con que a los inmigrantes ilegales se les trata como chivos expiatorios?
3. ¿Qué diferencia hay entre la inmigración legal y la ilegal?
4. ¿Cree usted que la inmigración tenga algún efecto sobre la mano de obra?
5. ¿Le parece justo el comentario sobre los inmigrantes que tienen hijos en los EE.UU.?
6. Según la ley, los que nacen en los EE.UU. tienen la ciudadanía estadounidense, pero hay personas que dicen que los hijos de los inmigrantes ilegales no deberían tener ese derecho. ¿Qué piensa usted al respecto?
7. ¿Qué relación hay entre la prosperidad de un estado y la calidad de los servicios sociales que ofrece?
8. ¿A su parecer, es el sistema estadounidense capaz de atender a las necesidades de los que viven en el país? Justifique su respuesta.
9. ¿Cree usted que el modo de vida norteamericano esté efectivamente amenazado en donde hay inmigración? Justifique su respuesta.
10. ¿Cómo definiría usted el modo de vida norteamericano?
11. Desde ese punto de vista de la variedad cultural, ¿cómo es la región donde vive usted? Describa cómo eso afecta su vida.

2

Veinticinco familias viven debajo de una autopista.

Arriba pasan° los autos, abajo pasa° esto

pass

takes place

Villa-Autopista queda exactamente debajo de la autopista 25 de Mayo. Allí viven, desde hace casi dos años, unas veinticinco familias. Son en total entre cien y ciento treinta personas. Hay unos sesenta chicos y un solo baño. ¿Quiénes son?

5 Prácticamente en su totalidad, desalojados.° Familias cuyas viviendas° en determinado momento fueron expropiadas, otras que no pudieron pagar el alquiler° o vivían en hoteles. Como Esther, de 30 años, que llegó hace doce años a Buenos Aires y ya tiene cinco hijos.

homeless
houses
rent

10 En *Villa-Autopista* la calefacción° es la más primitiva del mundo: media docena de hogueras° que arden mientras haya algo para arrojar° al fuego. Las casillas están construidas de los materiales más imprevisibles, como cartón de cajas, pedazos de lata, madera, género.° Media docena de perros corren entre las casuchas.° De

15 pronto, sin ninguna causa, se muerden° con ferocidad.

heating system
small outdoor fires
toss

cloth / shacks
se...they bite each other

Al descampado,° hay sillones y sogas° de las que cuelga ropa, especialmente pañales.° La de los adultos, desteñida° y gastada° por el uso, está rígida por el frío, prácticamente congelada. Hay casillas con puertas y ventanas que no guardan la menor proporción. Es

20 evidente que provienen de casas diferentes. Otras no tienen techo. Algunas lamparitas mortecinas° demuestran que hay luz eléctrica, instalada después que las veinticinco familias abonaron,° entre todas, la cuota.° Según los habitantes, la Municipalidad les permitió

Al... In the open air / ropes
diapers / faded / worn out

fading
paid
tariff

Arriba pasan los autos, abajo pasa esto   **197**

instalarse y los asistentes sociales municipales les aseguran que nadie los va a sacar.° «Aquí estamos resguardados.°» *Villa-Autopista* queda a quince cuadras° del Congreso de la Nación.

expel / protected
blocks

ANA DE JUAN
Gente (Buenos Aires)
Adaptación

Lo moderno actual contrasta con la pobreza de siempre en una gran ciudad hispanoamericana.

En todos los países hispanoamericanos, una serie de factores contribuyen al crecimiento incontrolado de sitios como *Villa-Autopista*. El exceso de población en las grandes ciudades, donde no hay viviendas aptas para todos; la pobreza de una gran parte de la gente; el desempleo masivo; y los bajos sueldos, que no acompañan la inflación, son sólo algunas de las causas más evidentes de esa situación. El nombre de esos sitios varía, según el país— *villas miseria* en la Argentina, *callampas* en Chile, *favelas* en Brasil, *pueblos jóvenes* en el Perú, y otros términos que reflejan todos el mismo cuadro desolador de pobreza e injusticia social.

Comprensión

Conteste brevemente, según la lectura:

1. ¿Qué clase de lugar es *Villa-Autopista*?
2. ¿Dónde queda?
3. ¿Quiénes viven allí?
4. ¿Por qué viven en aquel sitio?
5. ¿Qué clase de calefacción hay allí?
6. ¿De qué están hechas las casuchas?
7. ¿Qué acto sugiere cierto sentido de comunidad entre los habitantes?
8. ¿Cuál es la posición de la Municipalidad?
9. ¿Cuál parece ser la actitud de uno de los habitantes ante su situación?

Práctica

A. Empareje los sinónimos:

___ 1. pasar   a. seis
___ 2. resguardar   b. expulsar
___ 3. arrojar   c. ocurrir
___ 4. media docena   d. echar
___ 5. desalojar   e. proteger

B. Usando las palabras y expresiones de la columna izquierda del ejercicio A, escriba un párrafo en el que se compare la situación de los habitantes de *Villa-Autopista* con la de los desalojados de este país.

Ampliación

1. ¿Qué significa el título de este artículo? ¿Qué efecto cree usted que logra aquel título?
2. ¿Qué impresión le causa a usted la descripción de *Villa-Autopista*?
3. ¿Qué consecuencias puede tener, para los niños, vivir en un sitio como *Villa-Autopista*?
4. ¿Se encuentran sitios como *Villa-Autopista* en este país? ¿En dónde?
5. ¿Cuál sería su actitud, si usted se viera forzado a vivir en un sitio como ése?
6. ¿Ha estado usted en algún sitio semejante? Hable de ello.
7. Explique la importancia de la última frase del texto: «*Villa-Autopista* queda a quince cuadras del Congreso de la Nación.»
8. A su modo de ver, ¿qué actitud acostumbra tener la gente de mejor condición social hacia sitios como *Villa-Autopista*? ¿Cómo explica usted esa actitud?

3

¿Cuál será el destino de los hijos de las parejas divorciadas?

Los hijos del divorcio

T ras la sanción° de la ley que establece el divorcio en la
Argentina surgen° preguntas acera de sus efectos sobre los
hijos de padres divorciados. Aquéllos participan de la crisis
casi exclusivamente como espectadores y raramente son consulta-
5 dos. También son los miembros del grupo familiar más desprote-
gidos° y, por lo tanto, los que permanecen expuestos en mayor
proporción a las consecuencias posteriores.

     Un juez de Menores° sostiene una opinión tajante:° «Después
de esta ley, los chicos estarán igual de desprotegidos que antes. El
10 divorcio es perjudicial° para toda la estructura familiar y los hijos
de familias desmembradas tienen mayor proclividad° a la delincuencia.°»

     Añade el juez: «En mi juzgado° se ven estos casos todos los
días. Hablan de incomprensión, de falta de cariño.° La separación
15 produce un problema de comportamiento° y desequilibrio psicológico en toda la familia.»

     Un psicoanalista y terapeuta° familiar relativiza° esas conse-
cuencias, sosteniendo que lo que hay que lograr° es que «la gente
se divorcie bien». Describe el «divorcio benigno» como aquel des-
20 pués del cual «la familia se organiza correctamente y puede supe-
rar° esa dificultad, seguir creciendo°». Según él, «lo ideal es que la
pareja que se divorcia como matrimonio siga casada en cuanto a°
padres».

     La situación vuelve a complicarse cuando los miembros de la
25 ex pareja resuelven volver a casarse. Según el psicoanalista, «es
más difícil armar° una familia de divorciados o de «recasados» que
una de primeras nupcias.° Manejándose° bien, es perfectamente
posible. La familia de divorciados es «binuclear», con dos casas. Los
chicos tienen que acostumbrarse a tener dos camas, dos almoha-
30 das, dos conjuntos de ropa o de juguetes. Deben moverse de un
grupo familiar a otro. Todo eso complica pero no hace imposible las

ratification	
arise	
unprotected	
juez... Juvenile Court judge / categorical	
harmful	
inclination	
criminality	
court	
affection	
behavior	
therapist / downplays	
obtain	
overcome / maturing	
en... insofar as	
put together	
primeras... first marriage / Handling it	

cosas. Lo que perjudica° es el egoísmo,° la ausencia de uno de sus progenitores.»

    Un pediatra afirma que a cualquier edad el chico sufre ante el conflicto de la pareja. El dilema para él es inevitable: «¿Y yo con
5 quién me voy?…» «¿No me van a dejar de lado?°» Lo normal es que la criatura quiera igual al papá que a la mamá, pero cuando descubre que entre esos seres tan cercanos también existe el odio,° la crisis es inevitable.

    ¿Las soluciones? Todos confiesan que no existen las totales. El
10 pediatra se anima° a resumir° su receta: «Que la pareja se abstenga de usar a los hijos para agredirse° mutuamente.»

harms / selfishness

dejar... abandon

hatred

se... feels encouraged / sum up
attack each other

> HÉCTOR SIMEONI
> *Somos* (Buenos Aires)
> Adaptación

Nota cultural

Es larga la historia de la implantación del sufragio femenino y del divorcio en los países hispánicos. Hay aquí algunas fechas:

	Sufragio femenino	*Divorcio*
Argentina	1947	1954 (disolución del matrimonio)
Brasil	1932	1977
Chile	1932	1977
Colombia	1954	1976 (matrimonio civil)
Cuba	1934	1917
Ecuador	1929	—
España	1931	1981
México	1946 (elecciones municipales) 1953 (elecciones nacionales)	1931
Perú	1933 (elecciones municipales) 1955 (elecciones nacionales)	1931
Venezuela	1946	1982

Comprensión

Conteste brevemente, según la lectura:

1. ¿Cómo participan los hijos en la crisis que lleva al divorcio?
2. Según el juez, ¿cuál será la situación de aquellos hijos bajo la nueva ley del divorcio?
3. ¿Qué es, según el psicoanalista, un «divorcio benigno»?
4. ¿Por qué se dice que la familia de divorciados es binuclear?
5. ¿Qué dilema tienen que enfrentar los hijos?
6. ¿Qué opina el pediatra de los sentimientos de los niños?

Práctica

Usando las palabras y expresiones siguientes, describa una situación difícil que usted ha logrado resolver:

acostumbrarse a (+ *infinitivo*)
lograr (+ *infinitivo*)
seguir (+ *adjetivo*)
seguir (+ *gerundio*)
volver a (+ *infinitivo*)
abstenerse de (+ *infinitivo*)

Ampliación

1. ¿Qué opina usted de la idea de que «los hijos de familias desmembradas tienen mayor proclividad a la delincuencia»?
2. ¿Le parece realista que una pareja divorciada pueda seguir «casada en cuanto a padres»? Explique su respuesta.

3. ¿Qué piensa usted de la receta del pediatra?
4. ¿Quién le parece más competente para dar opiniones sobre la cuestión del divorcio —el juez, el psicoanalista o el pediatra?
5. ¿Qué aspectos positivos o negativos presenta el divorcio?
6. ¿Hasta qué punto deberían los hijos participar en el divorcio de sus padres?
7. Hay quienes dicen que los hijos deben tener un abogado que proteja sus derechos durante el divorcio de sus padres. ¿Qué opina usted de esta idea?
8. A su parecer, ¿deben los hijos de divorciados tener un papel activo en la determinación de cuestiones como, por ejemplo, la elección de con quién van a vivir?

Perich

4

Violencia, televisión y niños

En Estados Unidos, más de tres mil estudios se han realizado° sobre la relación que existe entre la violencia, la televisión y los niños. Es un tema preocupante, principalmente por el incremento del nivel de violencia de programas y series televisivas, pero también por el hecho de que,° en los últimos años, se
5 ha registrado° un crecimiento alarmante del índice de criminalidad infantil y juvenil. Datos° estadísticos muestran que un porcentaje nada desdeñable° de estos niños y jóvenes porta° armas, la llevan a la escuela y a la calle y están dispuestos a usarlas para solucionar
10 los conflictos o, incluso, por mera diversión.°

se... have been done

por... for the fact that
se... has been noticed
Data
nada... not trivial / bears

amusement

La televisión y los niños: un diálogo para muchos años.

Como México importa gran cantidad de ese material, también en nuestro país los niños están recibiendo una fuerte dosis de violencia televisiva. La Asociación Americana de Psicología plantea° que el niño estadounidense presencia° un promedio° de ocho mil asesinatos° televisivos antes de terminar la escuela primaria. Otro estudio manifiesta° que en un sólo día, 10 canales exhibieron 389 asaltos° sin pistolas, 362 escenas con pistolas, 273 peleas con los puños,° 272 empujones° violentos, 226 amenazas° con armas, 128 cachetadas,° 95 destrucciones intencionales de propiedades y 73 asaltos simples.

Esta fuerte dosis de violencia da origen a preguntas que buscan responder cómo afecta a los niños estar expuestos a tanta escena violenta a través de la televisión. Por otra parte,° existe la preocupación de conocer qué tanto° el incremento de la criminalidad infantil y juvenil que existe hoy en ese país se debe a la cantidad de violencia que pasa por el televisor y que muestra al niño que la solución más eficiente° para enfrentar° cualquier tipo de problema es por medio del° uso de la violencia.

En las investigaciones que existen sobre el tema no podemos encontrar un acuerdo° de cuáles son los efectos de la violencia televisiva en la conducta de los niños y jóvenes. Existen estudios que sostienen° que la televisión fomenta la actitud agresiva, mientras que otros plantean° que produce un efecto catártico al permitir a los espectadores desenterrar,° en forma simbólica, la agresión que guardan en su interior.

Otro campo, directamente relacionado con la violencia y los medios de comunicación, es el de los videojuegos. Con una imagen visual dinámica, efectos sonoros y registro° automático de puntuaciones,° los temas y escenas que aparecen en esta forma de entretenimiento electrónico están, mayoritariamente,° relacionados con escenas violentas.

Al igual que° en la televisión, hay investigaciones que sostienen que la violencia de los videojuegos genera comportamientos agresivos. Sin embargo,° hay estudios que muestran que los videojuegos agresivos de a dos jugadores reducen el nivel de agresividad de los juegos realizados inmediatamente después. Por esto, estos estudios sostienen que los videojuegos agresivos producen un efecto catártico o relajante.°

También se ha encontrado° que, cuando se trata de videojuegos agresivos para ser jugados en forma individual, sucede° exactamente lo opuesto: se presenta una estimulación de actitudes agresivas en los juegos posteriores. Si se trasladan estas investigaciones al campo de la televisión, resultan ser un sustento° a aquellos estudios que sostienen que la televisión produce actitudes agresivas en los niños, tanto por el alto contenido de violencia que contienen y como porque° su recepción se realiza en forma individual, o cuanto más,° acompañada de muy poca interacción social.

	submits, states
	watches / average
	murders
	reveals
	attacks
	peleas... fist fights / shoves / threats
	slaps to the face
	Por... On the other hand
	qué... to what extent
	effective / face
	por... by means of the
	agreement
	maintain
	submit
	unearth
	recording
	points
	mostly
	Al... Just as
	Sin... Nevertheless
	relaxing
	se... it has been found
	happens
	support
	tanto por... como porque both because . . . and because . . .

Un aspecto que se ha encontrado en estas investigaciones es que el contenido violento de los videojuegos ha mantenido alejadas° a las niñas, mientras que la violencia ciertamente actúa como polo de atracción para los varones.° Esta diferencia tiene importan-
5 tes implicaciones posteriores, ya que° se ha visto que los videojuegos constituyen la puerta de entrada a la computación para la mayoría de los niños. En cambio,° las niñas, alejadas de ellos por considerarlos agresivos y violentos, carecen de esta entrada lúdica° al mundo de la computadora.

10 Actualmente no existen datos suficientes que nos permitan afirmar que la televisión o los videojuegos sean culpables o influyan en la violencia social, pero sus contenidos altamente agresivos se suman° —a manera de estímulo— a una realidad social violenta, a la desintegración familiar, al consumo de drogas, al sinsentido° de
15 la vida y al desencanto que tienen gran número de adolescentes en el país vecino.

En México encontramos muy poca preocupación sobre el tema. Incluso no existen asociaciones ni grupos que se dediquen a estudiarlo en forma rigurosa y sistemática, por lo que hay poca
20 información al respecto, pero tenemos la seguridad de que no estamos exentos° del problema.

> cuanto... at most
>
> distanced
> males
> ya... since
>
> En... In turn
> playful
>
>
>
> se... add up
> meaninglessness
>
>
>
> immune

MERCEDES CHARLES C.
Fem. (México)
Adaptación

Comprensión

Conteste brevemente, según la lectura:

1. ¿Es un problema en México la violencia televisiva?
2. ¿Y en los Estados Unidos?
3. ¿A qué conclusiones han llegado los investigadores sobre la relación entre violencia televisiva y los niños?
4. ¿Para qué usan las armas los niños?
5. ¿Cuánta violencia televisiva ve el niño estadounidense antes de salir de la escuela primaria?
6. ¿Qué otro tipo de entretenimiento se considera violento?
7. ¿Qué pruebas se presentan de la relación entre violencia y televisión?
8. ¿Qué resultados parecen tener los videojuegos agresivos individuales?
9. ¿Y los videojuegos agresivos para dos jugadores?
10. ¿Qué relación hay entre el contenido de los programas y el comportamiento de las niñas?

Práctica

A. Empareje los sinónimos:

___ 1. crecimiento   a. despreciable
___ 2. realizar   b. alarmante
___ 3. desdeñable   c. declarar
___ 4. preocupante   d. incremento
___ 5. conducta   e. ver
___ 6. presenciar   f. transportar
___ 7. plantear   g. hacer
___ 8. trasladar   h. comportamiento

B. Usando las palabras de la columna izquierda del ejercicio A, escriba un párrafo sobre la violencia televisora en esta sociedad.

Ampliación

1. A su parecer, ¿qué relación podría existir entre la violencia televisiva y los niños?
2. ¿De qué manera podría un programa televisivo afectar positiva o negativamente a alguien?
3. ¿Le gustan a usted los videojuegos? Justifique su respuesta.
4. Describa algún videojuego que le parezca violento, y compárelo con otro no violento.
5. ¿Está usted de acuerdo en que los videojuegos mantienen alejadas a las niñas?
6. ¿Cómo deberían ser los videojuegos para que pudieran interesar igualmente a mujeres y varones?
7. ¿Son los videojuegos la única entrada a la computación que tienen los niñós? ¿Qué otras entradas hay?
8. Suponiendo que haya mucha violencia en la televisión y los videojuegos, ¿cree usted que sea eso necesariamente malo? Justifique su respuesta.
9. ¿Hay otros países en donde los niños se comportan con violencia? Explique su respuesta.
10. ¿Qué piensa usted de las conclusiones de los dos últimos párrafos de la lectura?
11. Si la violencia en la tele y los videojuegos es un problema social, ¿a quién le toca arreglar eso? ¿Al Estado o a los ciudadanos? Justifique su respuesta.
12. ¿Le preocupa a usted, personalmente, el tema de la violencia? Justifique su respuesta.

5

¿Estará la televisión contribuyendo a diseminar la ignorancia?

Analfabetos merced a° la TV

merced... thanks to

Desde hace bastante tiempo venimos asistiendo a un proceso de degradación televisiva englobado° bajo el término «tele-basura°». Degradación criticada por los poderes públicos y políticos, que sin embargo no hacen nada para evitarla, más bien°
5   todo lo contrario. Por los directivos y trabajadores de las televisio-nes, que la fomentan° al amparo de que° al público se le da lo que pide; y por los ciudadanos, que no obstante° son incapaces de apa-gar el televisor. Lo único cierto es que cualquier canal forma su parrilla° de programación con películas de innecesaria violencia, o
10 sexo gratuito, cuando no interminables series norteamericanas estúpidas y mediocres que entontecen° a nuestra juventud, innom-brables *reality shows*, esquizofrénicos y vergonzantes° concursos,° o supuestos programas de actualidad que poco o nada tienen que ver con lo que sucede en la calle.
15   Hoy es impensable° un espacio° en donde pudiera hablarse con libertad sobre los problemas reales que son causa del deterioro° social y moral de este país, desde la aparición de una juventud vio-lenta y racista hasta la proliferación de necios° adulterados° por el poder que en su mayoría poseen las instituciones públicas.
20   Los medios de comunicación son el vehículo que posibilita el fundamental derecho a ser informados que todos los ciudadanos tenemos. Pero es ya momento de matizar° que no todos los medios pueden ampararse° en la libertad y la información para anteponer el lucro° político o el lucro económico, a la función social de la
25 información.
        La televisión es puro espectáculo° y por ello° es el medio de comunicación que más atrae. Convierte la más penosa tragedia, el acto más sagrado, o la guerra más cruenta° en espectáculo. Cuando pretende° dar información, no hace otra cosa que dar espectáculo
30 informativo. Si sus mentores optaran por culturizar a la sociedad,

lumped together
basura = garbage
más... rather

encourage, promote / **al...** under the excuse of
no... nevertheless

menu (*fig.*)

make idiots
embarrassing / contests

unthinkable / spot
decay

idiots / corrupted

to consider
find protection
gain

show / **por...** for that reason

cruel
intends

Televisión

Canal 11 TELEFE

A las 15

Déjate querer

12:00. Telefé noticias, noticiero conducido por Amalia Rozas y Carlos Asnaghi.
13:00. Fer Play, programa de entretenimientos con la conducción de Fernando Bravo.
15:00. Déjate querer, telenovela con Carlos Mata y Catherine Fulop.
16:00. Utilísima, programa dedicado al mundo de la mujer con la conducción de Patricia Miccio.

17:00. Jugate conmigo, de entretenimientos con Cris Morena.

18:00. El show del Chavo, de entretenimientos. Cond. R. Gómez Bolaños.

19.00. Telefe noticias, informativo, con Rosario Lufrano y Franco Salomone.

20:00. Hola Susana, periodístico, con la conducción de Susana Giménez.

21:00. Un hermano es un hermano, comedia, con Guillermo Francella y J. Portales.

22:00. Lunes espectaculares: **Costa mosquito,** con Harrison Ford, Helen Mirren y River Phoenix. Dir.: Peter Weir.

24:00. Videomatch, de entretenimientos, con Marcelo Tinelli.

Canal 13

A las 16

Causa común

12:00. El show de la Pantera Rosa, dibujos animados.
13:00. 3-60, todo para ver, magazine de actualidad; con la conducción de Julián Weich, Catalina Dlugi y Marley.
15:00. El día que me quieras, telenovela, con G. Colmenares, O. Laport y A. Zanca.
16:00. Causa común, periodístico de interés general. Conducción de María Laura Santillán.

17:00. Beverly Hills 90210, serie con J. Priestly y Shanen Doherty.

18:00. Nano, telenovela con Gustavo Bermúdez y Araceli González.

19:00. Montaña rusa, telenovela, con Diego Olivera, Beatriz Spelzini y Horacio Peña.

20:00. Telenoche 13, noticiero, con Mónica Cahen D'Anvers y César Mascetti.

21:00. La aventura del hombre, documentales.

22:00. El mundo del espectáculo: **Serrat, 30 años con la música.**

24:00. En síntesis, luego: **Ese amigo del alma,** con Lito Vitale.
0:15. Cine 13: **Esta joven se alquila,** con Jerry Jamenson y Bess Armstrong.

---

sería la más perfecta Universidad, pero como lo que hace es embrutecer,° es el más perverso de los medios.   **stupefy**

   Los interesados defensores de la televisión nos dirán que a la audiencia se le da lo que pide, nos hablarán de la publicidad, y de
5 que el mercado es el paradigma de la libertad. Puras falacias: las necesidades se crean al amparo de intereses personales, políticos o mercantiles, intereses que nada tienen que ver con el derecho a la libertad de información. Ese fenómeno repetitivo va creando una atrofia mental, individual y colectiva, incapaz de distinguir lo conveniente y oportuno de la estupidez programática, la mediocridad

existencial o la inmoralidad espiritual. La imagen televisiva nos
está abocando° a un proceso de regresión cultural que acabará por   leading
convertir a la persona en consumidor obediente y elector sumiso.
La pregunta es cómo se ha llegado a esta situación, y en su caso a
5 quién beneficia esta consciente o inconsciente manipulación de la
gran masa ciudadana.

    Recordemos que todos los canales están sujetos a unas normas
jurídicas, pero estas disposiciones son manifiestamente incumpli-
das° sin que el Gobierno haga absolutamente nada por defender a   disobeyed
10 los ciudadanos. Con la agravante,° en el caso de las televisiones   aggravating circumstance
públicas, que se subvencionan° con dinero de nuestro bolsillo.   **se...** are subsidized

    El argumento que de la programación de las televisiones priva-
das son responsables sus dueños y accionistas hoy suena a falacia
con visos de° fraude social. Las cadenas privadas están en manos de   **con...** with the intention of
15 banqueros y empresarios en crisis, a los que les preocupa mucho
menos convertir a la sociedad en siervos° inorgánicos que disgustar   serfs
al poder político con una programación que permita que los televidentes se pregunten por el funcionamiento de las instituciones, en
qué se invierten los dineros públicos, qué hace la clase política, o
20 quién ha provocado la crisis que nos atenaza.°   torments

    Si damos un paso más y nos atrevemos° a preguntar a quién   **nos...**we dare
beneficia la «telebasura», la ausencia de programas de debate y
opinión que hagan reflexionar° a los ciudadanos, o la inexistencia   reflect
de espacios informativos no manipulados previamente,° llegamos a   previously
25 una conclusión precisa: nada es más fácil de manejar y colonizar
que una sociedad intelectualmente castrada. Hoy las televisiones,
bajo la égida° del Gobierno, al amparo de una supuesta libertad de   protection
información y de un trasnochado° liberalismo mercantil, están   stale
desculturizando la sociedad y creando analfabetos orgánicos
30 interactivos.

TEODORO GONZÁLEZ BALLESTEROS[1]
El Mundo del País Vasco (España)
Adaptación

Comprensión

Conteste brevemente, según la lectura:

1. ¿Cómo se caracteriza el proceso al que se refiere la lectura?
2. ¿Quiénes lo critican?
3. ¿Qué temas televisivos critica el autor?
4. ¿Con qué derecho tienen que ver los medios de comunicación?
5. ¿A qué se debe el atractivo de la televisión?

6. ¿Qué es lo que podría hacer la televisión, pero no lo hace?
7. ¿Qué argumento se utiliza para justificar los programas que se ofrecen al público?
8. ¿A qué resultados políticos conduce la televisión?

---

[1]Catedrático de Derecho de la Información de la Universidad Complutense de Madrid.

Práctica

Haga una lista de los adjetivos usados en la lectura para describir los programas de televisión y úselos en una carta a un amigo para describir alguna actividad que no le guste a usted.

Ampliación

1. ¿Qué son los programas de actualidad? ¿Cuáles son sus características principales?
2. ¿Qué otros tipos de programas existen en este país?
3. ¿Qué programas de televisión ve usted regularmente? ¿Por qué?
4. A su parecer, ¿cuáles son los mejores programas de televisión en la actualidad? ¿Y los peores? ¿Cómo justifica su preferencia?
5. ¿Qué piensa usted de las consideraciones expresadas en la lectura?
6. A su parecer, ¿se aplican algunas de esas consideraciones a la televisión de este país? ¿Cuáles?
7. ¿Qué piensa usted de la calidad de los programas televisivos que se dan en este país?
8. En su opinión, ¿es verdad que la televisión puede «convertir a la persona en consumidor obediente y elector sumiso»? Justifique su punto de vista.
9. A su modo de ver, ¿cuál es la función social de la información?
10. Explique la idea de que «las necesidades se crean al amparo de intereses personales, políticos o mercantiles».

Teatro de bolsillo

Entrevista televisiva: ¿Cómo deberían ser los programas de TV?

PERSONAJES

El presentador / La presentadora del programa

Un(a) representante de una estación comercial de TV

Un(a) representante de una estación cultural de TV

Dos o tres representantes de varios grupos de opinión

El presentador del programa entrevista a los distintos participantes, preguntándoles su opinión acerca de aspectos específicos de los contenidos televisivos (por ejemplo, la violencia, los programas cómicos o el tratamiento de los temas políticos o sociales). Después que cada participante haya hablado, resumirá sus opiniones y presentará un breve comentario.

EXPRESIONES ÚTILES

Estamos aquí para hablar de…

Quisiera preguntarle a usted…

Perdón, no estoy de acuerdo…

Sí, pero…

Perdone, nos hemos alejado del tema…

Ahora le toca a…

Anuncio / anunciar / anunciante

Volveremos después…

Temas para comentario oral o escrito

1. ¿Es el desempleo inevitable? ¿O será un mal necesario?
2. En este país hay (no hay) empleos para todos los que quieran trabajar. Por eso, no se debe (se debe) proporcionar ayuda económica a los desempleados.
3. La violencia es (no es) una característica intrínseca de la raza humana; por lo tanto, todos debemos (no debemos) estar preparados para defendernos contra cualquier agresor.
4. ¿Hay razones para creer que el divorcio perjudique necesariamente a los hijos?
5. Los contenidos televisivos:
   a. deben corresponder a las expectativas de entretenimiento de los telespectadores y no plantearles temas controversiales.
   b. deben constituir un elemento educativo y de debate cultural y social, aunque sacrificando su papel de entretenimiento.

Proyectos

1. Obtenga la información necesaria y prepare una charla para explicar la asistencia que se ofrece a los desempleados y los desalojados, en su comunidad o estado.
2. Entreviste a algunos amigos y prepare una breve charla sobre lo que piensan acerca de uno de los temas siguientes:
   a. el divorcio.
   b. la violencia televisiva.
   c. la situación de los desempleados y desalojados.

Cultura y arte

Las telenovelas,° ¿espejo de la vida?

soap operas

La buena-buena y la mala-mala

En las telenovelas siempre ha habido dos categorías de mujer. La buena, o protagonista, ha tenido que conformarse° a un tipo físico supuestamente atractivo y generalmente elegido° con un criterio masculino bastante convencional de
5 la belleza y los encantos° femeninos. Por lo general, esa mujer es pasiva y depende de la aceptación amorosa de un príncipe para descubrir cuán maravillosa° es. Es decir, Cenicienta° ha sido la protagonista por excelencia de telenovela. Y, además, es tan buena y tan poco conciente y cuestionadora del mundo que la rodea,° que
10 generalmente pasa por° tonta.°

    Por otro lado, está la mala, o antagonista, que representa el reverso de la medalla. Es un ser° con cierta libertad para subvertir el orden establecido; y para poder torturar a la pobre heroína a gusto,° tiene que tener cierto grado de inteligencia. Pero, claro,
15 cada vez° que la usa cae más profundamente en desgracia. Mientras la heroína siempre es premiada° con una lujosa boda° o el amor del galán,° la pobre malvada° siempre es castigada con la locura,° la cárcel° o la muerte. Aunque simplista, este esquema es una síntesis de los tipos de mujer que le han dado vida a los melo-
20 dramas televisivos.

    En un pasado no muy lejano, las heroínas de telenovela gozaban° del amor y la aprobación del público mayoritario, que veía en ellas la encarnación de la «mujer perfecta». De la misma manera, las villanas padecían° el odio y el repudio,° y a veces hasta la agre-
25 sión física de los televidentes.° Sin embargo,° el público ya no quiere ser como sus heroínas: pasivo y conformista. La mujer lineal y llena de bondades° y convicciones ha perdido credibilidad. En la medida en que° la mujer contemporánea, en todos los niveles culturales y socioeconómicos, crece en su conciencia de sí misma, ya
30 no° acepta fácilmente los patrones esquemáticos y simplistas de la buena-buena y la mala-mala.

adjust
chosen
charms

cuán... how wonderful / Cinderella
surrounds
pasa... is considered / foolish

being

a... at will
cada... every time
rewarded / wedding
leading man (*theat.*) / evil woman
madness / jail

enjoyed

suffered / rejection
viewers / **Sin...** Nevertheless

good qualities
En... Insofar as

ya... no longer

Una telenovela de Televisión Española: "La saga de los Rius".

En México, este fenómeno se concretó° en una telenovela que hizo historia hace siete años aproximadamente. *Cuna de Lobos,*° de Carlos Olmos, creó una villana que, encarnada° magistralmente por la actriz María Rubio, se convirtió en heroína nacional. El fenó- 5 meno fue tan aplastante° que incluso° hubo quien la propuso para candidata a la presidencia del país. Catalina Creel, así se llamaba la villana, a pesar de° ser una mala-mala, logró° romper el esquema.

Tuve la fortuna de trabajar en esa telenovela, aunque de prota- gonista, o sea buena-buena, y para establecer un juego dramático 10 interesante y creíble entre los dos personajes antagónicos, tuve que llenar de matices° a mi personaje y hacerla una mujer viva° e inte- resante, que tiene opciones morales y dudas existenciales.

A partir de esa telenovela, las villanas se han convertido en los personajes más importantes e interesantes de la televisión. Por 15 supuesto° que todavía son castigadas con locura, cárcel o muerte al final, pero ahora el público, en vez de alegrarse de ese supuesto acto de justicia, se solidariza° y sufre por la muerte de «la mala».

se... became apparent
Cradle of Wolves
played

overwhelming / even

a... in spite of / succeeded in

nuances / lively

Por... Of course

se... becomes united

En la novela *Capricho*° (1992–1993), encarné° a Eugenia Montani, una villana totalmente diferente a la anterior. Ese personaje atentaba contra uno de los atavismos° más fuertes de nuestra sociedad: la maternidad. No sólo engañaba° a su esposo y mataba a
5 su amante, sino que odiaba a su hija. Hace diez años me hubieran matado en la calle. Ahora, la gente defiende las «razones» de Eugenia, y sufrió verdaderamente cuando se cumplió° su destino de villana de telenovela y se tuvo que suicidar para pagar sus culpas.°

Pienso que de alguna manera es trágico que una mujer independiente, inteligente y atractiva se siga considerando° como villana. Pero, lo interesante de esta evolución del aprecio° del público por este tipo de personaje, radica° en que ahí está la raíz° para un cambio radical en los personajes femeninos de telenovela.

Yo creo que ya no se pueden perpetuar los clichés porque el
15 público que ve las telenovelas, a través de° sus propias experiencias y sus propias necesidades, ya no puede aceptar que una mujer que lucha por crecer en todos los niveles, sea «la mala».

Apelo° al talento de tantos escritores y escritoras de telenovela para que se atrevan…°

Caprice, Whim / I played the role of	
throwbacks	
cheated	
se... was fulfilled	
sins, faults	
se... continues to be considered	
regard	
is based on / root, basis	
a... through	
I appeal	
se... (they) dare	

DIANA BRACHO[1]
Fem. (México)
Adaptación

Comprensión

Conteste brevemente, según la lectura:

1. En las telenovelas tradicionales, ¿qué características tiene la heroína?
2. ¿Y cómo se caracteriza su antagonista?
3. ¿Qué le pasa a cada una de ellas al final de la novela?
4. ¿Qué ha cambiado en la actitud del público?
5. ¿Qué le pasó a la villana de *Cuna de Lobos*?
6. ¿A quién encarnó en esa telenovela la autora del artículo?
7. A partir de entonces, ¿cómo se han caracterizado las villanas?
8. ¿Quién fue Eugenia Montani? ¿Cómo se caracterizaba? ¿Qué le pasó al final?
9. ¿Qué es lo que ya no quieren los televidentes?
10. ¿Qué considera trágico la autora?

Práctica

A. Empareje los sinónimos:

___ 1. a través de	a. conseguir
___ 2. cumplirse	b. ajustarse
___ 3. lograr	c. ser considerado(a)
___ 4. conformarse	d. por medio de
___ 5. pasar por	e. padecer
___ 6. matarse	f. realizarse
___ 7. sufrir	g. estima
___ 8. aprecio	h. suicidarse

B. Usando las palabras y expresiones de la columna izquierda del ejercicio A, escriba un párrafo sobre las telenovelas (o algún otro programa televisivo).

---

[1]Actriz mexicana, muy conocida por su trabajo en telenovelas contemporáneas.

Ampliación

1. ¿Cómo interpreta usted el comentario de la autora, «hace diez años me hubieran matado en la calle»?
2. ¿Por qué hay gente que toma en serio las telenovelas?
3. ¿Por qué es simplista el esquema de la buena-buena y la mala-mala?
4. ¿Ve usted telenovelas? ¿Por qué sí o por qué no?
5. En esta sociedad, ¿le gustaría al público una protagonista buena, pero pasiva y dependiente?
6. ¿Y si se tratara de un protagonista pasivo y dependiente, pero bueno?
7. ¿Qué piensa usted de los castigos que padecen las villanas en las telenovelas?
8. ¿Sabe usted de algún caso de actores que hayan tenido problemas en la vida real a causa de los papeles que representaban en la tele o el cine? Hable de ello.
9. ¿Qué papel juegan las telenovelas en esta sociedad?
10. ¿Es positivo o negativo lo que las telenovelas ofrecen a los televidentes? Justifique su punto de vista.

XXXIV CONCURSO INTERNACIONAL DE EJECUCIÓN MUSICAL MARIA CANALS DE BARCELONA

PATROCINADO POR

Generalitat de Catalunya – Ayuntamiento de Barcelona
Diputación de Barcelona – Ministerio de Cultura

PIANO-VIOLONCELO

● Manaña, domingo, 24 de abril de 1988
Prueba Final: Palau de la Música Catalana
Localidades en taquilla
–Piano a las 21.30 h.
–Violoncelo a las 23.00 h.

CONCIERTO DE CLAUSURA:

Saló de Cent del Excm. Ajuntament de Barcelona,
lunes, 25 de abril, a las 19.00.

Entrada por invitación

2

Un género musical que fascina a los españoles de todas las edades.

Toda España escucha jazz

Probablemente ya nadie se acuerda de aquella noche en que tocaba Johnny Hodges cuando un joven le preguntó cómo tocaba. Entonces Johnny se quedó mirando, cogió el saxo y, empezando «Just a memory», dijo: «Esto se toca así.»

5   Y tocó. Tocó, también probablemente, mejor que lo hicieron sus antepasados en la vieja Nueva Orleans, en sus cafés, sus bodas,° sus prostíbulos° y sus entierros. Eran otros tiempos pletóricos de° esclavitud y plantaciones de algodón con canciones que hablaban de amor y odio, cantos de libertad entonados mientras los barcos

10 surcaban° el Mississippi. Parker, Coltrane, Ellington, Armstrong forjarían un mundo mitológico que perduraría° hasta nuestros días.

En solitario o en grupo, interpretado por manos blancas o negras, el jazz fue fascinando progresivamente a una sociedad invadida por los ritmos modernos. Un día, el mundo se dio cuenta de°

15 que el jazz no sólo liberaba el cuerpo y la expresión, sino el espíritu y la mente, abría nuevas fronteras a la creatividad y formas desconocidas de expresión. El jazz perdió color y ganó immortalidad.

Para hablar de jazz en España, el jazz que se hace no sólo en los festivales de más prestigio y tradición, sino en las ciudades que

20 en estos momentos inauguran esta típica forma de expresión musical, tendríamos que remontarnos° un poco a los orígenes, al jazz como música y sus primeras aproximaciones a nuestros escenarios.°

Una vez situado como música progresiva dentro del panorama

25 musical del siglo XX, y una vez hecha la creación del *bebop* con Charlie Parker en los años cuarenta como una necesidad de comunicación más allá del puro entretenimiento y una receptividad un tanto° intelectualizada, empiezan los primeros contactos: primero de las grandes orquestas de entretenimiento y, más tarde, mediante

30 una de las piezas clave° del jazz español, Tete Montoliú. Pero no es

weddings
whorehouses / **pletóricos...** overflowing with
cut through
would last
se... realized
go back (*in time*)
stages (*theater*)
un... somewhat
piezas... key figures

Un conjunto de jazz en Madrid.

hasta finales de los setenta y principios de los ochenta cuando la
eclosión° del jazz convoca a miles de espectadores. Empiezan a pro-   blossoming
liferar los clubs y los medios de comunicación ponen una atención
mayor.
5   El público español que asiste al jazz está integrado fundamentalmente por estudiantes universitarios, profesionales liberales y
snobs, un público, a excepción de estos últimos, bastante culto por
lo general, lo que no implica que sea una música de élite. La juven-
tud, más proclive° a tendencias jazzísticas mixtificadas° que al jazz   inclined / mixed
10 puro y tradicional, se ha dado cuenta de que no existe antago-
nismo entre jazz y rock, que pertenecen a un mismo patrimonio
musical con múltiples potencialidades y que estamos ante el estilo
más representativo y original de los últimos cien años.

LUIS SÁNCHEZ BARDÓN
Tiempo (Madrid)
Adaptación

Comprensión

Diga si cada frase es verdadera o falsa según la lectura, y corrija las falsas:

1. Ya nadie se acuerda de Johnny Hodges.
2. Nueva Orleans es una ciudad todavía pletórica de esclavitud.
3. El jazz siempre ha ejercido una fascinación sobre toda la sociedad española.
4. El jazz ha dejado de ser una forma de expresión exclusivamente negra.
5. El jazz es un género musical muy difundido en España.
6. La popularidad masiva del jazz en España es un fenómeno más bien reciente.
7. El interés en el jazz en España es un fenómeno exclusivo de los grupos intelectuales.

Práctica

A. Empareje los sinónimos:

___ 1. perdurar   a. formar
___ 2. remontarse   b. proliferación
___ 3. integrar   c. por medio de
___ 4. eclosión   d. continuar
___ 5. mediante   e. inclinado
___ 6. proclive   f. volver en el tiempo

B. Usando las palabras y expresiones de la columna izquierda de ejercicio A, y tratando de seguir el estilo del artículo, escriba un párrafo sobre alguna manifestación artística que le guste.

Ampliación

1. ¿Por qué se puede decir que el jazz es un género musical típicamente norteamericano?
2. ¿Cómo se explica que el jazz se haya originado en Nueva Orleans?
3. ¿Qué sabe usted acerca de los músicos mencionados en el segundo párrafo —Parker, Coltrane, Ellington y Armstrong?
4. ¿Qué querrá decir el autor con que «el jazz libera el cuerpo y la expresión, y asimismo el espíritu y la mente»?
5. A su modo de ver, ¿son o no compatibles el jazz y el rock? ¿Por qué?
6. ¿Qué impresión o sensación le causa a usted el jazz?
7. ¿Dónde ha asistido usted a una buena sesión de jazz?
8. ¿Fue un buen jazz, según los demás espectadores?
9. ¿Cuál es su estilo musical favorito?
10. ¿Tiene usted un compositor o ejecutante de jazz favorito? ¿O de otro estilo musical?

3

Un programa de CD-ROM can más de 2.000 obras de los grandes maestros.

Una pinacoteca° digitalizada

painting collection

U na de las más valiosas colecciones de obras de arte occidentales, nacida del talento de los grandes maestros de la pintura entre los siglos XIII y albores° del XX, está albergada° en la National Gallery de Londres. Ahora no es necesario via-
5 jar hasta Gran Bretaña para disfrutar de° los inspirados trazos de Monet, Rembrandt, Miguel Angel, Veermer, Rafael o Picasso. La multimedia posibilita que esas obras de arte lleguen a la pantalla de la computadora con toda la atracción que a la magia del color le agregan° la información, el sonido y la animación.
10 *Art Gallery* es un CD ROM de la línea Microsoft Home, un programa que no sólo hará las delicias° del marchante° aficionado o el estudiante de arte, sino también de quienes disfrutan, sin entender demasiado de perspectiva, profundidad o cromatismo de una buena pintura, ya sea ésta con el fino trazo de Leonardo da Vinci o la
15 mágica pincelada° de Vincent van Gogh.
Corriendo bajo el entorno° Windows y con un requerimiento mínimo de una PC 386SX, 4MB de RAM, 1MB libre en el disco rígido, disquetera CD ROM, plaqueta° de sonido y mouse, *Art Gallery* posee una interfase tan *friendly* con el usuario, que desde el
20 primer momento éste podrá «recorrer» todas las posibilidades de esta galeria de arte digital sin necesidad de acudir a° la permanente ayuda en pantalla que brinda° la opción *Help*.
El menú principal ofrece: (1) índice de autores, (2) atlas histórico-geográfico, (3) clasificación temática, (4) referencias ge-
25 nerales, (5) un tour guiado con comentarios orales de expertos marchantes británicos y (6) animaciones que mostrarán, entre otros ejemplos, qué factores se deben tener en cuenta° al querer componer con perspectiva un cuadro, o cómo preparaban sus propias pinturas° los grandes maestros.

beginnings (*fig.*)
housed
disfrutar... enjoy

add

hará... will delight / art dealer

brushstroke
environment

board

acudir... resorting to
offers

tener... to take into account

paints

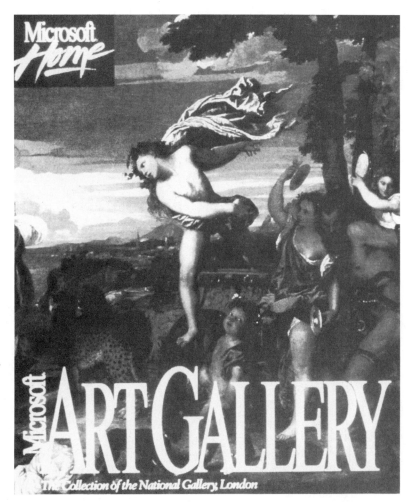

Microsoft Home

Microsoft ArtGallery

The Collection of the National Gallery, London

El arte de los maestos al alcance de su ordenador.

Cada una de las obras de arte que se muestran está acompañada por una ficha que informa el título de la obra, los datos del
autor, la fecha de creación, la técnica usada y las medidas de la
misma. Por el cada vez más popular sistema de hipertexto (rápida
5 búsqueda de otros textos afines, fotografías, sonidos y animaciones
relacionadas al tema que está en la pantalla) es posible profundizar
los datos biográficos de los artistas y acceder a síntesis sobre los
contextos políticos y sociales que rodeaban al pintor en el
momento de su creación.

10   El programa tiene una opción para hacer *zoom* en las obras de
arte y éste, en formato de una lupa,° permite revisar en detalle   magnifying glass
(texturas, pinceladas, sombras, etc.) cada una de las 2.000 obras de
este software. Otra posibilidad que la tecnología multimedia le
otorga° a este programa es poder escuchar y aprender cómo se pro-   offers
15 nuncian correctamente nombres como Ruysdael° o Pollaiuolo.°   (*ver* **Notas culturales**)

Resumiendo, *Art Gallery*, que es de esperar no sea la única manifestación digital en lo que a pinacotecas se refiere,° ofrece un nuevo enfoque para acercarse, entender y disfrutar la pintura, ésa que —al menos históricamente— nació en las cuevas de Altamira°
5 hace casi 20 mil años. Es la pintura que, aún hoy, como arte, persigue° la belleza y, como medio de expresión, la comunicación entre los seres, aunque el presente indique que para hacerlo con las nuevas generaciones se necesite una computadora.

en... insofar as picture collections are concerned

(*ver **Notas culturales***)

pursues

ENRIQUE MONZÓN
Noticias (Buenos Aires)

Comprensión

Conteste brevemente, según la lectura:

1. ¿En dónde se encuentra la pinacoteca de la que habla la lectura?
2. ¿Qué ventajas presenta al usuario ese programa de *software*?
3. ¿Cuáles son sus requerimientos técnicos?
4. ¿Qué le proporciona el menú principal?
5. ¿Qué información se da en la ficha técnica de cada cuadro?
6. ¿Qué permite la opción *zoom*?
7. ¿De qué recursos acústicos dispone *Art Gallery*?
8. ¿Qué permite el sistema de hipertexto?

Práctica

Es común, en el español actual, el empleo de préstamos lingüísticos —palabras y expresiones— del inglés relativos a la informática (*computer science*). Algunas se adaptan a la ortografía española (*hypertext* → hipertexto), mientras que otras se traducen (*hard disk* → disco rígido) y otras más conservan la forma original (*software*). Haga una lista de los préstamos utilizados en la lectura y dé una definición en español de cada uno.

Ampliación

1. A su parecer, ¿tiene ventajas educativas, culturales o de comodidad un programa como *Art Gallery*, sobre un libro ilustrado con fotografías? Explique su punto de vista.
2. ¿Qué cosas se pueden hacer con un libro de arte que no se pueden hacer con un programa informático?
3. Y ¿qué actividades permite realizar un programa informático que no se pueden realizar con un libro?
4. Esos programas informáticos ¿facilitan o dificultan el acceso a la información sobre las obras de arte? ¿Por qué?
5. Explique la función del disco rígido, la disquetera CD ROM, la plaqueta (*board*) de sonido y el *mouse*.
6. A su parecer, ¿se justifica o no el empleo de palabras técnicas inglesas en español? Explique su respuesta.
7. A su parecer, ¿cuál es la función del arte? ¿Perseguir la belleza o estimular la comunicación entre las personas?

Un joven director conquista a Hollywood con una película filmada casi sin dinero.

El creador de
El mariachi°

(*ver* **Nota cultural**)

H ollywood, antaño° la tierra prometida para quienquiera° que tuviese un buen cuento para contar, se ha vuelto una cultura burocrática, en la cual el talento cuenta cada vez menos. Ya no se trata tanto de quién tiene talento sino más bien
5 de quién conoce a quién. Si usted no tiene el número de teléfono de un agente de talentos, no consigue ni la hora en Hollywood. Tal vez podría tratar de escribir un gran guión,° y de pasárselo a alguien que conozca a alguien. O bien podría hacer una película de bajo presupuesto° y conseguir que se exhiba en uno de esos festi-
10 vales de cine para intelectuales, y que reciba buena crítica. O bien, podría imitar a Robert Rodríguez, escritor, director, editor y copro- ductor de la extremadamente económica película *El mariachi*, ha- blada en español con subtítulos en inglés.

«Ni en sueños me imaginé que esta película podría llegar a
15 interesar en Hollywood», dice Rodríguez. «Pensaba venderla en el mercado mexicano de vídeos para el hogar. Por eso la filmé en español.»

El mariachi trata de un joven guitarrista que se encuentra en una pequeña ciudad fronteriza,° y allí, buscando trabajo de maria-
20 chi, conoce a una misteriosa mujer. Al mismo tiempo, escapa de la cárcel local un asesino peligroso que oculta sus armas en un estu- che° de guitarra. Lo que sigue es básicamente un caso de error de identidad que combina la acción de un *Western* con la atmósfera de ensueño del director David Lynch. Pero lo que realmente distingue
25 a esta película, aparte de la actuación de la primera, la dirección elegante y la fluidez de la cámara, es el hecho de que la película entera costó la pequeñez° de siete mil dólares.

«Conseguí parte del dinero participando en un experimento de un centro de investigación médica en Tejas», dice Rodríguez. «Me

long ago / whoever

script

budget

border (*adj.*)

case

insignificance

El mariachi y su instrumento.

encerraron° por treinta días, pero mientras tanto escribí el guión y salí de allí con tres mil dólares en dinero efectivo.°»

De allí en adelante, fue nada más cuestión° de conseguir los actores adecuados. «Básicamente, todos los que aparecen en la pe-
5 lícula son amigos míos», admite Rodríguez, que acabó por° pagarle $225 a la actriz principal. «Los hacíamos trabajar apenas un par de horas por día, así no tenían tiempo de aburrirse y empezar a pensar en dinero. Y como cada escena se filmó con una sola toma,° nadie tenía que quedarse esperando mucho tiempo.»
10 Además de asignar a su productor y coescritor Carlos Gallardo el papel del desafortunado° mariachi, Rodríguez también asignó el importante papel de un mafioso peso pesado a Peter Marquardt, que no habla español.

«Peter no habla una sola palabra en español», explica Rodrí-
15 guez. «Le tuve que enseñar cada línea fonéticamente antes de fil-marla. Hizo un trabajo fantástico, considerando que no entendía lo que estaba diciendo.»

Después de completar la película, Rodríguez trató de venderla al mercado interno mexicano de videos. «La mejor oferta que con-

they locked	
dinero... cash	
fue... it was just a matter of	
acabó... ended up	
take	
unlucky	

seguí fue de $17.000 por todos los derechos en México y Estados Unidos. Me pareció muy buena y estuve a punto de aceptarla.»

Pero los hados° (o más bien Hollywood) intervinieron. Rodríguez dejó una copia en las oficinas de International Creative Management, la otra megaagencia de talentos en Hollywood. «Sólo quería una opinión sincera sobre mi talento—o mi falta de talento— pero me hicieron firmar un contrato y enviaron cien copias a los distintos estudios.»

Es difícil imaginarse que los grandes ejecutivos de estudios importantes puedan considerar una película con subtítulos. Pero a veces hasta ellos reconocen el verdadero talento cuando lo tienen frente a la nariz. De esta manera Rodríguez se transformó de la noche a la mañana° en una estrella. Claro que eso no quiere decir que los ejecutivos no trataran de meter sus propias ideas en la película de Rodríguez.

«Cada uno quería cambiar algo», dice Rodríguez. «Un estudio, por ejemplo, hasta quería transformar al mariachi en un guitarrista de *rock* a quien hieren° y llevan a una aldea india, donde lo curan y aprende a tocar de verdad. Quiero decir, ¡escuché muchas cosas ridículas!»

Afortunadamente, Columbia Pictures tuvo el buen tino° de ver que la película no necesitaba de ningún cambio ejecutivo. De hecho,° Columbia demostró mucho valor° al pasar la película a 35mm y distribuirla tal como es. «En realidad a mí me hubiera gustado rehacerla», admite Rodríguez. «Hay tantas cosas que hubiera querido hacer, pero no tenía dinero.»

La próxima vez lo tendrá. Rodríguez firmó un contrato por dos años con Columbia, y ya está planeando la continuación de *El mariachi*, con un presupuesto un poquito más respetable que $7.000. Hasta ahora, Rodríguez ha tenido mucha repercusión en la prensa, no solamente por haber filmado una película con tan poco dinero, sino también porque es hispano. «No me molesta que me llamen *director hispano*. Espero que pronto tendremos algunos héroes latinos en Hollywood. Después de todo, somos una buena parte de la población.»

A pesar de tanta atención de la prensa, el éxito no se le subió a la cabeza. Sigue viviendo en su ciudad natal, Austin, en Tejas. «Quiero estar cerca de mi familia, de mi inspiración», dice el tercero de diez hermanos, hijos de una enfermera y de un gerente de ventas que trabaja en una fábrica de cacerolas. «Hasta ahora, me divierto bastante. No tenía expectativas especiales, y no hay forma de que me desilusione. A propósito, la crítica de *El mariachi* (que se halla disponible en vídeo) ha sido también muy elogiosa°».

DAVID RAMÓN PARKER
Nuestra Gente (Houston, Texas)
Adaptación

Marginal glosses:

- fate
- de... from one day to the next
- they wound
- wisdom
- De... Actually / courage
- full of praise

Mariachi   Se llama *mariachi* un conjunto musical popular típicamente mexicano, de origen rural, integrado por cuatro o más músicos también llamados mariachis. Los instrumentos suelen ser una combinación de violines, guitarras, guitarras de cinco cuerdas (*quinta y vihuela*), un arpa grande (*arpón*), una guitarra grande que toca la parte del bajo (*guitarrón*) y trompetas.

Comprensión

Conteste brevemente, según la lectura:

1. ¿Qué cambios han tenido lugar en Hollywood?
2. ¿Qué es lo más importante para tener éxito en Hollywood?
3. ¿Cómo obtuvo Rodríguez dinero para filmar?
4. ¿Cuál es la trama de la película?
5. ¿Quiénes son los actores?
6. ¿Qué problema tuvo el actor Peter Marquardt?
7. ¿Qué solución le encontró el director?
8. ¿Dónde quería Rodríguez vender su película?
9. ¿Cómo logró que Hollywood le hiciera caso?
10. ¿Qué planes tiene para el futuro?

Práctica

Complete el texto siguiente con la forma apropiada de las palabras y expresiones dadas a continuación:

quienquiera	tener el buen tino
contar	aparte de
a punto de	escapar
pequeñez	ocultarse

_____ que haya estado en aquella pequeña ciudad fronteriza sabe que _____ los mafiosos que por allí _____, la gente es muy amable hacia los forasteros. Por eso, cuando estuvimos allí, _____ de _____ a todo el mundo que no éramos sino turistas, para que no pensaran que _____ de la prisión. Estábamos _____ regresar cuando un error de identidad casi arruinó nuestras vacaciones y nos costó la _____ de cinco mil dólares.

Ampliación

1. A su parecer, ¿por qué es difícil tener éxito en Hollywood?
2. ¿Por qué es tan caro hacer una película?
3. A su parecer, ¿por qué tantos ejecutivos querían cambiar la película de Rodríguez?
4. ¿Por qué los ejecutivos de estudios importantes no tomarían en serio una película con subtítulos?
5. ¿Se dan muchas películas en español en esta ciudad? ¿Y en este campus? ¿Cómo explica usted esa situación?
6. ¿Cuántas películas o programas de radio o televisión en español ha visto usted recientemente? Hable al respecto.
7. ¿Le gustan las películas hechas en otros países? ¿Por qué sí o por qué no?
8. Cuente algo de una buena película extranjera que haya visto.
9. ¿Qué representa el cine para usted? ¿Solamente entretenimiento, o busca usted algo más en las películas que ve? Hable de ello.

5

Los grabados° de Goya: ¿Visión de su época y también de la nuestra?   engravings

Las razones de un sueño

L a reciente exposición que tuvo lugar en la Fundación Juan March,° en Madrid, reunió 288 grabados de Francisco de Goya° —por primera vez, el total de su obra grabada— y constituye un completo catálogo de lo que el artista pensaba sobre
5 la España de su tiempo. Es un testimonio de hechos° y costumbres y es, sobre todo, la obra de un genio de fértil imaginación, abrumado° por los diabólicos fantasmas de la reacción y la maldad.°

Pero, ¿cuáles son esos fantasmas? ¿De qué noche han llegado? La noche es evidente: son las viejas tinieblas medievales que ex-
10 tienden sus siniestros tentáculos —el clero° intransigente e hipócrita, la Inquisición°— para ocultar el siglo de las luces y detener el progreso. Los caballeros ricos que creen poder comprarlo todo, virtud incluida, con su dinero. Los falsos maestros tan solemnes y torpes° como sus discípulos. La violencia y la crueldad de la gente,
15 que se manifiesta, sobre todo, en la guerra. La corrupción de gobernantes y funcionarios.° La ignorancia del pueblo. Y, en definitiva, esa gran incógnita nacional, asignatura pendiente,° compendio de virtudes y defectos, que son las corridas de toros. La visión de Goya es una visión política, pero es, también, una visión moralizadora y
20 filosófica, mucho más profunda y general.

De esa noche de la maldad vienen las brujas montadas en sus escobas, que arrastran a su aquelarre,° como un símbolo, a jóvenes bellas e inexpertas.° El mundo es, para el artista, un gran *sabbath* en el que las brujas venden su mercancía° a quien pueda pagarla.
25 Si alguien se opone, si hay hombres dispuestos a cambiar el juego, ahí está la Inquisición con sus capirotes° y sus autos de fe,° o el poder civil con su garrote y sus horcas,° para disuadirlos.

La mala educación es para Goya otro de los lastres° del pasado. No es casualidad que sea el siglo XVIII el que haga bandera de la

(*ver **Notas culturales***)
(*ver **Notas culturales***)

facts

overwhelmed / wickedness

clergy
(*ver **Notas culturales***)

dull

civil servants
asignatura... unresolved
  issue

witches' meeting
inexperienced
merchandise

hoods / **autos...** (*ver **Notas culturales***)
gallows
burdens

"El sueño de la razón pro-
duce monstruos."

influencia decisiva de la educación sobre la conducta humana. Al
fin y al cabo,° si la gente es capaz, como en la serie de grabados *Los*
desastres de la guerra, de ahorcar, mutilar, empalar, degollar° y matar
con palos y piedras, algo debe de tener que ver con las carencias°
5 de una educación, escasa en unos casos y divorciada del huma-
nismo, en otros. Borricos° profesorales y viejas alcahuetas° son los

Al... All things considered
slit one's throat
lack

Donkeys / procurers (of pros-
titutes)

educadores; *Linda maestra* se titula un conocido grabado en el que una bruja lleva en su escoba a una joven.

Hay otras sugerencias terribles. El marido montado sobre su mujer a la que arrea° con un látigo.° Otros burros haciendo de° médicos, y monos° de músicos y pintores. Una mujer injustamente encarcelada y cargada de cadenas.° Varios agarrotados° bajo los cuales escribe, significativamente, el artista: «No se puede saber por qué».

Y, en fin, los toros. Goya el español y el pintor ama el espectáculo y admira el valor.° Goya el ilustrado° abomina de° la sangre y los lanzazos, de los caballos moribundos, del pueblo embrutecido° por la orgía de sangre, del drama fácilmente convertido en tragedia.

El torero Martincho recibiendo a un toro con su sombrero y su espada, saltando por encima de la fiera° con los pies engrillados° o poniéndole banderillas son escenas captadas en sus grabados que revelan su auténtica admiración por la habilidad del diestro.° En cambio, abundan en la serie *Tauromaquia* los momentos terribles, como aquel en el que puede verse cómo un toro arrolla° a varias personas y mantiene sobre su testuz° el cuerpo sin vida de un hombre.

Como escribe Alfonso Emilio Pérez Sánchez, ex director del Museo del Prado, «Es evidente que a Goya le preocupaba también el poder de difusión de la estampa,° enormemente superior al de la pintura. La labor de crítica de regeneración moral que el grupo de sus amigos ilustrados proponía, podría, con las estampas, llegar a círculos más amplios.» A veces, las tinieblas° pueden parir° la luz. A veces, hay que cruzar el infierno para llegar a la gloria. El, al menos, lo intentó. Francisco de Goya, el gran enamorado de la razón y la vida, quiso dejar al mundo la herencia de sus negros presagios,° sus crueles fantasías y su despiadado° testimonio, con la esperanza de que los monstruos que producen los sueños de la razón° llegaran a convertirse en otros sueños mejores.

RAMIRO CRISTÓBAL
Cambio 16 (Madrid)
Adaptación

Glosses:

urges on / whip / **haciendo...** playing monkeys
cargada... put in irons / (*ver Notas culturales*)

courage / (*ver Notas culturales*) / **abomina...** abhors
hardened

beast / shackled

bullfighter

runs over
forehead (*of an animal*)

engravings

darkness / give birth to

forebodings / pitiless

sueños... (*ver ilustración*)

Comprensión

Conteste brevemente, según la lectura:

1. ¿Qué obras de arte se incluyeron en la exposición?
2. ¿Quiénes son los personajes retratados allí?
3. ¿Se trata de una visión puramente estética?
4. ¿Qué papel juegan las brujas en esos grabados?
5. ¿Qué otras personas o instituciones se critican allí?
6. ¿Qué es la *Tauromaquia*?
7. ¿Qué ideas se desarrollaron en el siglo XVIII acerca de la importancia de la educación?
8. ¿Qué ideas tenía Goya sobre la función educativa de la estampa?
9. ¿Cuál era su intención moral alizadora, al realizar esos grabados?
10. ¿Qué esperanza tenía Goya?

Práctica

A. Empareje los sinónimos:

___ 1. al fin y al cabo   a. comportamiento
___ 2. carencia   b. incompetente
___ 3. hacer de   c. después de todo
___ 4. torpe   d. problema por
___ 5. asignatura   resolver
       pendiente   e. falta
___ 6. conducta   f. representar

B. Usando las palabras y expresiones de la columna izquierda del ejercicio A, escriba un párrafo sobre algún problema social de la actualidad.

Ampliación

1. A su parecer, ¿existen todavía algunos de los «fantasmas» que criticaba Goya? Explique su respuesta.
2. ¿Qué simbolizan, para usted, las brujas y sus víctimas?
3. Una de las características de la época de Goya era la estrecha relación entre la religión organizada y el estado. A su parecer, ¿es bueno o malo el que haya esa relación? ¿Cómo justifica su punto de vista?
4. ¿Cree usted que la educación científica y/o humanística, pueda evitar los llamados «desastres de la guerra»? ¿Por qué sí o por qué no?
5. ¿Por qué tenía la estampa, en la época de Goya, más poder de difusión que la pintura?
6. Si Goya viviera hoy, ¿qué medio artístico cree usted que elegiría? ¿Por qué?
7. ¿Cómo interpreta usted las frases: «A veces, las tinieblas pueden parir la luz» y «a veces, hay que cruzar el infierno para llegar a la gloria»?

Teatro de bolsillo

¿Artes para las masas?

PERSONAJES

Cuatro o cinco amigos en un bar
El/La proprietario(a) del bar
Un(a) camarero(a)

Sentados a una mesa, los amigos charlan acerca del arte y sobre si los artistas deben producir para el entretenimiento del gran público o si su arte debe tener otras funciones (educación, placer estético, etc.), aunque sea sólo para ciertas minorías. El dueño del bar y el camarero participan en la conversación y dan sus opiniones.

EXPRESIONES ÚTILES

merecer la pena
arte popular / culto / moderno / clásico
elitismo / populismo
respetados los gustos…
cuestión de gusto
el arte por el arte
artista comprometido(-a)

Temas para comentario oral o escrito

1. Eche un vistazo al arte que se encuentra en el campus —en la Unión de Estudiantes o en las bibliotecas, por ejemplo— y prepare una charla sobre sus contenidos y funciones: moralizadora, filosófica, patriótica o decorativa.
2. Prepare una charla sobre sus preferencias musicales o artísticas ilustrándolas con fragmentos de música, reproducciones de cuadros, etc.

3. Organice una presentación sobre algún aspecto de las telenovelas que se dan en este país.
4. Prepare una ponencia sobre la influencia de instituciones como la Inquisición o la religión organizada sobre el arte y la cultura.
5. Con algunos compañeros, organice un debate sobre algún tema relacionado con la importancia del arte en su vida.

Proyectos

1. Obtenga la información necesaria y prepare una charla sobre algún artista hispánico cuya obra le guste.
2. Prepare una charla en la que explique a sus condiscípulos los contenidos de una telenovela actual. (Si hay un canal en español, elija una de sus telenovelas.)
3. Haga una presentación sobre algún aspecto de la música popular o de otra manifestación artística contemporánea.

UNIDAD 13

Temas actuales

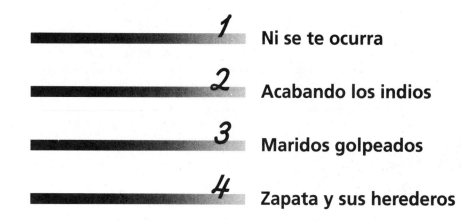

1

Menores de 16 años no podrán comprar cigarrillos.

Ni se te ocurra°

Ni... Don't even think of it

«Hasta hace poco querían imponernos el voto a los 16,° ahora nos consideran chicos para comprar cigarrillos, yo no entiendo nada.»

Eduardo (15 años) manifiesta así su rotunda° oposición a la
5 ordenanza 47.668, que prohíbe «el expendio,° provisión y/o venta de cigarrillos, cigarros o tabaco, en cualquiera de sus formas que propenda° a fomentar el vicio del tabaquismo, a los menores de 16 años, sea para consumo propio o no, sin excepción». El concejal° Juan Sebastián Balestretti presentó en el mes de junio el proyecto°
10 que comenzará a regir° a mediados de agosto.

«Esto no es un capricho° —sostiene— como muchos jóvenes suponen. Nos basamos en estudios realizados por la Organización Mundial de la Salud, a través de los cuales es posible detectar adicciones tempranas. A los 16, por ejemplo, el organismo de un ado-
15 lescente ya denuncia una tendencia adictiva.»

Para los quiosqueros° el tema resulta preocupante. Los infractores —que son los vendedores y no los consumidores— serán penalizados con apercibimientos° y multas° que irán desde los 100 hasta los 1.000 pesos. El control del cumplimiento de la ordenanza
20 estará a cargo de un grupo de inspectores, hasta que la gente logre° acostumbrarse.

Rubén (39 años), el dueño de un quiosco,° relativiza° el tema: «La medida no es demasiado importante. El hecho de que los jóvenes fumen no pasa por° la prohibición sino por la educación. En
25 cambio,° sí lo veo necesario en el caso del alcohol.» Otro quiosquero, Oscar, está de acuerdo con la medida, «aunque los chicos siempre se las van a rebuscar° para conseguir los cigarrillos», dice.

En principio, la ordenanza rige° para la Capital Federal, pero los concejales esperan que pronto tenga alcance nacional. Varias
30 provincias° ya están trabajando en sus propias ordenanzas.

Todos los quioscos tendrán que exhibir obligatoriamente un cartel donde se lea claramente la prohibición de la venta de tabaco a los menores, y si se tienen dudas acerca de la edad del comprador, será necesario exigir los documentos correspondientes.

*(ver **Notas culturales**)*

total
retailing

tends
alderman
bill
comenzará... go into force
whim

(tobacco) stand owners

warnings / fines

manage

stand / plays down

no... is not a matter of
En... On the other hand

se... will find a way
is valid

*(ver **Notas culturales**)*

La opinión de los adolescentes es variada. Diego, de 15 años, dice: «Yo fumo, y en los quioscos donde compro me conocen, así que me van a vender igual.°» En cambio, Agustín, de 14 años, que no fuma y cree que fumar es parecido a matarse, está feliz con el decreto.

La última palabra oficial está dicha. La campaña publicitaria se instrumenta° en estos días. Veremos si se recibe la decisión con todas las de la ley,° literalmente hablando.

just the same

se... is being organized
todas... in full

SILVANA IGLESIAS
Noticias (Buenos Aires)
Adaptación

Notas culturales

Voto a los 16   En la mayoría de los países de habla española, la edad mínima para votar es la de 18 años, pese a que de vez en cuando se plantea, sin éxito, la posibilidad de extender ese derecho a los mayores de 16.

Provincias   Los países hispanoamericanos se hallan organizados en *provincias* (Argentina, Chile), *departamentos* (Guatemala, Honduras, Uruguay) o *estados* (México, Venezuela). España, en cambio, se encuentra organizada en *autonomías* (Cataluña, Valencia, Galicia, etc.)

Comprensión

Conteste brevemente, según la lectura:

1. ¿De qué clase de ley se habla en la lectura?
2. ¿De quién fue el proyecto?
3. Según la ordenanza, ¿en qué circunstancias podrán los menores de 16 años comprar tabaco?
4. ¿Qué obligaciones tendrán los quiosqueros?
5. ¿Cuál es la opinión de Eduardo?
6. Según el concejal Balestretti, ¿cuál es la motivación de aquella ordenanza?
7. ¿Creen los quiosqueros que tendrá éxito la ordenanza?
8. ¿Cuál es el ámbito de alcance de la ordenanza en cuestión?

Práctica

Usando las palabras y expresiones siguientes, escriba un párrafo sobre el uso del tabaco y de las bebidas alcohólicas en su *campus* o comunidad.

prohibir	en cambio
adicción	relativizar
multar	estar (no estar) de
apercibimiento	acuerdo

Ampliación

1. ¿Cómo está reglamentado el uso del tabaco en su *campus*? ¿Y en la comunidad en donde vive usted?
2. ¿Qué impacto, positivo o negativo, tienen esos reglamentos en la vida de los estudiantes?
3. ¿Está usted de acuerdo con esos reglamentos? ¿Por qué sí o por qué no?
4. A su modo de ver, ¿debe la autoridad (gubernamental, universitaria, etc.) tener el derecho de imponer límites a la edad de los consumidores de ciertos productos? Justifique su parecer.
5. Hoy día se habla mucho de los derechos de los no fumadores. A su parecer, ¿tienen también derechos los fumadores? Explique su opinión sobre ese tema.
6. ¿Qué piensa usted sobre el efecto las limitaciones al consumo del tabaco o del alcohol sobre los ingresos de los trabajadores de esas industrias?
7. Algunas personas que critican el uso del tabaco creen que el consumo de otras substancias (marijuana o drogas «duras», por ejemplo) debería ser permitido. ¿Qué piensa usted de esa opinión?
8. A su parecer, ¿por qué la gente consume drogas?

2

¿Genocidio o catástrofe inevitable?

Acabando los indios

Quinientos años después de su primer contacto con el hombre blanco y su cultura, las tribus de América siguen° siendo víctimas de las mismas lacras° que las diezmaron° casi hasta la extinción hace medio milenio: el fundamenta-
5 lismo ideológico, las enfermedades importadas de otro mundo, la codicia° depredadora° y la expulsión forzosa° de sus tierras ancestrales.

      Los asháninkas, la comunidad indígena más numerosa de Perú, habitan las riberas° del río Ene, a unos cuatrocientos kilóme-
10 tros al noroeste de Lima. Hasta allá llegaron, en 1987, los guerrilleros maoístas de Sendero Luminoso,° para fundar el embrión de una república popular dentro del estado peruano, donde pretendían° aplicar sus peculiares teorías sociales.

      Para alcanzar su objetivo, Sendero secuestró° a más de un
15 millar° de asháninkas y los sometió al más duro cautiverio.° Trabajos forzados de sol a sol,° alimentación escasa y adoctrinamiento° para combatir al «enemigo». Su intención era extenderse por la Amazonia peruana, donde habitan más de 300.000 indígenas que hablan entre 55 y 75 dialectos diferentes.
20   El abuso y la desesperación motivaron la fuga° de algunos indígenas, que lograron° la protección de las fuerzas de seguridad. En 1992, el Ejército y la policía, cuyo control sobre la zona es muy precario, liberaron a los asháninkas y trataron de integrarlos a su campaña de pacificación, mediante el sistema de rondas, es decir
25 grupos de autodefensa armada. Por prudencia o escasez de recursos, menos de la mitad de las comunidades que han organizado sus rondas, han recibido escopetas° o fusiles° para defenderse de la guerrilla maoísta.

      Un año después, una columna senderista,° entre ellos algu-
30 nos asháninkas adoctrinados por los subversivos, retornó a los

	continue
	sores / decimated
	greed / plundering / forcible
	shores
	(ver *Notas culturales*)
	intended
	kidnapped
	thousand / captivity
	de... from sunrise to sunset / indoctrination
	flight
	secured
	shotguns / rifles
	reference to *Sendero Luminoso*

Un indígena yanomani de la región amazónica.

poblados° y arremetió° contra diez caseríos.° Sesenta asháninkas,   villages / attacked / group of
mujeres, hombres y niños cayeron bajo su furia. Fue la más nume-   houses
rosa y cruel masacre de indígenas que ha dejado a su paso Sendero.

    Pero si en Perú los indios han sido, como hace 500 años, vícti-
5 mas del intento de conversión a una «religión» que no es la suya,
en Brasil los yanomanis han caído, una vez más, en las manos de
los buscadores de El Dorado.°   (ver **Notas culturales**)

    Los yanomanis son una de las tribus más primitivas del mun-
do. Los 10.000 miembros de este pueblo se agrupan° en comuni-   **se...** are grouped
10 dades de no más de cien personas que ocupan un área de unos 60
kilómetros de diámetro. Cuando al cabo de° una década ya no pue-   **al...** at the end of
den cultivar más la mandioca° porque el suelo se torna° pobre, se   manioc / **se...** becomes
marchan° a otro sitio de la selva.   go away

    Una mujer yanomani sólo puede tener un hijo cuando el ante-
15 rior ya tiene tres años; sabio mecanismo de control social. Según
sus moldes° culturales, la población no puede crecer demasiado,   patterns
para preservar esa selva tropical donde viven desde siempre.

    Seducidos por los espejos de colores y un plato de comida,
los aborígenes cayeron en una trampa° mortal que les tendieron   trap
20 los buscadores de oro que se internan° en la selva del Amazonas.   **se...** penetrate

Como todos los días, los varones de la tribu recogieron° los presentes. Pero esta vez encontraron la muerte.

El jefe de una tribu vecina contó que los hombres blancos llegaron armados con fusiles, pistolas y machetes. Incendiaron° la aldea.° En total, 73 indígenas fueron ejecutados. La matanza° revivió el viejo enfrentamiento de los buscadores de oro con los indígenas, a los que matan con armas o enfermedades. La mitad de los yanomanis padece° tuberculosis o malaria, como consecuencia del contacto con el buscador de oro depredador, que extrae el oro con métodos primitivos y envenena los ríos con mercurio.

La matanza de los yanomanis volvió a erizar el pelo° de los brasileños, mientras el país se encuentra arrinconado° entre la condena internacional y la presión de sus fuerzas armadas, que han reflotado° la vieja teoría de la seguridad nacional para criar zonas militares en el Amazonas. Ese proyecto contempla° la construcción de fortificaciones y la instalación de radares en la selva.

Los indigenistas y ecologistas comparan a Brasil con Venezuela. En este país se utilizaron, también, los mismos argumentos de la teoría de la seguridad nacional, sólo que a favor de los yanomanis, donde la reserva demarcada ocupa el nueve por ciento del territorio nacional. En Brasil, sin embargo, el territorio de esta tribu representa tan sólo° el uno por ciento de la extensión del país.

JORGE ZABALETA Y NORMA MORANDINI
Cambio 16 (Madrid)
Adaptación

recogieron°	collected
Incendiaron°	They set fire to
aldea.°	hamlet / massacre
La matanza°	
padece°	suffers from
erizar el pelo°	**erizar...** set the hair on end
arrinconado°	cornered
reflotado°	brought up again
contempla°	considers
tan sólo°	**tan...** only

Comprensión

Conteste brevemente, según la lectura:

1. ¿Quiénes son los asháninkas? ¿Dónde se encuentran?
2. ¿Cuántos dialectos distintos se hablan en la Amazonia peruana?
3. ¿Qué es Sendero Luminoso? ¿Qué hizo?
4. ¿Qué pasó después?
5. ¿Quiénes son los yanomanis? ¿Dónde viven?
6. ¿Cómo controlan la natalidad los yanomanis?
7. ¿Qué sistema agrícola utilizan?
8. ¿Por qué padecen de enfermedades los yanomanis?
9. ¿Cómo afectan el ambiente los buscadores de oro?
10. ¿Qué opinan los indigenistas y ecologistas?

Práctica

A. Empareje los sinónimos:

___ 1. seguir   a. masacrar
___ 2. lacra   b. al final
___ 3. escasez   c. volverse
___ 4. tornarse   d. defecto
___ 5. internarse   e. falta
___ 6. al cabo   f. continuar
___ 7. marcharse   g. penetrar
___ 8. diezmar   h. irse

B. Usando las palabras y expresiones de la columna izquierda del ejercicio A, escriba un párrafo sobre la situación de los indígenas de este país.

Ampliación

1. ¿Cuáles son las ventajas o desventajas, para los indígenas, del sistema de reservas territoriales?
2. ¿Qué justificación puede haber para que los ecologistas e indigenistas opinen sobre lo que pasa en países extranjeros?
3. Explique las lacras que sufren los tribus de América a causa de su contacto con el hombre blanco y su cultura.
4. ¿Qué dice la prensa de este país sobre lo que les pasa a los indígenas en Latinoamérica? ¿Y en este país?
5. ¿Y cuál es su opinión personal?
6. ¿Sabe usted de algún otro país en donde los indígenas hayan sido sistemáticamente masacrados? Cuente algo al respecto.
7. ¿Qué relación ve usted entre la seguridad nacional de un país y la ocupación de los tierras por los indígenas de ese país?
8. ¿Cómo interpreta usted el comentario de que los indígenas han sido «víctimas del intento de conversión a una ‹religión› que no es la suya»?
9. ¿Cómo cree usted que estarían las Américas si no hubieran sido colonizadas por los europeos?
10. ¿Tiene usted noticia de algún movimiento reciente en favor de los indígenas en Latinoamérica? Hable al respecto.

3

Cansadas de los maltratos, ellas han empe-
zado a hacerse justicia con sus propias
manos.

Maridos golpeados

En un bar de Guayaquil,° Juan y su amigo bebían una cerveza tras otra, hablaban, se reían y brindaban° animada-
mente. Las horas pasaron y los estados de ánimo variaron.
Juan ya no reía, su rostro° estaba tenso y rompió en sollozos°
5 cuando su compañero le preguntó: «¿Qué te sucede?»

Juan es pintor y trabaja ocasionalmente. Su esposa es empleada de un almacén de telas° y gana más dinero que él, es más alta
que él, habla más que él y pega° más fuerte que él. Dice que su
marido no hace mucho esfuerzo por conseguir un mejor trabajo y
10 «por eso he tenido que reprenderlo°». Se casaron hace cinco años
y tienen dos niños.

El drama de Juan es que su mujer, desde hace siete meses, lo
maltrata° físicamente: «Al principio esperaba que me durmiera
para levantarme° a golpes, pero ahora ni bien voy llegando° a la
15 casa me pide el dinero que gano, y si no llevo nada me ordena que
me quite la ropa para castigarme con un látigo.° Yo he querido
reaccionar pero es inútil. Dicen que los hombres no deben llorar,
pero hoy ya no puedo aguantar más; me siento inferior», le con-
fesó Juan a su amigo.

20 Tradicionalmente se ha conocido que es el hombre el agresor y
la mujer la sufriente,° pero los casos opuestos han estado ahí,
escondidos, si se quiere, pero han estado, cada uno con causas diferentes. Decía uno de nuestros entrevistados que su mujer describía
el acto «como una revancha° a la supremacía masculina».

25 Para el sicólogo Efraín Rivera Vega, esa violencia comenzó
posiblemente en el hogar de donde vienen los dos: «Esa crisis no
fue atendida en su debido momento y en vez de ir madurando la
persona, fue madurando el problema hasta que se volvió crisis° en
esta nueva relación».

30 Un testimonio, el de Sandra M., corroboraría esta teoría. Ella le
había relatado° a su vecina los padecimientos° que tuvo en su ado-
lescencia al ver que su padre, cada vez que se embriagaba,° tortu-
raba irracionalmente a su madre. «Sin poder hacer nada, yo me

*(ver **Nota cultural**)*	
they toasted	
face / sobs	
fabrics	
hits	
reprimand him	
mistreats	
make me get up / **ni...** I have barely arrived	
whip	
sufferer	
revenge	
se... became a crisis	
told / sufferings	
se... got drunk	

retiraba a mi cuarto a llorar», recordó. Ahora ella vive con un ex vigilante° que está desempleado y frecuentemente bebe. Los roles han cambiado: Sandra trabaja para educar y alimentar a sus tres hijos, y él hace las cosas en el hogar, como planchar, cocinar, arre-
5 glar la casa y lavar ropa. De vez en cuando también hay golpes, pues «cada vez que no puedo ordenar° los cuartos o cocinar a tiempo, ella estalla° en cólera y con lo que tenga a la mano me pega», narra su marido.

    «Parecería° también», agrega Rivera, «que en este tipo de
10 situación influye el factor de independencia económica de la mujer. Ella ya sabe que puede afrontar° sola los gastos del hogar y se siente segura. Ese creciente individualismo la está valorizando definitivamente, pero el problema es que no sólo va recuperando su dignidad sino que de repente entra a vivir el modelo del hombre.
15 Entonces, como el hombre es agresivo ella dice, ‹ahora yo puedo también ser agresiva›.»

    Según el sicólogo, «estamos frente a la hembra y el macho enfermos, porque tan enfermo es el que pega como el que se deja pegar».
20   ¿Por qué ahora es más evidente? Estamos hablando de las iguales oportunidades para todos, desde la época de los 70 con la reivindicación femenina. Es cierto. Entonces socialmente la mujer entra cada vez más a un mundo más competitivo con el varón. En esa lucha es más obvio que se ponen en la posición de aplastar° al
25 otro. Puede que en una pareja la mujer surja° más rápidamente que el varón y lo supere. Diera la impresión° que la dinámica varía. Ese lugar que alguna vez pudo haber sido de uso exclusivo para el varón ahora puede ser ocupado por la mujer. Y, obviamente, esa mujer por su siquismo° va a elegir una pareja que se acomode a su
30 fantasma.

    Algunos maridos critican el feminismo mal orientado, otros se escudan° en las diferencias corporales o en el individualismo económico de ellas. Pocos, como Juan, no encuentran una explicación clara de lo que está ocurriendo. Sentado en la cantina sigue llo-
35 rando, mientras escucha en la rocola° la ironía de una canción que en nada lo redime: «Pero sigo siendo el Rey…»

PATRICIA NOROÑA VINUEZA
Vistazo (Guayaquil, Ecuador)
Adaptación

Nota cultural

Guayaquil Ciudad del Ecuador, principal puerto del país, ubicada en el golfo del mismo nombre. Es un importante centro comercial y universitario.

Side glosses:
- security guard (vigilante°)
- straighten up (ordenar°)
- blows up (estalla°)
- It would seem (Parecería°)
- to face (afrontar°)
- crush (aplastar°)
- rise (*fig.*) (surja°)
- **Diera…** It would seem
- psyche (siquismo°)
- **se…** hide themselves (escudan°)
- juke box (rocola°)

Comprensión

Conteste brevemente, según la lectura:

1. ¿De qué problema trata la lectura?
2. ¿A qué se dedica Juan? ¿Y su mujer?
3. ¿De qué se queja Juan?
4. Según el sicólogo Rivera, ¿dónde se hallan las causas originales del problema?
5. ¿Qué le pasó, de niña, a la entrevistada Sandra M.?
6. ¿Cómo trata ella a su marido hoy día?
7. ¿De qué manera, según el sicólogo, influye en el problema el individualismo?
8. ¿Cómo influye en la cuestión la igualdad de oportunidades?
9. ¿Qué explicaciones suelen encontrar algunos maridos?
10. ¿Cuál es la ironía de la canción citada al final del texto?

Práctica

A. Empareje los sinónimos:

___ 1. pegar   a. llorar
___ 2. rostro   b. emborrachar
___ 3. sollozar   c. golpear
___ 4. ni bien   d. destruir
___ 5. embriagar   e. dominar
___ 6. aplastar   f. cara
___ 7. superar   g. apenas

B. Usando las palabras de la columna izquierda del ejercicio A, escriba un párrafo sobre el problema de que trata la lectura. Utilice también las expresiones *diera la impresion...* y *parecería...* para presentar sus ideas.

Ampliación

1. ¿Explique su opinión acerca del dicho «los hombres no deben llorar»?
2. A su parecer, ¿tiene sentido un matrimonio en el que los esposos se pegan? Explique su punto de vista.
3. ¿Qué impacto cree usted que les puede causar a los niños una escena de golpes entre sus padres?
4. ¿Por qué cree usted que hoy día se habla tanto de esa clase de problema?
5. A su parecer, ¿es positivo o negativo que se trate ese tema públicamente? ¿Por qué sí o por qué no?
6. Si el marido le pega a la mujer, ¿a dónde puede ir ella?
7. Y si la mujer le pega al marido, ¿a dónde puede ir él?
8. ¿Cree usted que es posible hacer desaparecer esos problemas? ¿Por qué sí o por qué no?

4

Él marcó la Revolución mexicana con la lucha por la tierra. Ahora aparece un grupo que dice dar continuidad a su batalla.

Zapata y sus herederos

Emilino Zapata,° el mítico «Caudillo del Sur», que capitali-
zara° una buena parte de la Revolución Mexicana° de 1910,
dejó una herencia° mucho más explosiva de la que hubiera
podido imaginar.

5   Nacido en 1879 en el pueblo de Anenecuilco, en el estado de
Morelos, Zapata mantuvo desde temprana edad una entrañable°
relación con la tierra. Para bien y para mal. Sus orígenes campesinos, y su profundo conocimiento del campo mexicano, lo condu-
cirían en 1909 a ocupar la presidencia de la denominada° Junta
10 para la Defensa de las Tierras, reunida en su pueblo natal.

    Zapata se perfilaba° ya como uno de los líderes del estado de
Morelos, que ya entonces clamaba por° la reforma agraria ante la°
prepotencia° de los hacendados.° En mayo de 1910 decide emplear
la fuerza para recuperar las tierras que habían sido arrebatadas° a
15 los campesinos de Villa de Ayala, población vecina de Anenecuilco.
A partir de ahí el empleo de las armas le tentará° cada vez más:
parecía el único método eficaz° ante las injusticias. En 1911, Zapata
se lanza a la lucha revolucionaria con una consigna° que quedará
grabada en la historia de México: ¡Pan, tierra y libertad!

20   La reforma agraria se convierte en° su obsesión. El Gobierno
central, encabezado en ese entonces por Francisco Ignacio Madero,° regatea° las demandas campesinas, a pesar de que el propio
presidente se había comprometido° con la causa de la tierra antes
de llegar al poder.

25   El Gobierno trató sin éxito de frenar el alzamiento,° enviando
a militares de carrera a combatir a Zapata. Pero los guerrilleros bur-
laban una y otra vez los cercos° del Ejército regular, acostumbrados
como estaban a la geografía de Morelos: selva y montaña.

    Los gobiernos que sucedieron al de Madero tampoco lograron
30 acabar con el movimiento insurgente, y a finales de 1914, Emiliano

(ver Notas culturales)
headed (*fig.*) / (*ver Notas culturales*)
legacy

intimate

so-called

se... appeared
clamaba... demanded / **ante...** against
arrogance / landowners
taken away

will tempt
effective
motto

se... becomes

(ver Notas culturales) / bargains for
se... had committed himself

uprising

sieges

La revolucion victoriosa: Pancho Villa (centro), Emiliano Zapata (a su izquierda) y sus seguidores en 1915.

Zapata entraba triunfante en Ciudad de México, después de haber dictado un decreto para la aplicación del llamado *Plan de Ayala*, por el que las propiedades rústicas° nacionalizadas debían pasar a manos de los que menos tenían.

5   Durante más de cinco años, el «Caudillo del Sur» mantuvo una guerra sin cuartel° contra el Ejército. Pero una conspiración acabó con la vida del líder campesino, que fue acribillado° en la celada° tendida por un agente secreto gubernamental. Era el 10 de abril de 1919.

10   Desde su muerte, el grito de *¡Pan, tierra y libertad!* ha resucitado en varias ocasiones en distintos puntos de la República mexicana. En la década de los 50, Rubén Jaramillo se inspiró en el movimiento agrarista° para encabezar, también en Morelos, la lucha armada en favor de los olvidados campesinos. El foco insurgente 15 fue finalmente sofocado° por el Ejército mexicano. Ya en los años 60, en el estado de Guerrero, dos maestros de escuela recuperaron° la bandera zapatista para justificar el alzamiento armado. Lucio

propiedades… country estates

quarter…
riddled (with bullets)
ambush

agrarian

suppressed
recovered

Cabañas y Gerardo Vázquez cayeron en combate después de algunos años de mantener a raya° al Ejército.

Ahora, el Ejército Zapatista de Liberación Nacional retoma las proclamas° del perseverante «Caudillo del Sur» para levantarse en armas en el Estado de Chiapas.° ¿Reivindicaciones genuinas? ¿Aprovechamiento de un nombre y una imagen? ¿Resurrección disfrazada de viejos dirigentes extremistas? Aún hace falta que se disipe° la pólvora para saberlo.

a... at bay

manifestos
(ver **Notas culturales**)

se... dissipates

L.V.
Cambio 16
Adaptación

Notas culturales

Emiliano Zapata (¿1879?–1919) Revolucionario y político mexicano. Proclamó el *Plan de Ayala*, que exigía la reforma agraria y la división de tierras entre los campesinos. Murió asesinado.

Revolución mexicana Movimiento de gran impacto social y marcado por intensas luchas armadas, que empezó con la deposición del presidente Porfirio Díaz en 1910 y duró hasta la reconciliación política del país en 1921, cuando se aprobó una nueva Constitución.

Francisco Ignacio Madero (1873–1913) Político mexicano que encabezó el movimiento que derribó al presidente Porfirio Díaz (que gobernó el país de 1877 a 1880 y de 1884 a 1910). Madero gobernó de 1911 a 1913, cuando fue depuesto por militares rebeldes. Murió asesinado.

Chiapas Estado del sur de México, a orillas del océano Pacífico, en donde empezó en 1993 un alzamiento armado dirigido por el llamado Ejército Zapatista de Liberación Nacional.

Comprensión

Conteste brevemente, según la lectura:

1. ¿Quién fue Emiliano Zapata?
2. ¿Qué hizo en 1909?
3. ¿Qué decisión tomó más tarde?
4. ¿Qué quería Zapata?
5. ¿Qué hizo el gobierno de Francisco Madero?
6. ¿Qué logró Zapata en 1914?
7. ¿Qué determinaba el Plan de Ayala?
8. ¿Qué ventaja tenían los guerrilleros de Zapata?
9. ¿Cómo murió Zapata?
10. ¿Qué otros líderes se levantaron en armas contra el gobierno?
11. ¿Qué les pasó?
12. ¿Qué mensaje se proclamó en Chiapas?

Práctica

A. Empareje los sinónimos:

__ 1. clamar por	a. tener éxito
__ 2. arrebatar	b. subyugar
__ 3. convertirse	c. aunque
__ 4. lograr	d. pedir
__ 5. doblegar	e. tomar
__ 6. celada	f. transformarse
__ 7. a pesar de que	g. desaparecer
__ 8. disiparse	h. trampa

B. Usando las palabras y expresiones de la columna izquierda del ejercicio A, escriba un párrafo sobre algún movimiento popular de reivindicación, real o imaginario.

Ampliación

1. ¿Cuál es el objeto de una reforma agraria?
2. Explique la expresión «la causa de la tierra». ¿Qué importancia tiene la tierra, en ese contexto?
3. ¿Qué causas ve usted en los movimientos armados como los de que habla la lectura?
4. ¿Qué movimientos armados se han mencionado en la prensa últimamente?
5. ¿Qué piensa usted de la luchada armada como método de solucionar los problemas sociales?
6. ¿Se ha usado ese método en este país? ¿Con qué resultados?
7. ¿Se admira a los jefes revolucionarios en esta sociedad? ¿Por qué sí o por qué no?
8. Si alguien tratara de hacer una revolución en este país, ¿qué cree usted que pasaría? ¿Por qué?

Teatro de bolsillo

Una estafa

PERSONAJES

Dos estafadores(as)
Dos víctimas en potencial
Un(a) agente de policía

Los dos estafadores se inventan una manera de separar a las víctimas de su dinero. Les proponen un negocio que, según ellos, sólo puede hacer ricas a las víctimas. Estas, desconfiadas, hacen toda clase de preguntas. En un momento dado, surge un agente de la policía.

EXPRESIONES ÚTILES

aumentar / multiplicar / hacerse rico
fácil / sin esfuerzo
sin peligro / peligroso
confiar, creer (en alguien) / desconfiar (de
   alguien)

Temas para comentario oral o escrito

1. El estado, es decir, la sociedad, debe (no debe) proporcionarles ayuda económica a los ancianos.
2. Las autoridades (como, por ejemplo, la policía) deben (no deben) intervenir en las peleas entre marido y mujer.
3. El uso del tabaco y del alcohol debe (no debe) ser reglamentado por el gobierno.

4. Los indígenas
   a. deben integrarse en la cultura del país en donde viven;
   b. deben poder seguir viviendo según sus costumbres y tradiciones.
5. La lucha armada por la justicia social tiene (no tiene) justificación.

Proyectos

1. Busque en los periódicos noticias actuales sobre el problema de la violencia familiar y prepare una charla sobre el tema.
2. Prepare una charla sobre las restriciones al uso del alcohol, el tobaco y otras drogas en esta sociedad.
3. Obtenga la información necesaria y prepare una charla, comparando a los indígenas amazónicos con los de este país.

UNIDAD 14

Vida moderna

250

1

La nueva onda del monopatín°
invade la ciudad

scooter

Gira mágica

Desde que Henry Ford revolucionó el mundo de la mecánica, los conductores han pasado décadas tratando de encontrar un vehículo que reúna° detalles de confort, *per-*
formance y rendimiento° en un solo modelo. Algunos se acercaron°
5 bastante al objetivo. Otros, sin embargo, se dedicaron a experimentar en cualquier cosa que tuviera ruedas y circulara° por la ciudad.

gathers
efficiency (*mech.*) / **se...** came
close
went around

Así, con el paso del tiempo, aparecieron las supermotos, los
ciclomotores° y automóviles ultracompactos que permitieron al
hombre un fácil manejo° y capacidad para maniobrar° entre el
10 tránsito urbano.

mopeds
handling / maneuver

Hoy, en medio de los colectivos,° sorteando° embotellamien-
tos° y luciendo° un bronceado° envidiable, algunos porteños° han
optado por una nueva onda:° el monopatín a motor. Práctico, veloz
y divertido, es el transporte ideal para ir del estacionamiento a la
15 oficina con la seguridad de llegar puntual a una cita° de negocios.

multi-passenger vehicle /
dodging
traffic jams / sporting / tan /
Buenos Aires dwellers
wave
appointment

«El monopatín a motor comenzó a usarse en California con
una forma de trasladarse° por la ciudad sin necesidad de subirse a
un automóvil», dijo el representante exclusivo de los monopatines
en la capital. «Se puede guardar en un bolso° y armar° rápida-
20 mente por sus medidas. Es de cincuenta centímetros de largo° y
viene con un manubrio° retráctil.°

move around

bag / put together
de... long
handle / collapsible

A simple vista,° el monopatín a motor parece un vehículo para
niños o adolescentes. Sin embargo, sus usos pueden llegar para
personas mayores, «hasta los 90 años», señaló el representante.

A... At first glance

25 A pesar de aparente fragilidad, el monopatín a motor puede
soportar hasta un peso de doscientos kilogramos y alcanzar una
velocidad máxima de 32 kilómetros por hora, gracias a su motor
japonés de 22,5 centímetros cúbicos.

«No se trata de un simple juguete», agregó° el representante.
30 «Viene con dos ruedas de goma maciza,° una tabla de madera
gruesa,° amortiguador° en el manubrio, tanque de combustible
(mezcla°) de un litro, acelerador y freno de potencia.° Creo que a
un precio promedio° de 700 pesos es accesible para cualquiera.°

added
goma... solid rubber
thick / shock absorber
gas-oil mixture / **freno...**
power brake
average / anyone

Escena callejera en Caracas: la coexistencia entre los peatones y los vehículos.

Los usos del monopatín a motor son variados en el mundo. Algunos lo llevan arriba del barco para usarlo en los diques° y acortar° las distancias. Otros, comenzaron a incluirlos en los *countries*° como reemplazo ideal de los ciclomotores y motocicletas de baja cilindrada° que tantos problemas de seguridad y ruido provocan en esos espacios verdes. En síntesis, arranque° rápido, mantenimiento° cero y placer a los pies de todos.

docks
shorten
country clubs
cylinder capacity
start
maintenance

FERNANDO FIDELEFF
Noticias (Buenos Aires)

Comprensión

Conteste brevemente, según la lectura:

1. ¿Qué han buscado siempre los conductores?
2. ¿Con qué clase de vehículos han experimentado?
3. ¿Dónde comenzó a usarse el monopatín, y por qué?
4. Según el representante de ventas, ¿cuáles son las ventajas del monopatín?
5. ¿Cuál es la carga máxima del monopatín? (1 kilo = 2.2 libras)
6. ¿Hasta cuántas millas por hora puede correr el monopatín? (1 milla = 1,6 kilómetros)
7. ¿De qué partes se compone el monopatín a motor?
8. ¿Qué usos se le da al monopatín?

Práctica

A. Empareje los sinónimos:

___ 1. conducir a. tráfico
___ 2. rendimiento b. evitar
___ 3. tránsito c. manejar
___ 4. trasladarse d. aproximarse
___ 5. mantenimiento e. eficiencia
___ 6. sortear f. circular
___ 7. acortar g. cuidado
___ 8. acercarse h. disminuir

B. Usando las palabras de la columna izquierda del ejercicio A, escriba un párrafo en el que describa las ventajas de su vehículo favorito.

Ampliación

1. ¿Quién fue Henry Ford y qué tuvo que ver con «el mundo de la mecánica»?
2. Describa algunos de los vehículos mencionados en la lectura.
3. ¿Por qué parecería el monopatín a motor un vehículo para niños o adolescentes?
4. A pesar de las ventajas descritas en la lectura, ¿qué desventajas ve usted en los monopatines a motor?
5. ¿Tendría éxito el monopatín en su ciudad? Explique su punto de vista.
6. ¿Le parece recomendable a las personas de noventa años? Explique su parecer.
7. ¿Cuál es su vehículo favorito, y por qué?
8. ¿Cree usted que deberían llevar casco los que usan el monopatín? Explique su respuesta.
9. ¿Qué formas de transporte alternativo existen en su ciudad?
10. ¿Cómo compararía usted los medios de transporte público con los vehículos privados?

2

Una sonata eleva el coeficiente intelectual.

Mozart nos hace más inteligentes

L a música tranquiliza la mente, relaja el cuerpo, amortigua° las preocupaciones y conduce° a un estado de bienestar.° Es posible que además pueda aumentar la inteligencia de las personas. Un estudio de la Universidad de California ha demos-
5 trado que tras° oír a Mozart, el coeficiente intelectual de los estudiantes universitarios aumenta entre 8 y 9 puntos, en comparación con otras músicas o un período de silencio.

    Los efectos favorables de la música sobre las capacidades intelectuales parecen admitidos universalmente. Pero existen pocos
10 estudios que demuestren la repercusión de la música sobre funciones cerebrales humanas, tales como° el razonamiento.° Tres investigadores de la Universidad de California han comprobado que la audición° de música aumentaba durante 10–15 minutos las capacidades intelectuales en un grupo de estudiantes. Las facultades cog-
15 nitivas, reflexión y razonamiento, aumentaron significativamente en 36 universitarios a los que se les hizo una prueba° en la que se incluía un *test* de inteligencia tras una audición musical. Cada estudiante fue sometido a tres sesiones de 10 minutos cada una. La primera fue la audición de la sonata de Mozart para dos pianos en re
20 mayor K 448;° la segunda, música de una cinta° de relajación para disminuir la presión arterial, y en la tercera se mantenía un silencio de 10 minutos.

    Después de las tres sesiones se realizó el *test* de rendimiento° intelectual, para valorar el razonamiento abstracto y espacial, el *test*
25 de inteligencia de Stanford-Binet.° El tratamiento estadístico demostró que las diferencias eran notables° entre Mozart y las otras dos pruebas, mientras que entre estas dos últimas no había diferencias valorables.

    Aunque siempre se ha especulado sobre el efecto beneficioso
30 de algún tipo de música sobre la inteligencia, hasta ahora no se ha

	softens
	leads / well-being
	after
	tales... such as / reasoning
	hearing
	a... to whom a test was given
	(ver **Notas culturales**) / tape
	performance
	(ver **Notas culturales**)
	remarkable

demostrado palpablemente.° El efecto, sin embargo, es corto y parece que no excede a los 15 minutos que dura el *test*. Quedan muchas incógnitas° por revelar,° como qué sucede si se deja pasar un tiempo tras la audición, o si se aumenta el periodo de escucha.

5 También sería interesante conocer el efecto sobre otras medidas de la inteligencia, como los razonamientos verbal y cuantitativo y la memoria a corto plazo.° A pesar de todo, parece pronto para recomendar la audición de una pieza de música clásica antes de un examen, para rendir° más.

10 Se desconoce° si otras obras de Mozart surten° el mismo efecto, y si hay otros compositores que produzcan una acción tan beneficiosa. También queda por aclarar° si las personas con conocimientos musicales o profesionales de la música pueden procesar la música de forma diferente que los que no sean músicos. No todo el 15 mundo responde igual a la música y es posible que existan variaciones individuales en la respuesta. Los autores del estudio creen que una música elemental o repetitiva no sólo no mejora el razonamiento abstracto, sino que° puede disminuirlo. No se pronuncian sobre si ciertas músicas son capaces de inducir un deterioro 20 intelectual irreversible.

PABLO TORRABADELLA
La Vanguardia (Barcelona)
Adaptación

Glosses (right margin):

solidly

unknowns / **por...** to be revealed

a... short-term

to produce
Se... It is not known / **produce**

por... to be clarified

no sólo... sino que not only . . . but also

Notas culturales

K 448 Referencia a la clasificación de las obras de Mozart hecha por el musicólogo austríaco Ludwig von Köchel (1800–1877), que la publicó en 1862 en su *Catálogo Cronológico-Temático*.

Stanford-Binet Nombre de ciertos *tests* de inteligencia desarrollados por los sicólogos Alfred Binet (1857–1911) y Théodore Simon (1873–1961), y revisados en la Stanford University (California).

Comprensión

Conteste brevemente, según la lectura:

1. ¿Qué efectos se supone que tenga la música sobre la mente humana?
2. ¿Cuántas partes incluía el experimento al que se refiere el artículo? ¿Qué se hacía en cada una de ellas?
3. ¿Cuántos sujetos fueron sometidos al experimento?
4. ¿Qué se hizo después de cada sesión?
5. ¿Qué resultados se obtuvieron?
6. ¿Qué se dice sobre la duración de los efectos del experimento?
7. ¿Qué incógnitas quedan por aclarar?
8. ¿Se pueden extender aquellos resultados a la música clásica en general?
9. ¿Qué se dice sobre los efectos de la música elemental o repetitiva?
10. ¿Y sobre la relación entre la música y el deterioro intelectual?

Práctica

Usando las palabras y expresiones siguientes, escriba un párrafo sobre algún tema relacionado con los *tests* de inteligencia.

desconocer   función cerebral
coeficiente intelectual   someter
aumentar   rendimiento

Ampliación

1. ¿Qué clase de música le gusta a usted? ¿Por qué?
2. ¿Y qué clase de música no le gusta? ¿Por qué no?
3. Explique el efecto que tiene la música sobre su estado de ánimo.
4. ¿Qué piensa usted de la música elemental o repetitiva, como la música *new age*? ¿Y de la música clásica?
5. ¿Le gusta escuchar música mientras estudia o trabaja? ¿Por qué sí o por qué no?
6. ¿Qué piensa usted de la hipótesis del experimento descrito en el artículo? ¿Y de los resultados que allí se describen?
7. ¿Qué otras hipótesis cree usted que deberían ser consideradas? Justifique su respuesta.
8. Si es verdad que la música tiene un efecto beneficioso sobre la inteligencia, ¿cómo se podría aprovechar eso en las escuelas?

3

Copa a copa, se transforman en pequeños brujos capaces de todo.

Brujos por una noche

René murió envenenado por beber treinta dosis de vodka en 80 minutos. Esa noche celebraba su cumpleaños número 22. Mientras bebía se sentía completamente feliz, gozaba° viviendo el delirio. Pero, afortunadamente, no todos son como él.
5 Existen otros más precavidos.° Cuando tenía dieciocho años, Guillermo tomó la decisión de su vida. Abandonó todo cuanto tenía e ingresó en el monasterio de los Franciscanos. Hasta el día de hoy vive feliz, llevando el cáliz° sagrado a su boca y bebiendo el vino que es sangre y cuerpo de Cristo.

10   Los jóvenes que pasan las horas bebiendo en los bares no sólo van a emborracharse.° También buscan un lugar, una guarida° donde la tierra sea de nadie y donde puedan conversar y demostrar que también son inteligentes y, más aún, poderosos. Pero existen muchísimos bares de distintos tipos y colores. Trate entonces de
15 imaginar la cantidad de bebedores distintos que pueden existir.

El Chico Duro

El Chico Duro tiene veinticinco años y sólo bebe whisky. Es un joven de éxito. Nunca estudió pero maneja° los negocios de la parentela° a la perfección. Desde que abandonó el colegio, visita dos o tres veces por semana algún bar. Llega siempre en su rojo
20 deportivo° y le entrega las llaves al recepcionista. Entra al bar sin mirar a nadie y camina directamente hasta la barra. El sabe que Simón le tendrá listo su whisky doble sin hielo. El Chico Duro ha visto muchas películas, y sabe cómo controlar todas las situaciones. Ya tiene fija su vista en unas chicas que conversan al lado de una
25 ventana. El Chico Duro las saluda con un movimiento de cejas° seco como su trago.° Ahora sabe que tiene que esperar. Pero pasan los minutos y no hay respuesta y él comienza a inquietarse° y le

	he enjoyed
	cautious
	chalice
	get drunk / refuge
	he handles
	relatives
	sports car
	eyebrows
	drink
	get restless

Una reunión de amigos en un bar en Caracas.

pide a Simón otro igual. Llega un amigo, y lo invita a un trago y conversan hasta quedar bien borrachos. El Chico Duro sabe que ellas están aún al lado de la ventana. Entonces decide el último recurso, y desafía° a su amigo a un gallito.° Con mucho barullo° se

5 arremangan° las camisas y se preparan y ya están listos. Uno, dos, tres, hacen mucha fuerza y uno se pone rojo y el otro verde y gritan cosas como «¡auch!» o «¡ghmmm!» y finalmente gana su amigo. El Chico Duro se siente derrotado,° mira a la ventana y ellas ya se han ido. Mientras tanto Simón le sirve otro whisky doble y

10 sin hielo.

El Novato° entusiasta

Como tiene siempre menos de dieciocho años,° para un Novato entrar a un bar es un desafío.° Una prueba de fuego que, si la vence, hará que él sea parte del club. Sabe que sus movimientos deben ser perfectos. Todo frío. Todo técnico. Unos escalofríos° lo

15 cruzan y hace pruebas de sonidos con la boca: «Hola, un whisky» o «sólo cognac, por favor». Llega el cantinero° y le pregunta qué quiere y él, que está nervioso, le dice «lo de siempre, por favor». Y

	challenges / arm wrestling / noise
	roll up their sleeves
	defeated
	Beginner
	(ver **Nota cultural**)
	challenge
	chills
	waiter

le sale mal° y se ríe para disimularlo, pero el cantinero le pide el carné° y el Novato le responde que sólo quiere una Coca-Cola. Entonces el cantinero se ríe y se va. El Novato se siente estúpido y piensa que cuando sea Presidente va a dictar un reglamento supre-
5 mo que obligue a todos los bares a vender alcohol sin ningun tipo de restricción. Saca una cajetilla° y fuma, y lo hace porque sabe que para hacerlo no necesita tener dieciocho años.

le... it comes out wrong I.D.

cigarette pack

El Insorportable°

El no puede faltar.° Un bar sin un Insoportable es cosa extraña. Este tipo es fácil de reconocer. Ninguno es igual a otro. Pero se lo
10 puede oler.° La sicología cuenta que los Insoportables son seres solitarios, extremadamente apáticos° y lo que les ocurre con el alcohol es un fenómeno conocido como «liberación de la comunicación reprimida». Pero a nadie le importa° mucho la teoría. Entonces cuando un Insoportable comience a gritar con insistencia
15 y empiece a mandar agarrones° a cuanta cabellera° larga se cruce° por su lado, y se siente en tu mesa y te aburra, no llames a nadie, no le pidas nada, sólo escóndele su vaso. Con eso se irá, porque es como si le pusieras una pistola en la cabeza.

Intolerable
be absent

smell
apathetic

a... nobody cares about

mandar... grab / head of hair / **se...** goes by

La loca a rayas°

Mona tiene estilo, viste *jockey*° y pollera° a rayas. Tiene veintiún
20 años y ya no vive con sus padres, porque se cansó de que la molestaran° todo el día. Fue entonces cuando se dio cuenta de que la familia no siempre está en el lugar donde uno vive y salió a la calle a buscar a la gente que la quiere. Y desde ese día estudia y trabaja y pololea° con un músico rapero y va con él a los ensayos y luego él
25 la acompaña a algún bar. Y la Mona disfruta mucho, porque le gustan los cuadros africanos que hay en las paredes y la música de todo el mundo que se escucha a todo volumen. Y más le gusta cuando llegan sus amigos y se sientan a tomar unas cervezas y conversan del futuro *high-tech* y del último CD. Entonces la Mona
30 piensa que es fantástico tener una familia que te cuide y te proteja, pero que no te fastidia° por lo que eres. Cuando la Mona ya se ha tomado varias cervezas y el sol todavía no aparece, decide levantarse de su asiento y se va caminando con su amigo por el parque y piensa que sería fantástico ponerse los *roller* y salir a patinar.
35 En fin. Los bares y los jóvenes son una mezcla explosiva. Si aún no lo cree, ya no espere más y corra hasta el bar más cercano y siéntese donde quiera y pida algo de beber. Y si mientras lo hace usted comienza a divertirse, es que ya es brujo por una noche.

a... striped
jockey cap / T-shirt

bothered

flirts

no... does not bug you

SERGIO LAGOS
APSI (Santiago)
Adaptación

Comprensión

Conteste brevemente, según la lectura:

1. ¿Cuál es la edad mínima para beber en ese lugar?
2. ¿Qué buscan los jóvenes en los bares?
3. ¿Cuál es la actitud del Chico Duro hacia las chicas?
4. ¿Qué hacen, el Chico Duro y un amigo?
5. ¿Por qué va al bar el Novato?
6. ¿Cómo sabemos que el Novato es muy imaginativo?
7. ¿Por qué fuma el Novato?
8. ¿Qué hace el Insoportable?
9. ¿Qué hay que hacer para que deje de aburrir a los demás?
10. ¿Qué piensa la Mona acerca de la familia?
11. ¿Por qué le gustan a ella los bares?
12. ¿Qué hace el amigo de la Mona?

Práctica

Complete el texto siguiente con la forma apropiada de las palabras y expresiones dadas a continuación.

aburrido	quedar
precavido	importar
trago	emborracharse
esconder	darse cuenta

Era un chico muy _____ , que _____ de que era peligroso _____ y por eso tomaba sólo uno o dos _____. Cierta noche, sin embargo, estaba muy _____ y solo, y por eso bebió demasiado, y el resultado fue que _____ en un estado lastimable. Aunque a nadie le _____ que a él le pasara eso, alguien le _____ el vaso, y tuvo que parar de beber.

Ampliación

1. Además de los bares, ¿con qué otras diversiones cuentan los estudiantes en su campus o comunidad?
2. ¿Le parece bien que haya una edad mínima para beber alcohol? Explique su punto de vista.
3. ¿Qué es la «liberación de la comunicación reprimida»?
4. ¿A cuántos de esos tipos ha visto usted personalmente? ¿Le caen bien o mal? ¿Por qué?
5. ¿Se ha identificado usted alguna vez con alguno de esos tipos? Hable de ello.

Breve ventura y larga desventura de una ganadora de premios.

Poco dura° el premio en la casa del pobre

lasts

M arta M. [el nombre es ficticio] ganó 42 millones de pesetas en el concurso televisivo «El precio justo», y mientras volvía a su casa, pensó que su vida cambiaría. Exultante,° pensó incluso en pedir un año de excedencia° de su trabajo como
5   administrativa. ¡Eran 42 suculentos millones de pesetas! Marta era feliz como nunca porque no conocía aún cierto proverbio del nuevo refranero catódico:° «Poco dura el premio en la casa del pobre».

    Han pasado seis meses. Marta, que se define a sí misma como
10   «casada, con dos criaturas,° normal», está desesperada. Su vida sí ha cambiado en este último medio año, pero no como ella imaginaba. De excedencia, nada de nada.°

    Marta sigue en su mesa de administrativa, pero, además, se ha convertido en subastera° por cuenta de° Hacienda:° ha pasado seis
15   meses vendiendo los objetos del premio.

    Vende, vende y vende para salvar el pellejo° ante el fisco,° que en la próxima declaración de renta° le pedirá 17 millones de pesetas. Marta ha abierto una cuenta bancaria para parar° el sablazo:° lleva ahorrados 10 millones. Le faltan siete.

20   Ya ha vendido la avioneta.° También el Mercedes coupé, el apartamento, la multipantalla° gigante. Tiene aún la autocaravana° (reposa en el almacén de unos amigos), unas joyas muy recargadas° de pedrería y un precioso bargueño° del siglo XVI. Lo demás era poca cosa: una videocámara, un equipo de música, un karaoke,
25   un baúl de viaje, dos bicicletas y un maletín con 2.800.000 pesetas (en la televisión le retuvieron° ya ochocientas mil).

Overjoyed
leave of absence

(*ver* **Nota cultural**)

children

nada... nothing at all

auctioneer / **por...** on behalf of / Finance Ministry

skin (*fig.*) / income tax agency
declaración... tax return
stop / saber blow (*fig.*)

small plane
multiscreen TV set / recreational vehicle

loaded / secretary (*furniture*)

withheld

Un programa de preguntas y respuestas de la televisión venezolana.

Al finalizar el concurso, Marta firmó un certificado de propiedad de todos sus nuevos bienes.° En el certificado, un cláusula indicaba que «los premios están sujetos a la legislación vigente°». Marta no sabía entonces lo que eso significaba, pero la ignorancia
5 de la ley no excusa de su cumplimiento. A saber:° que Hacienda le haría pagar impuestos sobre 42 millones de pesetas —lo que TVE declaró que entregaba— y no sobre el dinero que ella ingresara° al vender.

«Cuando me enteré,° no me lo queria creer», recuerda. «No es
10 justo», insiste. De haber sabido° lo que se le venía encima, Marta hubiera rechazado° los premios «y me hubiese llevado solamente el maletín con los dos millones de pesetas». Ahora, el tipo impositivo° de Marta se ha disparado° salvaje y repentinamente° al 56 por ciento.
15 Como ya no había salida, Marta se lanzó a vender. Pero no todos los días vende uno° una avioneta valorada en 4.500.000 pesetas. Los fabricantes se la quedaban° por dos millones. Marta

property

current
A... Namely

would have received
me... I found out
De... If (she) had known
rejected

tipo... tax bracket / shot up /
  suddenly

one
se... would keep it

regateó (argumentó que se ahorraban el millón que cuesta mon-
tarla°) y obtuvo algo más. Bravo.

    Los fabricantes de la multipantalla se ofrecieron también para
recomprarle por tres millones el artefacto, idóneo° para una disco-
5 teca. «Cuesta siete millones de pesetas, pero sólo tenían un comprador que les daba tres; rogué que le pidieran un poco más».
Marta logró un poco, sólo un poco más.

    El Mercedes coupé —de un fastuoso° azul oscuro— costaba
7.600.000 pesetas. Retirarlo del concesionario° le suponía pagar un
10 caro impuesto de matriculación.° Marta encontró a un señor de su
ciudad que se lo quedó° y que le pagó un dinerito. «Si se lo tenía
que quedar alguien a tan buen precio, mejor alguien de por aquí»,
pensó Marta.

    El apartamento, allá en Murcia, debía escriturarlo.° A estas
15 alturas,° Marta había ya sido deslumbrada° por esta evidencia: para
ser generosamente premiado conviene antes ser moderadamente
millonario. Al trabajo: vendió el apartamento. «Cuando vendes
una cosa tuya, que te ha costado años y esfuerzos, regateas° más, la
defiendes mucho ante el comprador y la vendes mejor que todo
20 esto», lamenta Marta. Ella, con la sombra de Hacienda en las espal-
das, ha hecho lo que ha podido, pero…

    Ahora le queda otro medio año para vender: debe arañar° los
siete millones que le faltan para saciar° al fisco. Harta de° vender a
la baja,° Marta cavila° quedarse la autocaravana —le costó 100.000
25 pesetas trasladarla—, y no quiere malvender las joyas (cuatro millones) y el bargueño (seis millones). Rechaza fotografiarse con el
precioso mueble, pues alguien le ha aconsejado° que si lo muestra
demasiado podría desvalorizarse en el mercado de los anticuarios.
Marta ha contratado un seguro para cubrir el bargueño, «porque
30 ahora sólo faltaría que me lo robasen»: paga 40.000 pesetas cada
mes.

VÍCTOR M. AMELA
La Vanguardia (España)
Adaptación

Marginal glosses:
- put it together
- appropriate
- luxurious
- dealer
- registration
- **se…** kept it
- deed it
- **A…** At this point / dazzled
- you bargain
- scrape together
- satiate / **Harta…** Fed up with
- **vender…** selling low / is considering
- advised

Comprensión

Conteste brevemente, según la lectura:

1. ¿Qué ganó Marta?
2. ¿Qué problemas le han causado esos premios? ¿Por qué?
3. ¿Qué ha tenido que hacer?
4. ¿Qué pasó con el coche?
5. ¿Y con la multipantalla?
6. ¿Qué piensa hacer con la autocaravana?
7. ¿Qué problemas adicionales le ha causado el bargueño?
8. ¿Qué ignoraba cuando aceptó los premios?
9. De haberlo sabido, ¿qué hubiera hecho?
10. ¿Qué quiere decir el refrán, «Poco dura el premio en la casa del pobre»?

Práctica

A. Empareje los sinónimos:

___ 1. cavilar   a. conservar
___ 2. lanzarse a   b. apropiado
___ 3. quedarse   c. discutir precios
___ 4. enterarse   d. considerar
___ 5. idóneo   e. continuar siendo
___ 6. regatear   f. conseguir
___ 7. durar   g. empezar a
___ 8. obtener   h. informarse

B. Usando las palabras y expresiones de la columna izquierda del ejercicio A, escriba un párrafo acerca de algún premio que usted haya ganado o que le gustaría ganar.

Ampliación

1. ¿Le parece justo que Marta tenga que pagar un impuesto tan alto? Explique su punto de vista.
2. ¿Cree usted que se le debería haber informado al respecto? Justifique su punto de vista.
3. En este país, si uno gana algo de valor, ¿tiene que pagar algún impuesto sobre ello? ¿Qué piensa usted de eso?
4. ¿Hay en este país programas de televisión u otros que ofrecen grandes premios? ¿Qué piensa usted de ellos?
5. ¿Conoce usted a alguien que haya ganado algún premio? ¿Qué puede contar acerca de esa experiencia?
6. ¿Qué piensa usted de los *sweepstakes* que llegan por correo, anunciando que uno ha sido premiado con millones de dólares?
7. ¿Le parece justo que la ignorancia de la ley no excuse de su cumplimiento? Explique su punto de vista.
8. Además de los impuestos que hay que pagar, ¿qué desventajas pueden resultar de ganar premios de alto valor?
9. ¿Y qué ventajas pueden resultar de ello?
10. ¿Le plantearía a usted algún problema ético la oportunidad de comprarle un objeto de valor a alguien que necesitara desesperadamente venderlo? Hable de ello.

Unos quieren llegar muy rápido. Otros tienen objetivos a largo plazo.

Las dos caras de la sociedad

Se han definido las características de la inteligencia, en contraposición a la viveza,° de la siguiente manera: «El inteligente piensa siempre a largo plazo. El vivo es el que abusa del cortoplacismo.° Es el comerciante que cobra más de lo que debe para
5 obtener ventajas inmediatas, pero a la larga se funde.° El inteligente sabe que el mejor negocio es la honestidad. Pero no es honesto porque eso es un buen negocio, es honesto porque sí, porque lo educaron para ser honesto, porque robar no le sale.° La inteligencia está subordinada a un valor: la honestidad, que es el
10 puente que permite superar lo inmediato. Al fin y al cabo° el que pretende ser vivo es tonto, porque la búsqueda de logros° inmediatos no reditúa° a largo plazo.»

    La viveza está íntimamente articulada a la mentira, a lo falso, a lo «trucho°». La viveza es en rigor un eufemismo para nombrar a
15 la inmoralidad más descarada. La palabra inteligencia viene del latín: *intus-legere*. Significa «leer dentro», descifrar lo profundo, desocultar° la verdad. La inteligencia es la pasión desinteresada por la verdad. La viveza es la vocación interesada y desesperada por la superficialidad, por el éxito futil, por las marquesinas° vacías de
20 contenido, por las ventajas conseguidas a costa de los demás y a cualquier precio. Los inteligentes construyen y los vivos destruyen.

MIGUEL WIÑAZKI
Noticias (Buenos Aires)
Adaptacíon

cleverness
short term planning
se... goes under
no... he just cannot
Al... In the long run successes yields interest
fake (*coll.*)
reveal
marquees

Un test: ¿Es usted vivo o inteligente?

Aquí le planteamos° un sencillo cuestionario, con situaciones coti- **we propose**
dianas en las que usted probablemente ha estado involucrado° **involved**
alguna vez. Le pedimos que, con una mano en el corazón, mar-
que la alternativa que más se acerque a sus actitudes habituales.
5 Luego sume los puntos obtenidos, y ubique° la categoría que le **locate**
corresponde.

Situación nº 1

La caravana de autos° avanza a una velocidad promedio de 5 kiló- **caravana...** line of cars on a highway
metros por hora. Varios coches se tiran° a la banquina° buscando **se...** throw themselves / shoulder
adelantarse, aumentando así el embotellamiento general y lle-
10 nando todo el aire de tierra. Usted, ¿qué se dice?
    «Prefiero demorar un poco más, antes que arruinar el auto y
tragar° tanta tierra.» (2 puntos) **swallow**
    «Yo debería hacer lo mismo, ir por la tierra, porque si me
quedo en este carril,° no voy a llegar nunca.» (1 punto) **lane**
15   «Si estos tipos° se mantuvieran en su carril, todos andaríamos **guys**
más rápido, y estaríamos menos atascados.°» (3 puntos) **jammed (*traffic*)**

Situación nº 2

Un examen escrito de historia. Nada de *multiple choice*, hay que
redactar° las respuestas. Un estudiante, mal preparado para la **write out**
prueba, mira la hoja de un compañero y copia buena parte de lo
20 que está ahí escrito. Si usted fuera ese estudiante, ¿qué pensaría?
    «Si transcribo párrafos textuales de mi compañero, el profesor
se va a dar cuenta que esto es una copia y me va a bochar.°» (2 **flunk (*coll.*)**
puntos)
    «Yo debería haber estudiado, no me gusta esto de copiarme.»
25 (3 puntos)
    Entregar la hoja en blanco, nunca. «Si escribo algo, aunque sea
copiado, al menos° parecerá que leí los apuntes.» (1 punto) **al...** at least

Situación nº 3

Usted colecciona tacitas de café. Viajando por Europa, no puede
resistir la tentación de llevarse la tacita de cada bar donde se sienta.
30 ¿Cómo hace para conseguirla?
    Manda a su nena° menor a que la agarre, como jugando. (2 **girl (*coll.*)**
puntos)
    Aprovecha el menor descuido° de los empleados para meterla **oversight**
en su bolso. (1 punto)

Le solicita amablemente al mozo° que se la regale como
recuerdo. (3 puntos)

Situación nº 4

Dos colectivos° están, uno detrás del otro, frenados en la parada.°
Como el de adelante tarda en arrancar,° el de atrás busca salir por
5 la izquierda, obligando a detenerse a todos los coches que circulan
por esa mano.° Mientras dura la maniobra, el colectivo de adelante
ya arrancó. Usted, ¿qué opina?
    «En esta ciudad la única forma de avanzar es metiendo la
trompa.°» (1 punto)
10   «Con esa maniobra, el colectivero no ganó nada de tiempo, y
sólo logró atascar todo el tránsito.» (3 puntos)
    «Yo debería haber tomado por otra calle, no se puede circular
donde pasan líneas de colectivos.» (2 puntos)

Situación nº 5

El director llama al gerente° de producción, pidiéndole el informe°
15 que debía estar listo para la reunión del día siguiente. El gerente
había confundido° la fecha de la reunión, de modo que dicho
informe ni siquiera está esbozado.° Si usted fuera este ejecutivo
¿qué actitud tomaría?
    Echarle la culpa a un subordinado, aduciendo° que le informa-
20 ron mal sobre la fecha establecida. (2 puntos)
    Admitir el error, y ponerse a trabajar en la elaboración del
material para el día siguiente. (3 puntos)
    Inventar alguna excusa rápida, aunque resulte poco creíble,
para decir algo. (1 punto)

Situación nº 6

25 Su hijo de 12 años le cuenta que un compañero de la escuela se
quedó con la hermosa lapicera° que usted le había regalado. Usted
¿qué le dice?
    «No importa, yo te compro otra igual.» (2 puntos)
    «Mañana se la pedís,° y si no te la da por las buenas,° se la
30 sacás por las malas.°» (1 punto)
    «Preguntale a ese chico por qué se quedó con tu lapicera,
explicale que a vos te gusta mucho y pedile que te la devuelva.»
(3 puntos)

Situación nº 7

Usted tiene cálculos° en la vesícula,° y una lista de comidas a las
35 que no puede ni acercarse. Le regalan una canasta° de embutidos,°
y a usted se le hace agua la boca. ¿Qué piensa?

waiter	
buses (*Argentina*) / bus stop	
getting started	
lane	
metiendo... forging ahead	
manager / report	
confused, misunderstood	
outlined	
adding	
fountain pen (*Argentina*)	
(*ver* **Notas culturales**) / **por...** by good manners	
por... by force	
stones / gall bladder	
basket / sausages	

Toma la firme resolución de operarse pronto, para volver a comer normalmente. (3 puntos)

Con todo el dolor del alma, decide repartir° los salamines entre la familia. (2 puntos) — distribute

5 «Me tomo varios digestivos antes, y que sea lo que Dios quiera.» (1 punto)

Situación nº 8

En su ciudad hay que sacar° la basura entre las 20 y las 21 horas.° Usted ya vio los avisos, pero nunca vuelve a su casa antes de las 11 de la noche. ¿Qué hace con la basura? — take out / (*ver* **Notas culturales**)

10 Saca las bolsas° a medianoche, aun si la empresa recolectora ya pasó. (1 punto) — trash bags

Se organiza° con el portero para que él se ocupe de sacar su basura en los horarios indicados. (3 puntos) — **Se...** You arrange

Cuando sale por las mañanas, arroja sus bolsas al basural° que 15 se creó en el baldío° de la esquina. (2 puntos) — garbage dump / vacant lot

Resultados

3 a 12 puntos: Aunque usted se cree muy vivo, en realidad todavía no se avivó del todo.° Como un niño, cree que si se tapa la cara con las manos, todo desaparece, principalmente lo desagradable. No advierte° que la vida y sus complicaciones van más allá 20 de lo inmediato. — **del...** completely / realize

13 a 19 puntos: Usted ha incorporado la dimensión temporal, avance muy significativo en relación al cortoplacismo de los que se creen vivos. Este es el primer nivel de la inteligencia: juego. Sin embargo, su racionalidad es acotada,° porque aún no es capaz de 25 tomar en cuenta las variables relativas a la interacción con los otros. — limited

20 a 24 puntos: Se puede decir que la suya es una inteligencia plena, capaz de integrar los distintos aspectos involucrados en los problemas que debe enfrentar. La suya es una actitud de «racionalidad integral», puesto que incluye al amplio abanico° de variables 30 que intervienen en las situaciones planteadas: el encadenamiento temporal de las acciones y los condicionamientos mutuos que produce la interacción. — range (*fig.*)

ADRIANA ROFMAN (SOCIÓLOGA)
Noticias (Buenos Aires)
Adaptación

Comprensión

Conteste brevemente, según la lectura:

1. ¿Qué diferencia hay entre la actuación del vivo y la del inteligente?
2. ¿Qué función práctica tiene la honestidad?
3. ¿Qué significa la palabra *inteligente*?
4. Respecto al futuro, ¿cómo actúa la persona inteligente? ¿Y la viva?
5. ¿Cuál es la actitud de cada una de esas personas, al verse confrontada con un error suyo? (Situación nº 5)
6. ¿Cuál es la manera inteligente de actuar al preverse una situación potencialmente conflictiva? (Situación nº 6)
7. Cuando se sabe que la satisfacción de un placer puede causar daños personales, ¿cómo actúa la persona inteligente? ¿Y la persona lista? (Situación nº 7)

Práctica

Usando las palabras y expresiones siguientes, escriba un párrafo en el que describa dos actitudes diametralmente opuestas ante el mismo problema ético.

a corto / largo plazo
logro
involucrar(se)
copiar
por las buenas / malas
interactuar

Ampliación

1. ¿Cree usted que es mejor ser inteligente o vivo? Explique su respuesta.
2. ¿Habrá situaciones en la vida que exijan, para la supervivencia personal, que uno actúe más con viveza que con inteligencia?
3. ¿Es posible combinar la viveza y la inteligencia de una manera equilibrada? Justifique su parecer.
4. ¿Actúa usted racionalmente en todas las situaciones? ¿Cómo es eso?
5. ¿Le parece posible, o recomendable, hacer planes de vida a largo plazo?
6. ¿Le parece que hay compatibilidad o incompatibilidad entre la viveza y la inteligencia? ¿Por qué?
7. En esta sociedad, ¿se valora más el cortoplacismo o el largoplacismo? Dé algunos ejemplos que ilustren su respuesta.
8. ¿Qué piensa usted del *test*? ¿Cree que sus resultados reflejen su manera de actuar? ¿Por qué sí o por qué no?

Teatro de bolsillo

¡Enhorabuena, ha usted ganado... !

PERSONAJES

Un presentador / Una presentadora de televisión

Varios participantes en un concurso televisivo de preguntas y respuestas

El presentador hace una serie de preguntas, y cada vez que alguien se la contesta correctamente, le ofrece un premio. A su vez, el participante siguiente tiene que hacer dos cosas: primero, describir el premio que ganó el participante anterior y, segundo, contestar una nueva pregunta. Las preguntas se hacen cada vez más difíciles.

EXPRESIONES ÚTILES

ganar / doblar / continuar / desistir
suerte / mala suerte
el ganador / la ganadora
premio (de consolación)
oferta / regalo
pagar los impuestos

Temas para comentario oral o escrito

1. Imagine que usted tuviera que elegir entre dos maneras de ser: la viveza y la inteligencia. Prepare una breve charla justificando su opción.
2. Tomando como punto de referencia los tipos humanos descritos en «Brujos por una noche», prepare una charla para describir algunos tipos humanos que se encuentren en su campus o comunidad.

3. Entreviste a algunas personas y prepare un informe sobre lo que le cuenten acerca de la influencia de la publicidad en su vida.
4. Tome cuatro vehículos, uno de cada columna, y compare su modo de operación, sus ventajas y sus desventajas:

A	B
la motocicleta	la bicicleta
el escúter	el monopatín sin motor
el ciclomotor	los patines
el automóvil	el monociclo

C	D
el caballo	la diligencia (*stagecoach*)
el coche de caballos	el tranvía (*streetcar*)
el trineo (*sled*)	el colectivo (*autobús*)
la carreta de bueyes	el tren

Proyectos

1. Prepare una charla en la que explique las ventajas y desventajas de actuar como vivo o como inteligente en las situaciones normales de la vida estudiantil.
2. Prepare una charla para explicar a unos amigos hispanohablantes en qué consisten los *sweepstakes* que uno recibe por correo y que le prometen millones de dólares sin que uno tenga que hacer nada para ganárselos.

Vocabulario

This Spanish-English vocabulary is a selective listing of words and expressions that might pose difficulties for students. It is intended as an aid, and not as a substitute for a bilingual dictionary, which students should also have on hand. The English definitions given here correspond to the contextual meanings provided in the reading selections. The gender of nouns is indicated by the definite articles **el, la, los,** or **las,** and feminine forms are listed.

The following abbreviations are used:

adj.	adjective	*fig.*	figurative
adv.	adverb	*impers.*	impersonal
coll.	colloquial	*Lat. Am.*	Latin America
f.	feminine		

A

abajo   below
el **abanico**   fan; range (*fig.*)
abarcar   to encompass
abatido   depressed, crestfallen
abochornado   overheated; flushed
abofetear   to slap
el/la **abogado/a**   lawyer
abonar   to fertilize; to pay
abordar   to approach
el **abrigo**   overcoat
abrumador   overwhelming
abstenerse   to abstain, to refrain
abultado   bulky
abundar   to abound
el **aburrimiento**   boredom
aburrir   to bore
acabar   to finish
acaparar   to monopolize, to hoard

acarrear   to cause, to imply
el **acaso**   chance, accident
la **acción**   action; share (of stock)
el/la **accionista**   shareholder
acechar   to spy on, to watch
aceptar   to accept
acerca de   about
acercar   to approach
el **acero**   steel
aclamar   to acclaim
aclarar   to clarify, to explain
acoger   to shelter
acomplejar   to give a complex
aconsejar   to advise
acontecer   to happen
el **acontecimiento**   event
acorazado   armored
acordar   to agree
acortar   to shorten
el **acoso**   harassment

acostumbrar (se)   to get used to
acre   acrid
acribillar   to riddle (with bullets)
la **actriz**   actress
actual (*adj.*)   present
la **actualidad**   nowadays
actualmente   nowadays, at present
acudir   to come up; to come to the help of
el **acuerdo**   agreement
  de acuerdo con   according to
el **acuífero**   aquifer
adelantarse   to advance
el **adelanto**   advancement
adelgazar   to slim down
además de   besides
adentrarse   to enter
la **adivinanza**   riddle
adobar   to fertilize
adoctrinar   to indoctrinate
adquirir   to acquire
la **aduana**   customs
el **aduanero**   customs officer
aducir   to adduce
adulterar   to adulterate
advertir   to warn
el **afán**   eagerness
afear   to make ugly
el/la **aficionado/a**   fan, amateur
afrontar   to confront
agarrar   to grab
el **agarrón**   grab
agarrotar   to strangle with a **garrote**
agazapado   hiding
agobiar   to weigh down, to burden
agotar   to exhaust
la **agravante**   aggravating circumstance
agravar   to make more serious
agredir   to assault
agregar   to add
agresor   attacker
el/la **agricultor/a**   planter
aguantar   to tolerate, to put up with
agudo   sharp
aguerrido   bellicose, warlike
agujear   to stick a needle
el **agujero**   hole
ahorcar   to hang (someone)
ahorrar   to save
airear   to air out
aislado   isolated
el **aislamiento**   isolation
aislar   to isolate, to insulate

el **ajedrez**   chess
ajeno   alien
el **ala** (*f.*)   wing
el **alambrado**   wire fence
el **alambre**   wire
alargar   to lengthen
albergar   shelter
el **albergue**   to shelter
los **albores**   dawn
el **alcalde**   mayor
alcanzar   to reach
la **aldea**   village
alegar   to allege
alejar   to distance, to move away
alimentar   to feed
el **alivio**   relief
el **allanamiento**   search
allende   beyond
el **alma** (*f.*)   soul
el **almacén**   warehouse
el **almirante**   admiral
la **almohada**   pillow
el **alquiler**   rent
alrededor   around, nearby
los **alrededores**   surroundings
alzamiento   uprising
alzar   to lift
el **ama** (*f.*) **de casa**   housewife
el/la **amante**   lover
el **ambiente**   environment
la **amenaza**   threat
amenazar   to threaten
la **ametralladora**   machine gun
amortiguar   to soften
amparar   to support
el **amparo**   support
analfabeto   illiterate
ancho   broad, wide
a sus **anchas**   at ease, in comfort
la **angustia**   anguish
animar   to encourage
el **antepasado**   ancestor
anteponer   to put before
apacible   pleasurable
apagar   to extinguish
el **aparato**   apparatus, gadget, instrument
aparecer   to appear
aparentar   to appear, to seem
apartarse   to move away
aparte   aside
apático   apathetic
el **apelo**   appeal

apenas   hardly, barely, only
apiñado   crowded
aplastar   to crush, to flatten
aplicar   to apply
apodar   to nickname
aportar   to contribute, to bring
apostar   to bet
apoyar   to support
el **apoyo**   support, help
el **aprecio**   appreciation
el **aprendizaje**   apprenticeship
aprovechar   to take advantage, to profit
apuntar   to point
apuntarse   to sign up, to enroll, to join
el **apuro**   difficulty
arder   to burn
el **argot**   slang
argumentar   to argue
el **argumento**   motive, reason, argument
arrancar   to tear out, to pull out
arrasar   to destroy, to wipe out
arrebatar   to grab away
arrepentirse (de)   to repent (over)
arrojar   to throw
el **arroyo**   creek
la **arruga**   wrinkle
la **artesanía**   craftsmanship
el/la **asaltante**   attacker, robber
asaltar   to rob
el **asalto**   attack, assault
la **ascensión**   ascent, climb
el **ascensor**   elevator
asegurar   to assure, to ensure
asegurarse (de)   to make sure of, to ascertain
asequible   viable
asesinar   to murder
el/la **asesino/a**   murderer
el **asesoramiento**   advising, counselling
asimismo   likewise
asistencia   audience
asistir (a)   to attend
el **asombro**   fright, surprise
asumir   to consider, to assume
el **asunto**   topic
atar   to tie
atenazar   to torment
atender   to help, to take care of
aterrar   to frighten
el **aterrizaje**   landing (*aircraft*)
aterrizar   to land
atestiguar   to bear witness

atónito   astonished
atracar   to rob
el **atraco**   robber, assault
atraer   to attract
atrapar   to trap, to capture
atreverse   to dare
atribuir   to attribute, to ascribe
aumentar   to increase
el **aumento**   increase
el **aval**   endorsement, backing
avanzar   to advance
averiguar   to find out
avisar   to warn, to let know
el **aviso**   warning
avivar   to liven
ayudar   to help
el **ayuntamiento**   city hall
el **azar**   luck, fate
   al azar   at random
la **azotea**   flat roof; attic
el **azufre**   sulphur

B

el **baile**   dance
el **balazo**   shot
la **baldosa**   floor tile
el/la **bancario/a**   bank clerk
el/la **banquero/a**   banker
la **barbaridad**   outrage, barbaric act
la **barra**   bar
el **barracón**   shed
barrer   to sweep
la **barrica**   barrel
el **barrio**   district
el **barullo**   noise
bastar   to be sufficient
el **bastón**   stick, cane
la **basura**   garbage
la **batidora**   mixer
el **baúl**   trunk
el **bebé**   baby
la **beca**   fellowship, scholarship
el **becerro**   calf
la **bodega**   liquor store
la **boga**   fashion, vogue
en **boga**   in vogue
la **bolsa**   bag (*paper or plastic*)
el **bolso**   handbag
la **broma**   joke
burlar   to make fun of

C

la **cachetada** slap
el **cachete** slap
la **cadena** chain
la **cadera** hip
la **caldera** boiler
la **calefacción** heating
el **camaronero** shrimp catcher
el **camión** truck
  cansar to tire
el **canto** singing; song
  capaz able, capable
el **capellán** priest, chaplain
el **capirote** hood (*head gear*)
la **cárcel** prison
  carecer to need, to lack
el **carné** document (*I. D., driver's license, etc.*)
  castigar to punish
la **casualidad** chance
    por casualidad by chance
la **casucha** small house, hut
el **cautiverio** captivity
la **caverna** cave
la **ceja** eyebrow
la **celda** cell (*prison*)
  célebre famous
los **celos** jealousy
la **cepa** vinestalk
las **cercanías** surroundings
  cercano nearby
  cercar to surround
la **cerradura** lock
el **chiste** joke
el **ciclomotor** moped
la **cifra** number
el/la **cineasta** filmmaker
el **cinturón** belt
  clamar to clamor, to cry out
  coger to take, to grab
  coincidir to coincide
el **combustible** fuel
el/la **compañero/a** companion, classmate
  compartir to share
  competencia competence
  concordar to agree
  conseguir to obtain
el **consejo** advice
el **consentimiento** consent
  constatar to verify, to find out
el **contenido** contents
la **convocatoria** summons

los **cónyuges** spouses, husband and wife
la **copa** drinking glass
  corto short
  costurar to sew
  cotidiano everyday, daily
el **crecimiento** growth
la **creencia** belief
la **criatura** child; creature
el **cruce** crossing
el **cuadrado** square
el **cuartel** military barracks
  cubrir to cover
la **cuerda** rope
el **cuero** leather
  cumplir to accomplish, to carry out
la **cuna** cradle
  cundir to spread out
el **cupo** (*from* **caber**) maximum capacity

D

  dañar to harm, to damage
el **daño** damage
el **dato** datum
  debajo under
  débil weak
  degollar to slice one's throat
  delante in front (of)
el/la **delincuente** criminal, delinquent
  delinquir to commit a crime
el **delito** crime, offense
la **demanda** request; lawsuit
  demás other, rest of the
  demasiado too much
el/la **deportista** sportsman, sportswoman
  depurar to purify
el **derecho** right
    Facultad (*f.*) **de Derecho** Law School
el **desafío** challenge
  desalojar to evict
  desarrollar to develop
el **desarrollo** development
  descalzo barefoot
el **descampado** open air
la **descarga** unloading
el **descenso** descent
  descifrar to decipher
la **desconfianza** distrust
  desconocer not to know, to ignore
  descorchar to uncork
  descuido negligence

desdeñar   to despise, to disdain
desdoblar   to unfold
la **desembocadura**   mouth (of a river)
desempeñar   to perform
la **desenfrenada**   unbridled
desentenderse (de)   to ignore
el **deseo**   wish, desire
desequilibrado   unbalanced
desesperado   desperate
desheredar   to disown, to disinherit
deslizar   to slide, to slip
despedir   to lay off, to fire
despegar   to take off (aircraft)
despeinado   uncombed
desprovisto (de)   lacking
el **desquite**   return match; revenge
destacado   outstanding
desteñir   to fade
el **destornillador**   screwdriver
destrozar   to break up, to make into
   pieces
detener   to detain, to arrest
deteriorar   to decay
detrás (de)   behind
la **deuda**   debt
el/la **deudor/a**   debtor
la **devolución**   act of returning something
dificultar   to make difficult
la **digitalización**   entering on a computer
el/la **diputado/a**   representative, deputy
dirigir   to direct; to drive (a vehicle)
disculparse   to apologize
diseñar   to design
el **disfraz**   costume
disfrutar   to enjoy, to have fun
disponer   to arrange; to dispose
distinto   distinguished, different
distraer   to distract
distraído   absentminded
diversos   several
divertido   amusing
doblegar   to bend; to overcome (*fig.*)
la **docena**   dozen
el **dolor**   pain
dorado   golden
duro   hard
el **duro**   five pesetas

E

echar   to throw
el **edificio**   building

la **editorial**   publishing house
efectivo   effective
   en efectivo   in cash
efectuar   to carry out
la **eficacia**   effectiveness
eficaz   effective
eficiente   efficient
egresar   to come out; to go out
ejercer   to exercise, to practice
la **elección**   election, choice
el **electrodoméstico**   household appliance
elegir   to elect, to choose
embarazada   pregnant
el **embotellamiento**   traffic jam
embriagar   to inebriate
   embriagarse   to get drunk
la **embriaguez**   drunkenness
la **emisora**   broadcasting station
emitir   to broadcast
empalar   to impale
empeorar   to get worse; to make worse
el/la **empleado/a**   employee
el/la **empleador/a**   employer
el **empleo**   employment, job
emprendedor   enterprising
la **empresa**   company, enterprise
el/la **empresario/a**   entrepreneur
empujar   to push
el **empujón**   push
empuñar   to hold (in one's hand)
enamorado   in love
el/la **enano/a**   dwarf
enarbolar   to raise (a flag)
encabezar   to head
la **encadenamiento**   chaining, linking
encaminar   to move toward
encantar   to charm
encaramar   to climb, to get on top
encender   to light
encerrar   to lock up
encima   on top of
encontrar   to find
encubierto   covered; hidden
encuesta   poll
enfermero/a   orderly, nurse
enfoque   focus
enfrentar   to face
enfrente (de)   in front (of)
engañar   to cheat, to fool
engordar   to fatten
   engordarse   to put on weight
la **enología**   wine science; enology

enriquecer to make rich
enriquecerse to become rich
el **ensamblaje** putting together (*a mechanism*)
el **ensayo** essay
enterarse to find out, to realize
enterrar to bury
el **entorno** environment
entregar to deliver
el **entrenamiento** training
el **equipo** team
equivocado mistaken
escalar to climb
el **escalofrío** chill
escaso scarce, rare
la **escena** scene
el **esclarecimiento** clarification
la **escoba** broom
escocés Scots, Scottish
la **escopeta** shotgun
escupir to spit
el **esfuerzo** effort
esgrimir to fence (with a sword), to
    brandish (a stick, etc.)
la **espalda** back (*anatomy*)
espantar to frighten
esquilmar to harvest, to drain
la **esquina** street corner
estancar to close off
estatal of the State (*country's government*)
la **etapa** stage, phase
evadirse to escape, to run away
evaluar to evaluate
evitar to avoid
exigir to demand
el **éxito** success
extranjero foreign
el **extravío** loss, misplacement

F

la **fábrica** factory
facilitar to make easy; to provide
facultar to make possible
el **fajo** pack
falsificar to fake
falso fake
la **falta** error
faltar to miss, to lack
fallar to rule (*a judge or court*); to fail
fallecer to pass away
el **fallo** court sentence
fastuoso luxurious

favorecer to favor
los **fenicios** Phoenicians
el **ferrocarril** railway
fiel faithful
figurar to appear
fijo fixed
el **fiscal** inspector; prosecutor
el **foco** focus
el **formulario** form
la **fortaleza** fortress
forzar to force
la **franja** fringe
la **frente** forehead
el **frijol** bean
la **frontera** border, frontier
la **fuente** fountain
la **función** function
el/la **funcionario/a** official, civil servant
el **fundador** founder
fundar to found
el **fusil** rifle

G

el/la **gallego/a** Galician
ganar to win
el **garabato** scrawl
el **garrote** instrument for executing by
    strangling
la **gira** tour
el **golpe** coup; blow
gozar to enjoy
el **grano** grain
gremial (*adj.*) relative to a labor union
grosero rude

H

la **habilidad** skill, ability
la **hazaña** feat, deed
la **hembra** female
la **herencia** heritage, legacy
la **herida** wound
el **hincapié** firm footing
hinchable inflatable
la **hipoteca** mortgage
el **hogar** home
la **hoguera** bonfire
el **horario** timetable
el **horno** oven
la **horterez** tackiness

hortero   tacky
hoy por hoy   nowadays
la **huerta**   vegetable garden; irrigated plain
la **huida**   flight
huir   to run away, to flee

I

ignorar   not to know; to ignore
ileso   unharmed
el **impermeable**   raincoat
imponer   to impose
imprescindible   indispensable
incidir (en)   to impinge (on)
incierto   uncertain
incluir   to include
inconveniente   unsuitable
incorporarse   to join
increpar   to accuse; to criticize
la **incultura**   lack of culture
indudable   certain, doubtless
la **indumentaria**   garment
inédito   unknown, unpublished
inesperado   unexpected
inexistente   nonexistent
el **infierno**   hell
influir   to influence
influyente   influential
informal   casual
la **informática**   computer science
infraccionar   to fine
infringir   to infringe
el **ingreso**   gain; income
iniciar   to begin
innombrable   unmentionable
inolvidable   unforgettable
inquietarse   to worry
la **inquietud**   concern
la **insolación**   sunstroke
insólito   unusual
instar   to insist, to urge
intentar   to try, to attempt
el **intento**   attempt
el/la **interfecto/a**   deceased (*person*)
intermedio   intermediate
   por intermedio   by means of
interponer   to interpose
la **intimidad**   intimacy, privacy
invernar   to hibernate
inverso   inverse, reverse
invertir   to invest

J

jalar   to run away (*coll.*)
jalear   to have fun (noisily); to dance
la **jefatura**   police station
la **jerga**   slang
la **jeringa**   hypodermic needle
el **jipío**   screams
el/la **jorobado/a**   hunchback
la **juerga**   carousal, spree
el/la **juez**   judge
juntarse   to ally oneself with; to cohabit
junto   next to
el **juzgado**   court, tribunal

L

laboral (*adj.*)   relative to labor
la **lacra**   fault, defect
lanzar   to throw
largarse   to beat it (*coll.*); to move
el/la **lavandero/a**   launderer
listo   smart, clever
lucir   to wear, to show, to display
el **lucro**   profit
la **lucha**   struggle, fight
luchar   to struggle, to fight
luego (*adv.*)   soon
   luego de   soon after
el **lugar**   place
el **lujo**   luxury

M

macizo   massive
macho   male
la **madera**   wood
la **madrina**   godmother
   (***m.* el padrino**)
la **madrugada**   dawn
madurar   to mature
la **madurez**   maturity
la **magia**   magic
la **maldición**   curse
el/la **maleante**   criminal, hood
el **malestar**   indisposition
el **maletín**   attaché case
el **maltrato**   mistreatment
malvado   bad, cruel
malvender   to sell poorly
mandar   to order
manejar   to handle, to drive (*a vehicle*)

la **manera**   manner
la **manía**   mania; fad
mantener   to maintain, to keep
el **manubrio**   crank
la **maquinaria**   machinery
maravilloso   wonderful
el **marino**   sailor
la **marisma**   swamp, salt marsh
marrón   brown
el **mástil**   mast
el/la **matador/a**   bullfighter
la **matanza**   killing, massacre
matizar   to shade
el **matorral**   thicket, underbrush
el **matrimonio**   marriage; married couple
mediante   by means of
la **medida**   measurement; measure
   a medida que   while, at the same time as
el **menor**   minor
menos   less
   al menos   at least
   no menos de   no less than
menospreciar   to despise
la **mentira**   lie
menudo   small, slight
   a menudo   often
el **meollo**   marrow; gist, essence
el **mercadeo**   marketing
la **mercancía**   merchandise
la **meta**   goal, objective
meter   to put
el **miembro**   member
mientras   while, meanwhile
minusválido   physically defective
la **mirada**   look
la **moda**   fashion
el/la **modisto/a**   fashion designer
el **modo**   mood; mode, way
mojar   to wet
molestar   to bother
el **monte**   woods, forest
la **moral**   morality
la **mordida**   bite; bribery (*coll.*)
morir   to die
el **morro**   snout
mostrar   to show
el/la **motorista**   motorcycle rider
el **mozo**   waiter
la **mucama**   maid
el **murciélago**   bat
la **muchedumbre**   crowd
mudarse   to move (to a new place)
los **muebles**   furniture

la **muerte**   death
la **multa**   fine
la **muñeca**   doll
el/la **musulmán/a**   Muslim

N

nadar   to swim
nadie   nobody
el **naranjo**   orange tree
necesitar   to need
el **negocio**   business
el **nivel**   level
nombrar   to nominate, to appoint, to name
el/la **novato/a**   beginner
la **novilla**   heifer
la **nube**   cloud
nuevo   new
   de nuevo   again

O

el **obispo**   bishop
obligar   to force
la **obra**   work
obtener   to obtain
ocurrir   to happen
odiar   to hate
el **odio**   hatred
la **oficina**   office
el **oficio**   trade
la **oleada**   surge, swell
olvidar   to forget
opuesto   opposite
el **orden**   order
el **ordenador**   computer
el **ordenanza**   orderly
la **ordenanza**   ordinance, by-law
el **orgullo**   pride
oriundo (de)   originating (from)
ostentar   to boast
otorgar   to bestow, to grant
la **oveja**   ewe

P

padecer   to suffer
el **padrino**   best mans godfather
   (*f.* **la madrina**)
pagar   to pay
el **pájaro**   bird

la **pantalla**   screen
los **pantalones tejanos**   jeans
el **pañal**   diaper
la **parada**   stop (*bus, etc.*)
  parado   unemployed
el **paraguas**   umbrella
  parar   to stop
la **parcela**   lot
  parecer   to seem
la **pared**   wall
la **pareja**   couple; pair
la **parentela**   relatives
el/la **pariente/-ta**   relative
el **paro**   unemployment
el **párroco**   parish priest
el **partido**   political party
el **parto**   childbirth
el **pasaje**   (travel) ticket
el/la **pasajero/a**   passenger
la **pastilla**   pill
el **pato**   duck
la **patria**   fatherland
el **pedazo**   piece, fragment
el/la **pediatra**   pediatrician
el **peldaño**   step (*on a staircase or ladder*)
  pelear   to fight
la **película**   movie
  peligroso   dangerous
el **pellejo**   skin, pelt
  percatarse (de)   to notice, to become
    aware (of)
  perder   to lose
la **pérdida**   loss
  perfeccionar   to perfect
  perjudicar   to harm
  perjudicial   harmful
  permanecer   to remain
el **permiso**   authorization
  pertenecer   to belong
la **pesadilla**   nightmare
  pesado   heavy; boring
  pesar   to weigh
la **pesca**   fishing
la **pieza**   piece; part (*mechanical*)
  pintar   to paint
el **piropo**   flattery, flirtatious remark
  planchar   to iron (*clothes*)
el **planteamiento**   suggestion, statement
  plantear   to state, to expound
  platicar   to chat
  pleno   full
el **plomo**   lead
  podar   to trim, to prune

el **polvo**   dust
el/la **portador/a**   bearer
el **portavoz**   spokesperson
el **porvenir**   future
  poseer   to possess
el/la **postulante**   applicant
la **potencia**   power
  pregonar   to announce, to advertise
el **prejuicio**   prejudice
el **prelado**   priest
  prescindir (de)   to dispense (with)
  presenciar   to witness
el **préstamo**   loan
  presunto   supposed
el **presupuesto**   budget
  pretender   to intend
  prever   to foresee
la **prisa**   hurry
la **privacidad**   privacy
la **procedencia**   origin, source
  proceder   to originate, to proceed
  procurar   to look for, to seek
  producir   to produce
  producirse   to take place
  proferir   to utter
  profundizar   to deepen
el **progenitor**   parent
el **promedio**   average
  pronto (*adv.*)   soon
  propenso (a)   tending (to)
  proponer   to propose
  propugnar   to defend, to advocate
  proveer   to provide
la **prueba**   proof, test
el **puesto**   position, place
  pulcro   neat, tidy
el **puntaje**   point system

Q

  quebrantar   to break; to soften, to mollify
  quedar (se)   to remain; to become
  quejarse   to complain
el **quiosco**   stand (*magazines, tobacco, etc.*)

R

  raro   unusual, odd
el **rasgo**   feature
el **rasguño**   scratch
el **rastro**   track, vestige
el **razonamiento**   reasoning
  reaccionar   to react

realizar   to fulfill, to carry out
reavivar   to rekindle
rebasar   to exceed, to go beyond
recabar   to succeed in getting
recargar   to reload
recaudar   to collect
la **receta**   recipe; prescription
recién   just; recently
el **reclamo**   ad, announcement
recoger   to collect
reconocer   to recognize
recordar   to remember
recrudecer   to flare up
recuperar   to recover
rechazar   to reject
reducido   reduced, small
reflexionar   to reflect (on)
el **refrigerio**   refreshing drink; refreshment
el **regadío**   irrigated land
regalar   to give (as a gift)
regañar   to scold
regatear   to bargain (over prices)
regir   to rule, to be in force (as law)
registrar   to record; to search
    registrarse   to verify, to take place
el **reglamento**   regulation
el/la **rehén**   hostage
reír(se)   to laugh
rellenar   to fill
rememorar   to remember, to
    commemorate
el **rendimiento**   yield, output
renombrado   famous
la **renta**   income; rent (*Lat. Am.*)
repartir   to distribute
el **replicante**   clone
el **repudio**   rejection
requerir   to require
el **requisito**   requirement
el **rescate**   ransom
resolver   to solve
respetar   to respect
respirar   to breathe
los **restos**   remnants, spoils
restringido   restricted, limited
resultar   to end up (in, as)
retener   to retain, to keep
la **retirada**   withdrawal
retomar   to retake, to take up again
retornar   to go back; to come back
la **reunión**   meeting
la **revancha**   revenge, reprisal

revender   to sell again
el **revés**   back; reverse; wrong side
la **ribera**   bank, shore
el **riesgo**   risk
el **rincón**   corner
robar   to steal
el **robo**   theft, robbery
el **roce**   friction
rodar   to roll, revolve
rodear   to go around, to surround
romper   to break
rondar   to go around, to hang around
el **ruedo**   turn, rotation
ruidoso   noisy
el **rumbo**   direction, route
la **ruta**   route

S

sabio   learned, wise
sacar   to take out, to remove
el **sacerdote**   priest
saciar   to sate
los **saldos**   remnants
la **salida**   exit
salir   to go out
el **salón**   drawing room
el **salto**   jump
salvar   to save
sano   healthy
satisfecho   satisfied, sated
la **secuela**   sequel, follow-up
secuestrar   to kidnap
la **sede**   seat, headquarters
sediento   thirsty
seguir   to follow
sencillo   simple, plain
la **señal**   signal
el **servicio**   service; restroom
si bien   although
el **significado**   meaning
significar   to mean
la **simpatía**   fondness, liking; sympathy
sin embargo   however; nevertheless
el **sinnúmero**   great amount, great many
siquiera   at least; even
situar   to place, to locate
sobrevivir   to survive
sobrevolar   to fly over
el/la **socorrista**   first-aider, paramedic
solazar   to solace, to console
la **solicitud**   request, application

someter to submit
sonreír to smile
sorber to suck
sordo deaf
la **sospecha** suspicion
sospechar to suspect
sostener to sustain
subterráneo underground
subvencionar to underwrite
suceder to happen
el **suceso** event
la **sucursal** branch office
el **sueldo** salary, wages
la **suerte** luck
sumar to add
suministrar to provide
la **supervivencia** survival
suponer to suppose
surgir to appear
el **sustento** sustenance, nourishment
el **susto** fright
sustraer to remove

T

el **taller** workshop
el **tamaño** size
tapar to cover
tardar to take long
la **tarde** afternoon
tarde (*adv.*) late
la **tarea** task
la **tarjeta** card
el **teclado** keyboard
el **techo** roof
los **tejanos** jeans
temprano early
la **tertulia** chat
el **timbre** bell
la **tinieblas** darkness
el **título** title; university title
tomar to take
   tomar en cuenta to take into account
   tomar en serio to take seriously
el **torero** bullfighter
la **tos** cough
el **toxicómano** drug addict
tozudo stubborn
el **transporte** transportation
trasladar to move, to remove
trasnochado stale
trasnochar to stay up overnight

tratarse de (*impers.*) to be a matter of
la **travesía** crossing
el/la **tripulante** crew member
el **trozo** piece
el **turno** turn

U

ubicar to locate
el **ultraje** insult
la **urbanización** urban development

V

vaciar to empty
el **vaivén** coming and going
el **valor** courage
valorar to value
el/la **vasco/a** Basque
vascuence (*adj.*) Basque
veloz swift, rapid
vender to sell
la **venta** sale
la **ventaja** advantage
la **ventanilla** small window; car window
la **veracidad** truthfulness
la **verja** grating, iron fence
el **vertedero** dump
la **vía** way; path, street
vigilar to watch, to guard
el **viñedo** vineyard
la **viticultura** grape growing
la **vivienda** residence, dwelling
el **vocero** spokesperson
volcar to overturn
la **voluntad** will, wish, desire
volver to turn, to return
   volverse to become, to turn around
el **voto** vote
el **vuelo** flight
la **vuelta** turn

Y

yacer to lie, to be situated

Z

la **zarzuela** Spanish operetta-like musical comedy
el **zumbido** buzz

Acknowledgments

Text Credits

ABC

p. 74: «Un sacerdote niega la comunión a una niña» por S. S., 16-22/febrero/94. Reproducción autorizada.

p. 120: «Espionaje electrónico» (original title «El gobierno tolera la venta libre de sistema para espionaje privado») por Alfredo Semprún, 28/noviembre/93. Reproducción autorizada.

p. 137: «Mata de un tiro a un ladrón» (original title «Un diplomático mata de un tiro a un ladrón») por S. S., 22/febrero/94. Reproducción autorizada.

APSI

p. 257: «Brujos por una noche» por Sergio Lagos, 29/noviembre/93.

Cambio 16

p. 43: «El sexo fuerte» por Ramiro Cristóbal, 26/diciembre/93. Reproducción autorizada.

p. 86: «Doñana se muere» por Sebastián Moreno, 16/noviembre/87. Reproducción autorizada.

p. 100: «Contra el *stress*, squash» por Sebastián Moreno, 10/julio/83. Reproducción autorizada.

p. 124: «Realidad a golpe de chip» por Javier Olivares, 15/abril/94. Reproducción autorizada.

p. 188: «Créditos jóvenes» 5/julio/93.

p. 193: «Immigrantes, *go home*» por Carlos Enrique Bayo, 25/octubre/93. Reproducción autorizada.

p. 228: «Las razones de un sueño» por Ramiro Cristóbal, 24/enero/94.

p. 238: «Acabando los indios» por Jorge Zabaleta y Norma Morandini, 6/septiembre/93. Reproducción autorizada.

p. 245: «Zapata y sus herederos» por L. V., 17/enero/94.

Caretas

p. 68: «¡Y ríase la gente!» por Oscar Málaga, 1/febrero/88. Reproducción autorizada.

El Comercio

p. 185: «Una fiesta distorcionada» por Luis Rodríguez Aranguren. Reproducción autorizada.

Desarrollo de Base

p. 47: «Heroínas invisibles del Brasil» por María Luiza de Melo Carvalho, Vol. 11:2, 1987. Reproducción autorizada.

Dinero

p. 6: «Marimar Torres comercializa su vino americano» por Luis Sánchez Bardón, 26/julio/93. Reproducción autorizada.

Fem.

p. 51: «Querido diario:» por Marcela Guijosa. Reproducción autorizada.

p. 59: «Una mujer al volante» por María Luisa Sánchez Vaca. Reproducción autorizada.

p. 203: «Violencia, televisión y niños» por Mercedes Charles C. Reproducción autorizada.

p. 213: «La buena-buena y la mala-mala» por Diana Bracho. Reproducción autorizada.

Gente

p. 197: «Arriba pasan los autos, abajo pasa esto» por Ana de Juan, 28/mayo/87. Reproducción autorizada.

El Globo

p. 109: «La carrera hacia el infierno» por Luis F. Fidalgo, 15/enero/88. Reproducción autorizada.

Gráfica

p. 2: «España en Nortamérica» por Augustine Apodoca de García, abril/76. Reproducción autorizada.

Humor Registrado

p. 28: «Dos maestras» por Meiji-Tabaré, octubre/83. Reproducción autorizada.

p. 90: «Chicos de antes, chicos de ahora» noviembre/93. Reproducción autorizada.

Mercado

p. 179: «El valor de lo legalmente falso» por Emilio Arellano, 21/marzo/94.

El Mercurio

p. 103: «Chileno cruzó los Andes en ala delta» 23/marzo/88. Reproducción autorizada.

Mundo

p. 132: «Los marginados de la tecnología» por Luis Felipe Brice, octubre/93. Reproducción autorizada.

p. 176: «El paraíso de los vanidosos» por L. F. B., octubre/93. Reproducción autorizada.

El Mundo del País Vasco

p. 207: «Analfabetos merced a la TV» por Teodoro Gozález Ballesteros, diciembre/93. Reproducción autorizada por el autor.

Noticias

p. 78: «Arenas peligrosas» por Alejandro Saez-Germain, 14/noviembre/93. Reproducción autorizada.

p. 94: «Edificios que enferman» por Daniela Blanco, 28/noviembre/93. Reproducción autorizada.

p. 106: «Gimnasia a lo Freud» por Maritza Gueler, 28/noviembre/93. Reproducción autorizada.

p. 112: «A rodar mi vida» por Alex Milber, 7/noviembre/93. Reproducción autorizada.

p. 146: «Agárrame si puedes» por Gabriel Michi, 7/noviembre/93. Reproducción autorizada.

p. 220: «Una pinacoteca digitalizada» por Enrique Monzon, 19/junio/94.

p. 235: «Ni se te ocurra» por Silvana Iglesias, 10/julio/94.

p. 251: «Gira mágica» por Fernando Fideleff, 12/diciembre/93. Reproducción autorizada.

p. 265: «¿País de vivos o de inteligentes?» por Miguel Wiñazki. «Un test: ¿Es usted vivo o inteligente?» por Adriana Rofman. 17/julio/94.

Nuestra Gente

p. 24: «El desertor pródigo vuelve a la escuela» por Patrick Macías, agosto/93. Reproducción autorizada por el Sr. Joseph P. Burns, ADVOLINK.

p. 224: «El creador de El mariachi» por David Ramón Parker, mayo/93. Reproducción autorizada por el Sr. Joseph P. Burns, ADVOLINK.

El Nuevo Día

p. 10: «Puerto Rico: Cuestión de identidad» por Jorge Duany. Reproducción autorizada.

El Nuevo Herald

p. 14: «Inglés… y algo más» por Manfred Rosenow, 25/abril/88. Reproducción autorizada.

La Opinión

p. 19: «Un immigrante realiza su sueño» por Francisco Robles, 25/octubre/93. Reproducción autorizada.

p. 35: «Las relaciones y sus conflictos» por Josefina Vidal, 3/abril/88. Reproducción autorizada.

p. 64: «Sincronización, un nueve juego de adivinanza de psicólogo mexicano» por Pablo Comesaña Amado, 15/octubre/93. Reproducción autorizada.

p. 82: «Grafitos de pandilleros afean y cuestan mucho» por José Ubaldo, 14/octubre/93. Reproducción autorizada.

p. 161: «La época dorada del cine mexicano» por Juan Rodríguez Flores, 3/abril/88. Reproducción autorizada.

El País

p. 32: «Vecinos impiden que se abra un centro para presos enfermos» por Begoña Aguirre, 3/marzo/94. Reproducción autorizada.

p. 128: «¿Cámaras de TV en las calles?» por Francisco Mercado, 31/marzo/94. Reproducción autorizada.

p. 144: «Un préstamo original»31/agosto/87. Reproducción autorizada.

p. 149: «Un parado burla la seguridad del palacio» por Jesús Duva, 7/abril/94. Reproducción autorizada.

El Periódico de Catalunya

p. 140: «El robo de la bandera» por Frances Barata, 23/abril/88. Reproducción autorizada.

Rumbos

p. 71: «Ya no es sólo cosa de mujeres» por Liliana Mora, 3/noviembre/87. Reproducción autorizada.

Siete Días del Perú y del Mundo

p. 164: «Sangre, arena y gloria» por Ño Pedrín, 10/octubre/75. Reproducción autorizada.

Somos

p. 38: «¿Estás volando?» por Vilma Colina, 13/mayo/87. Reproducción autorizada.

p. 200: «Los hijos del divorcio» por Héctor Simeoni, 10/junio/87. Reproducción autorizada.

El Sonorense

p. 154: «Día de Muertos» por Teresa Margarita Nieto, 3/noviembre/76. Reproducción autorizada.

p. 168: «Chispas Sociales» mayo-agosto/76. Reproducción autorizada.

Tecolote

p. 55: «La mujer latina en la economía norteamericana» por Beatriz Pesquera, marzo/84. Reproducción autorizada.

p. 157: «La imagen de un pueblo» por Héctor Tobar, enero/88. Reproducción autorizada.

Tiempo

p. 217: «Toda España escucha jazz» por Luis Sánchez Bardón, 31/octubre/83. Reproducción autorizada.

La Vanguardia

p. 117: «El cerebro de un ordenador» por Xavier Berenguer, 3/agosto/86. Reproducción autorizada.

p. 254: «Mozart nos hace más inteligentes» por Pablo Torrabadella, 3/diciembre/93. Reproducción autorizada.

p. 261: «Poco dura el premio en la casa del pobre» por Víctor M. Amela, 5/diciembre/93. Reproducción autorizada.

Vogue

p. 182: «La locura de la moda» por Alejandra M. Sosa, junio/88. Reproducción autorizada.

Vistazo

p. 242: «Maridos golpeados» por Patricia Noroña Vinueza. Reproducción autorizada.

Illustration Credits

p. 3: HAR/Stock South/Atlanta; p. 6: Courtesy of Marimar Torres; p. 7: Courtesy of Marimar Torres; p. 11: Peter Menzel/Stock, Boston; p. 15: Daemmrich/Stock, Boston; p. 19: David Young-Wolff/Photo Edit; p. 25: Mike Mazzaschi/Stock, Boston; p. 44: Stuart Cohen/Comstock; p. 48: Maria Luiza M. Carvalho; p. 49: Maria Luiza M. Carvalho; p. 52: UPI/Bettman; p. 56: Mimi Forsyth/Monkmeyer; p. 60: Cameramann/The Image Works; p. 65: The Bettmann Archive; p. 66: Negative #314109, Courtesy Department of Library Services, American Museum of Natural History; p. 72: Ken Winokur/The Picture Cube; p. 79: Jose Fuste Raga/The Stock Market; p. 83: The Bettmann Archive; p. 87: Javier Sánchez/Stock Photos World View & Focus; p. 95: Superstock; p. 102: Mark Antman/The Image Works; p. 104: Mark Antman/The Image Works; p. 107: Carlos Iglesias/bif; p. 110: Wide World Photos, Inc.;

p. 113: Jim Zuckerman/Westlight; p. 118: Francene
Keery/Stock, Boston; p. 125: Superstock; p. 129: John
Coletti/Uniphoto Picture Agency; p. 150: Courtesy of the
Press Office of the Royal Household of H. M. King Juan
Carlos I; p. 155: Peter Menzel/Stock, Boston; p. 156:
Emily Stong/The Picture Cube; p. 158: Frank Espada;
p. 162: The Kobal Collection; p. 165: David
Hornback/Stock Photos World View & Focus; p. 168:
Mark Antman/The Image Works; p. 170: Spencer
Grant/Stock, Boston; p. 186: Spencer Grant/The Picture
Cube; p. 188: Robert Fried/Stock, Boston; p. 198: Paul
Conklin; p. 203: Michael Weisbrot/Stock, Boston;
p. 214: Godo Foto; p. 218: Paul Merideth/Tony Stone
Images; p. 221: Courtesy of Microsoft Corporation;
p. 225: Columbia Pictures Industries, Inc./Shooting Star
International; p. 229: Alinari/Art Resource, NY; p. 239:
Lionel Delevingne/Stock, Boston; p. 246: The Bettmann
Archive; p. 252: Rob Crandall/Stock, Boston; p. 258:
Juan Picca/Stock Photos World View & Focus; p. 262:
Stuart Cohen/Comstock.